总第13辑
2022.10

晟典律师评论

SD & Partners Law Review

主办 广东晟典律师事务所
主编 周海荣 副主编 黎伟 廖桃春 黄霆

法律出版社
LAW PRESS·CHINA
北京

图书在版编目(CIP)数据

晟典律师评论. 总第13辑 / 周海荣主编 ; 广东晟典律师事务所主办. -- 北京 : 法律出版社, 2022
ISBN 978-7-5197-6887-4

Ⅰ. ①晟… Ⅱ. ①周… ②广… Ⅲ. ①律师业务-丛刊 Ⅳ. ①D916.5-55

中国版本图书馆CIP数据核字(2022)第123736号

晟典律师评论(总第13辑)
SHENGDIAN LÜSHI PINGLUN
(ZONG DI-13 JI)

周海荣 主编
广东晟典律师事务所 主办

策划编辑 许　睿
责任编辑 许　睿　朱颖超
装帧设计 汪奇峰

出版发行 法律出版社
编辑统筹 司法实务出版分社
责任校对 晁明慧　王　皓
责任印制 胡晓雅
经　　销 新华书店

开本 710毫米×1000毫米　1/16
印张 16.75　**字数** 245千
版本 2022年10月第1版
印次 2022年10月第1次印刷
印刷 三河市兴达印务有限公司

地址:北京市丰台区莲花池西里7号(100073)
网址:www.lawpress.com.cn
投稿邮箱:info@lawpress.com.cn
举报盗版邮箱:jbwq@lawpress.com.cn

销售电话:010-83938349
客服电话:010-83938350
咨询电话:010-63939796

书号:ISBN 978-7-5197-6887-4
定价:88.00元

凡购买本社图书,如有印装错误,我社负责退换。电话:010-83938349

《晟典律师评论》编委会

目　录

mulu

论文撷萃

在行为人不作为参与作为正犯场合下共同正犯与帮助犯的区分 …………………………… 张　晨（1）

论《民法典》担保财产价值保全的制度冲突
——兼论义务人利益保护 ……………… 王永敬（19）

对商业秘密单独立法的必要性
——略论商业秘密权与《反不正当竞争法》适用范围的冲突 ……………… 崔　军　覃　仪（48）

执行任务类职务发明中“相关性”的标准探析
……………………………………… 李晓宁（57）

股东（大）会概括性授权董事会行使职权的合法性探析 ………………………… 马　捷　陈依漫（70）

浅析我国药品试验数据法律保护制度
……………………………… 孙　喜　吴小旭（87）

刍议集成电路布图设计专有权的法律保护
……………………………… 王广巍　冯颢宁（101）

美国司法审查第一案的审判逻辑
——“马伯里诉麦迪逊案”判词还原
…………………………………………… 徐　爽（112）

律师实务

预约与本约的区分
——以某仲裁涉案协议为例 …………… 周海荣（122）

影视剧投资制作、发行播出之“排雷”指南
…………………… 黄荣楠　祁　筠　刘佳迪（141）
私募基金投资中的“名股实债”及其法律风险
………………………………… 范向阳　何　幸（159）
由“向合同签署地仲裁”引发的仲裁协议效力探讨
………………………………… 刘新宇　葛　舒（175）

探索与实证研究

“米兔”运动应回归法律轨道 …………… 刘　辉（185）
土地整备利益统筹中行政征收适用问题探析
……………………………………………… 钟　维（190）
刑事视野下场外配资行为的法律定性 …… 廖文剑（196）
资本不足状态下公司法人人格否认的实务认定规则
——王某与腾龙公司、季某某、蒋某某等人
委托理财合同纠纷案 ……………… 姚　军（206）
担保物权代持的规则评析
——《民法典担保制度解释》相关规定研究
…………………………………… 吴娟萍（214）
隐名代理制度下仲裁协议对被代理人和第三人有约
束力 ………………………… 环中争端解决团队（220）
侵犯商业秘密案件若干问题研究 ………… 高　律（231）
延迟退休政策对企业劳动用工的影响与相关思考建
议 ……………………………………… 李华平（236）
《民法典担保制度解释》重要条款研究 … 赫少华（240）

Table of Contents

Articles

On Difference between Joint Offender and Accesory when Crime by Act Participated by Other's Omission ······ *Zhang Chen* (1)

On the System Conflict Regards to Value Preservation of Guaranteeing Property in the Civil Code —On Protection of the Interests of Obligor ······ *Wang Yongjing* (19)

The Necessity of Separate Legislation on Trade Secrets —On the Internal Conflict of Application Scope between Right of Trade Secrets and the Anti - Unfair Competition Law ······ *Cui Jun*, *Qin Yi* (48)

Analysis on the Correlation Standard in the Task - alike On - Duty Invention ······ *Li Xiaoning* (57)

On Legality of General Delegation by Shareholders' Meeting to Board of Directors ······ *Ma Jie*, *Chen Yiman* (70)

Analysis on the Legal Protection System of Drug Test Data in China ······ *Sun Xi*, *Wu Xiaoxu* (87)

Discussion on Legal Protection of Exclusive Right of Integrated Circuit Layout Design ······ *Wang Guangwei*, *Feng Haoning* (101)

Logics in the Trial of the First US Judicial Review Case
—Return to the Original Judgment in Marbury v.
Madison ································ *Xu Shuang* (112)

Lawyers' Practices

The Difference between Precontract and Contract
—Taking an Arbitration – related Agreement
as an Example ···················· *Zhou Hairong* (122)

Guidance for Investment, Production, Distribution
and Broadcast of Films and TV Series
················ *Huang Rongnan*, *Qi Jun*, *Liu Jiadi* (141)

Equity – labelled Loans and Legal Risks in Private Equity Investment ········ *Fan Xiangyang*, *He Xing* (159)

On the Validity of Arbitration Clause "Submit to Venue of Execution" ·············· *Liu Xinyu*, *Ge Shu* (175)

Explorations and Empirical Studies

"Me Too" Must Go Back on Legal Track
·· *Liu Hui* (185)

Analysis on the Application of Administrative Expropriation in the overall Planning of Land Remediation Interests ···························· *Zhong Wei* (190)

Criminal Law Perspective: Legal Qualitative Rule of Unsupervised Funds Entrustment ··· *Liao Wenjian* (196)

The Practical Rules on the Denial of Corporate Legal Personality under Lack of Capital
—Entrusted Agreement Dispute among Wang v.
Tenglong Company, Ji and Jiang ······ *Yao Jun* (206)

Review and Analysis on the Rules of Agent Holding of Guarantee Rights
—On Interpretation of the Guarantee in Civil Code ······································ *Wu Juanping* (214)

Arbitration Agreement shall be Legally Binding on the Principal and Third Party under Hidden Agency ·············· *Huanzhong Disputes Resolution Team* (220)

Study on Issues of Infringement of Trade Secrets ·· *Gao Lü* (231)

Impact of the Delayed Retirement Policy on Enterprises and Suggestions ····················· *Li Huaping* (236)

Study on the Important Provisions of Guarantee Interpretation of Civil Code ·············· *He Shaohua* (240)

在行为人不作为参与作为正犯场合下共同正犯与帮助犯的区分

张　晨*

引　言

刑法上的行为有作为与不作为之分。在作为的场合，因行为人的行为与危害结果的发生具有明显的因果关系，很容易对作为行为人的行为进行认定；在不作为的场合，因行为人的行为外观是“无”的存在，对不作为行为如何进行定罪量刑就稍显困难。在真正的不作为犯中，这一问题尚好解决，但在广泛存在的不真正不作为犯中，特别是不作为行为参与到作为行为当中时，对不作为行为人的定性就较为不易。例如，在“洛阳虐童案”中，在刘某利与赵某飞同居期间，赵某飞多次对刘某利的孩子（当时未满 2 周岁）进行虐待。某日，赵某飞用浴巾将被害人捆住，将其头朝下倒立在床边，导致被害人重伤，构成一级伤残。赵某飞与刘某利均构成故意伤害罪。在“隋某丽销售假药案”中，隋某丽作为某美容医疗门诊有限公司的法定代表人，对其哥哥隋某敏（该公司总经理，负责日常经营事项）销售假药的行为予以纵容，构成销售

* 广东晟典律师事务所律师助理。

假药罪。[①] 在“张某某强奸案”中，张某某为被害人沈某某提供住处，却没有阻止其他人对沈某某实施强奸行为，构成不作为的强奸共犯。[②]

审判实务中，不作为行为与作为行为的定性基本一致。但令人疑惑的是，在“洛阳虐童案”中，为何在不作为行为人违反作为义务时会被定性为通常是作为犯的故意伤害罪，而不是遗弃罪？当出现不作为行为时，部分法条对违反义务的行为已设置了相应的罪名，为何不据此对不作为行为人单独定罪？另外，即便认定构成同罪，不作为行为人承担的是正犯之责还是帮助犯之责？判决的结果给出的只是最终的答案，梳理个中原理方能对这一特殊情形有更好的理解。

在行为人不作为参与作为正犯的场合中，最为复杂的是，当作为行为人正在实施危害行为时，两个或以上负有作为义务的人员违反作为义务，且两个或以上不作为行为人的作为义务依法不同，例如，当第三人伤害幼儿时，幼儿的母亲和幼儿的保姆均在现场，但该二人都无动于衷，此时，母亲与保姆的不作为是否可以同等评价？若可以同等评价，构成何罪？是共同正犯还是帮助犯？若不能同等评价，则又当如何区分评价？本文以上述问题为引，对在行为人不作为参与作为正犯场合下，共同正犯与帮助犯的区分进行分析。

一、以作用分类法为主，强调以主犯为核心的犯罪参与体系忽视了行为定性对量刑的影响

司法判决当中，在涉及共同犯罪时，判决书表述一般为：“某某犯某某罪，系共同犯罪，在犯罪过程中起……重要作用，为主犯；某某在犯罪过程中起……辅助作用，为从犯……”例如，广东省高级人民法院（2021）粤刑终593号刑事判决书、浙江省杭州市中级人民法院（2020）浙01刑初36号刑事判决书、江苏省南京市高淳区人民法院（2016）苏0118刑初123号刑事判决书等。司法实践当中以作用分类法

---

① 参见上海市第三中级人民法院（2018）沪03刑终20号刑事裁定书。

② 参见浙江省海盐县人民法院（2018）浙0424刑初346号刑事判决书。

为主，强调主犯为核心的犯罪体系在共犯体系上更倾向于单一正犯体系。在我国，刘明祥教授、江溯教授等为单一正犯体系的坚定拥护者。支持区分制共犯体系的学者，如陈兴良教授、钱叶六教授等，则对单一正犯体系提出批评。单一正犯体系并不对行为人的参与类型从内部做进一步区分，只是在量刑阶段根据作用大小划分主从犯，区分模式方便简洁，在司法实践中被广泛采用。

但笔者认为，以司法实践的广泛采用来倒推单一正犯体系具有合理性并不具有逻辑上的严密性。例如，出罪的事由可能是不符合违法性的要求，也有可能是不符合责任的要求，但不能认为因满足出罪的条件就无须进一步区分该条件的具体性质。况且，正犯行为一般与构成要件行为直接挂钩，相对而言，正犯行为是直接导致危害结果发生的行为，具有更高的危险性。而帮助犯则并不必然实施了构成要件行为，在对危害结果的发生上，依照促进的因果关系说，是“使得正犯行为变得更为容易的行为”，因此，并不必然展现犯罪构成要件的类型形象。共同正犯在学理上就其行为划分，也与正犯行为明显有异，在归责上采取“部分行为全部责任”原则。共同犯罪既然是复数犯罪行为人基于共同故意所作出的犯罪行为，就不能仅仅审查各犯罪行为人的行为是否符合犯罪构成要件，是否构成犯罪，而应当进行精细化处理，对于各犯罪参与人的行为在内部进行准确的定性，才符合“共同犯罪”的概念要求。区分制共犯体系将正犯与共犯进行区分，并且从不法层面彰显了二者的差异，正是共同犯罪精细化处理的体现。因此，在共同犯罪中，不论是作为犯还是不作为犯，均应当对其行为类型进行准确划分。

二、理论争议：支配犯与义务犯的对立

因认为行为人作为对应的是支配犯，行为人不作为对应的是义务犯，所以，在行为人不作为参与作为的故意犯罪场合，持义务犯理论的学者将义务违反作为不作为归责的决定要素，从而认定不作为者成立正犯；反之，持支配犯理论的学者认为，作为者直接支配并完成了犯罪过程，实现了犯罪的法益侵害目标，因此不作为者不能评价为正犯，应视

情况评价为帮助犯等。随着理论的发展，除了原则上的正犯、帮助犯争议，也存在义务二分化学说等。以不同学说为依托，对不作为行为人的定性判断就存在着帮助犯或无罪、共同正犯或帮助犯、单独正犯等结论。以下，笔者对上述学说进行介评，分析在不作为场合下不作为犯与作为犯的不同之处和争论焦点。

（一）原则帮助犯

考虑到在刑事犯罪体系中，各罪的构成要件多数是以作为的形式为基础进行构建，因此作为的行为就处于整个犯罪行为的核心，不作为在犯罪过程中的支配力也要按照作为的判断路径进行判断。基于此，原则帮助犯学说的主要观点认为：作为行为人作为控制和支配犯罪进程的核心人物，亲自实施了构成要件的危害行为，为正犯；不作为者只是通过依附于正犯的行为参与了犯罪进程，在效果上使作为行为人的犯罪更容易完成，为帮助犯。日本学者大谷实教授认为，具有作为义务的人在不履行作为义务的情形下，使作为行为人的行为更易完成的时候，则成立帮助犯。① 德国学者耶塞克教授也认为，相比于作为正犯的行为积极性而言，不作为的行为虽然具备成立共同正犯的可能，但认定成立帮助犯可能更符合行为支配理论的要求。②

德国、日本学界的多数学说支持不作为参与下的帮助犯的成立，对作为正犯的支配力从不作为对作为行为的依附性、对危害结果实现的间接影响性及无法支配因果关系等方面进行论述，得出不作为参与下的行为定性原则上是帮助犯这一结论。我国亦有学者持帮助犯观点。③ 黎宏教授即持帮助犯的立场，并阐述了新的理由，特别指出应当在穷尽成立作为犯可能的前提下才能从不作为的视角进行判断。其认为，在不作为

① 参见［日］大谷实：《刑法总论》，黎宏译，法律出版社2003年版，第344页。

② 参见［德］汉斯·海因里希·耶塞克、托马斯·魏根特：《德国刑法教科书》，徐久生译，中国法制出版社2001年版，第774页。

③ 参见陈家林：《不作为的共同正犯问题研究》，载《暨南学报（哲学社会科学版）》2007年第5期。

参与犯罪的情形下，未能被阻止的行为人（实施了实行行为导致危害结果发生的行为人）在事实上起到了支配作用因而成立正犯，不作为者基于其在犯罪过程中的实际作用只能被评价为帮助犯。[①] 黎宏教授同时指出，作为义务只是为成立不作为犯奠定基础，并不能为不作为者成为正犯提供依据。对于支配犯理论在不作为参与场合中可以进行如下分析：即便是第三人将孩子推入水中，父亲未予救助，孩子被淹死的场合也是如此。因为需要承担刑事责任的人，除了孩子父亲外，还有将孩子推入水中的第三人。而且，对于孩子父亲未予救助的不作为评价，不能改变孩子之死是由第三人推入水中造成的事实。换言之，上述案件中孩子死亡是第三人的直接行为导致，并且该第三人对死亡结果具有直接的、完全的支配力，父亲不予救助的行为的效果只是帮助了第三人更顺利地实施了杀人行为而已，因此不阻止者只是当然成立（片面）帮助犯。[②]

对于原则帮助犯学说，有学者批判其对“不作为的支配”进行了误读，体现在三个方面：第一，罗克辛教授提出的犯罪支配理论是以作为犯为基础研究对象，不作为无法进行适用，将支配犯理论强搬到不作为上，当然会出现理论的不融合。得出不作为缺乏支配性从而成立帮助犯的观点是一种循环论证。[③] 第二，该说既然认为不作为的实质应当达到作为犯的支配实质，依然看重不作为与作为之间的等价值性，却又认为不作为的支配力原则上小于作为犯的支配力，那么考虑不作为与作为的等价值性的意义何在？显然存在逻辑矛盾。并且，该学说对于例外情况下成立共同正犯或间接正犯的场景也未加以说明。[④] 第三，如果认为凡是在共同犯罪中存在意思联络的，必然存在作为行为，所以无论如何不能够以不作为为焦点进行讨论的话，这已然是将不作为的独立性完全放弃。并且，这样一来，当两个行为人均实施了在形式上一样的行为

---

① 参见黎宏：《不阻止他人犯罪的刑事责任》，载《中国法学》2020 年第 4 期。

② 参见黎宏：《不阻止他人犯罪的刑事责任》，载《中国法学》2020 年第 4 期。

③ 参见姚诗：《不作为正犯与共犯之区分：实践发现与理论形塑》，载《法学家》2020 年第 4 期。

④ 参见温登平：《以不作为参与他人的法益侵害行为的性质——兼及不作为的正犯与帮助犯的区分》，载《法学家》2016 年第 4 期。

时，一个可能因为作出了实质“贡献”被评价为正犯，另一个却因为保证义务身份只能被评价为帮助犯，结论显然是不合理的。

笔者认为，原则帮助犯理论在解读犯罪事实支配理论时，方向有误。

第一，犯罪事实支配理论是罗克辛教授提出的关于正犯的指导原理。其中，直接正犯适用于行为支配理论，也就是说，直接正犯正是由自己实施实行行为对犯罪行为进行支配。共同正犯的正犯性标志乃是机能的行为支配，实际内容在于各参与人对整个犯罪目标的实现所起的作用。在不作为参与的场合，特别是在负有保证义务的人明知第三人杀害与自己有义务关联的被害人时“什么也不做”的场合，由于法律对其课以必须积极作为的义务，要求其避免结果的发生，故在不作为的行为人完全有能力阻止，并且伤害结果也是可以避免发生的情况下，不作为行为人却反其道而行之，那么可以认为该行为对结果的发生具有重要作用。这里的因果关系在形式上并不存在，但是在规范评价上可以认定存在相当的因果关系。倘若不作为的行为与作为的行为发出两条导向结果的危险流，或重叠或并列，不作为的行为人此时应当被评价为正犯。

第二，就指向结果发生的作用力而言，不应当完全忽视不作为的“支配”力。行为有作为与不作为之分，意味着二者所能支配的或者说指向的社会危害性程度没有区别，只是在实现方式上存在差异。就不作为而言，其物理外观上确实无法真正控制实际的因果流走向，因此，在不作为中，考虑的就是避免结果出现的可能性大小，也就是假设的因果关系对结果实现的影响程度。相比作为犯的支配而言，二者只是形式上的差异，并不是质的区别。

第三，正犯与共同正犯应当是不同的行为类型，因此，要认定不作为参与行为的性质，就应当明确该情形下是不作为者以不作为的方式对作为者起了“重要作用”，即达到了“封闭”犯罪伤害结果出现的缺口的作用，或者不作为行为与作为行为具备相当的等价性。这体现在，如果认为不作为行为人成立共同正犯，那么应当是从整体犯罪的角度而言的，在满足成为共同正犯所需要的参与意识等条件下，其对犯罪结果的出现起了重要作用。这样的重要作用并不一定会实际发生，但是假设的因果关系“十有八九”会避免结果的发生。而作为正犯的支配力要求更为严格，其要在犯罪中起到了关键性的实质作用。此时，不作为与作为的实质危害评价已经相同。

（二）义务犯理论

义务犯理论则将正犯判断的重心由行为支配转移到是否违反义务上。以作为为基础的犯罪形式虽然常见，但是仍然存在这样一些犯罪形式：法律规定额外对行为人课以特殊的义务或成立特殊的关系，使其必须执行或遵守该义务，在违背义务或者特殊关系的情况下，行为人就成为整个犯罪过程的核心人物。正如罗克辛教授所言，义务犯的正犯性，应当以是否具备了法律对行为人课以的义务来满足其构成要件。因此，在义务犯的场合，只需要根据是否具有义务进行判断，无须以犯罪事实支配理论为标准。①

义务犯理论是罗克辛教授用以解决不作为行为人正犯性合法化的理论，考虑到不作为与作为在构成上的区别，未将行为支配理论贯彻到底，而是试图用“义务违反”来消解不作为与作为的差异。义务犯理论受到众多学者的批判。原因在于：义务犯理论可以排除支配犯理论的适用，这就意味着某个具有特殊身份的人，即便没有支配犯罪进程，也会被当作正犯看待；相反，在不具有特殊身份的人参与犯罪的情况下，即便是支配了犯罪进程，也不能被当作正犯看待。② 这就造成了定罪量刑上的不公。根据义务犯理论，对于不作为参与作为正犯的情况，不作为者一律可以认定为正犯有待商榷。理由在于对于作为义务的体系地位存在理解误区。换言之，未考虑到结果避免可能性与作为义务之间的关系及行为支配在不作为犯中的重要作用，忽视了不作为当中的因果关系判断，仅仅看到了作为义务作为不真正不作为正犯成立的表象标志。

---

① 参见陈家林：《外国刑法理论的思潮与流变》，中国人民公安大学出版社 2017 年版，第 505 页。

② 参见孙立红：《论共同犯罪中的不作为参与》，载《法学家》2013 年第 1 期。

（三）新义务二分化理论

由于“一刀切”式的原则帮助犯和正犯理论都受到了学者的批判，主张义务二分化理论的学者开始讨论不同情况下正犯与共犯的区分。该学说仍然从作为义务的角度入手，将义务来源分为保护保证人的作为义务和监督保证人的作为义务，并认为在违反了保护保证人作为义务时成立正犯，在违反监督保证人作为义务时成立共犯。例如，松宫孝明教授指出，并非像大多数人认为的那样——保证人地位是判定不作为正犯的唯一标准，在不履行义务的情况下，首先要解决的也是正犯与共犯的区分问题……在保护保证人场合，违反作为义务的不作为成立正犯；在监督保证人场合，违反作为义务的不作为成立共犯。①

义务二分化学说规避了不作为依附作为只能成立帮助犯观点的弊端，承认了不作为本身的独立性，同时，也认为在不作为犯场合不能以义务为唯一衡量标准，考虑存在成立正犯的余地，因此被一些学者认可。② 但是对于为什么可以在不作为区分问题上进行这样的划分及这种形式上的划分有什么根据等问题上受到了学者的质疑。③ 随着义务二分化理论的发展，近年来亦有学者在此基础上进一步探究。姚诗教授指出，应当基于不作为与作为的实质共性进行义务区分，即借助改变或不改变因果流，对法益施加影响这一实质共性，提倡面向法益侵害的义务区分理论。具体而言，第一，在义务内容为人身保护时，义务人与作为行为人的义务关系相当，因果贡献力相同，应被认定为主犯。第二，在义务内容为财产保护时，当财产处于义务人的全面控制，实施财产犯罪需以义务人的不作为为核心情形下，义务人为正犯；反之，在义务人类

---

① 参见［日］松宫孝明：《刑法总论讲义》，钱叶六译，中国人民大学出版社2013年版，第206页。

② 参见刘凌梅：《帮助犯研究》，武汉大学出版社2003年版，第150页。

③ 转引自杜文俊、陈洪兵：《不作为共犯与犯罪阻止义务》，载赵秉志主编：《刑法论丛》（2009年第3卷），法律出版社2009年版，第239页；参见［日］神山敏雄：《不作为的共犯论》，成文堂1994年版，第177页；陈家林：《共同正犯研究》，武汉大学出版社2004年版，第270页；孙立红：《论共同犯罪中的不作为参与》，载《法学家》2013年第1期。

似于保管员的身份时，为从犯。第三，在监督危险源的场合中，当该危险源开启了危险的“河的本流”，义务人被期待切断“河的本流”时，为主犯；当该危险源为犯罪实施者加以利用的工具，义务人的义务仅是切断二者关联时，为共犯。第四，在先前行为型义务的情况下，若先前行为引起他人实施犯罪，前行为人仅对法益侵害结果起到帮助作用，为从犯；当前行为人使得被害人丧失自我保护能力引起他人实施犯罪时，前行为人是否成立正犯还需要对被害人自我保护功能被削弱的程度进行进一步判断。①

可以看出，面向法益侵害的义务二分化理论是以义务对因果流影响力的大小、对法益侵害的程度为基础，进行正犯与共犯的判断，对作为义务的二分也以此为基础。该学说与上述其他学说的不同之处在于：第一，承认了不作为中保证人的支配作用。换言之，对义务强弱在因果流中起到“阻隔”还是“截断”的作用进行了区分。第二，在“河的本流”“支流”这样的隐喻下，站在重要作用或者说因果贡献力的大小立场上，进一步认为是以“侵害法益”程度为基础，将作为义务进行二分，从而将“河的本流”与“支流”表述得更为具象化，实质是对“支配”一词的重新解读。对于在区分标准内加入实质思考的方式，笔者大体赞同，但存在一些相左的意见，主要包括：其一，如何判断法益侵害性大小与因果关系是否可以支配的关系？换言之，将人的生命作为最高的保护法益无可厚非，但是否意味着违反该作为义务，就达到了必须阻断因果流的重要地位？生命法益的侵害是结果的表现形式，而因果关系作为到达结果的桥梁，二者应当有不同的判断路径，不应当从结果倒推对因果的判断。其二，即便借助法益侵害性的概念，但在（财产犯罪）判断过程中还是以不作为行为是否是犯罪过程的核心行为来判断，借此说明该行为人是“截断河流”还是“阻隔河流”。所以，义务分类并没有发挥实质的作用，还是依照行为人的重要作用进行判断。

---

① 参见姚诗：《不作为正犯与共犯之区分：实践发现与理论形塑》，载《法学家》2020年第4期。

（四）一元标准论——重要作用理论可取

不论是义务犯理论还是原则帮助犯理论，理论产生的出发点均在“作为犯是不作为犯的对立存在”这一观念上，过多关注了不作为与作为的构造差异。因此，不作为犯正犯的成立要么以义务违反为标准，要么以违反不同类的作为义务为标准，或者否定不作为行为对结果的支配力而认为不作为只能依附于作为犯的支配力而存在。对此，有学者认为，可以存在一个同时作用于作为犯与不作为犯的共通的区分标准。[①]其中以关于结果原因支配说及重要作用说的讨论最为热烈。

许内曼教授以结果原因支配说作为认定作为犯与不作为犯的共同标准。具体而言，在作为犯中，依照行为人在犯罪当时是否具有对犯罪的支配力决定其是否为正犯；在不真正不作为犯中，是以在犯罪发生之前行为人是否控制某一社会领域——危险源或无助的法益客体决定其是否为正犯。不作为犯如果想与作为犯处于等价性地位，则需要通过保证人义务的支配实现对结果原因的支配。[②] 依据该学说，行为人具有保证人义务才能在犯罪实施的场合，通过对保证人义务的支配达到对结果实现的支配。例如，在保姆照顾婴儿的场合，不作为导致婴儿死亡是由于保姆对该法益具有支配力而承担正犯的责任，并不仅是由于形式上的合同义务违反。可以看出，结果原因支配说基于形式的义务二分化理论，增加了实质因素的考量——对因果关系的支配程度。在这个意义上该学说可谓是与姚诗教授提出的“面向法益侵害的义务区分理论”有异曲同工之妙。同样，既然结果原因支配说仍然是强调对实现结果的原因的排他性支配，那么在客观上，该行为必须是实质地导致危害结果的发生，而在不作为的场合下，很难说该行为实质地支配了某个因果流的发展。

重要作用说以“对犯罪结果实现起到了实质的贡献或者重要作用”

① 参见欧阳本祺：《论不作为正犯与共犯的区分》，载《中外法学》2015年第3期。

② 参见［德］贝恩德·许内曼：《论不真正作为犯的保证人地位——在解释学史、比较法和物本逻辑上摆脱混沌的出路指南》，陈晰译，载《刑法与刑事司法》编辑部编：《刑法与刑事司法》（2013年第1卷），法律出版社2013年版，第69页。

为标准，在不作为行为参与下可以适用。该说在不作为问题上也同样探讨等价性问题，即当不作为行为导致结果发生的原因力所起到的作用大小与作为行为一致时，该不作为可认定为正犯行为。在判断因果流的支配力中，多数学者支持以“排他的支配”为标准，这就意味着负有保证义务的行为人如果实施积极作为能确实地避免该危害结果的发生，则其对结果的实现具有实质的支配力，不作为行为人应当成立共同正犯。反之，假使保证人履行了作为义务，实施了所期待的行为，但只是使得犯罪结果的发生更为困难，那么对该行为人应当认定为帮助犯。需要注意的是，不作为行为从自然角度上看缺少因果关系，因此，其重要作用的发挥体现在拟制的因果关系条件下，在确定不作为行为与结果的因果关系的基础后，进一步运用重要作用说区分共同正犯和帮助犯。

综上所述，除了义务犯理论本身将“重要作用”或“对结果实现的支配”剔除在自己的思考框架之外，其余学说，不论是原则帮助犯还是义务二分化理论，随着理论研究的进一步深入，都开始注重不作为行为本身的独立性，并试图将实质标准纳入自己的区分标准，只是在结论上有所不同。可以说义务犯罪论与一元标准的价值取向趋同。本文同样站在实质标准说的立场，认为不作为与作为适用共通原则不存在障碍，通过对不作为行为构造及上述矛盾点的进一步分析，认为在不真正不作为参与作为正犯的场合下，重要作用说依然可以适用，以下详述。

三、不作为行为定性的标准——对假设的因果流是否具有重要影响

即便不作为在外观上是“无”的形式，也应当承认不作为作为一种独立的行为类型具有使危害结果产生的独立因果流。在不作为参与作为时，也应当认同不作为在作为场合下发挥的作用，只是需要进一步分析对结果实现贡献的大与小，进而认定成立共同正犯或帮助犯。虽然法律规定的犯罪构成要件并未将不作为行为排除在外，但是在不真正不作为场合中，如何达到能与作为的因果关系流那般的明晰就成为问题。因此，在不作为与作为等价的问题上，就应当说明两个问题：第一，是什

么使不作为行为的危害性与作为的危害性具有相同的价值评价？第二，如果不作为行为具备了危险性，其与结果的因果关系借助什么来进行判断？不作为的义务履行是否具有顺序性？在本论题下则表现为，不作为行为人的不作为即在没有阻止他人犯罪的场合中，该不作为是否能与作为进行同一评价，又如何进行同一评价？该不作为在导致危害结果发生的因果流中有多少贡献？义务履行顺序是否有重要贡献？

（一）等价性原理的内容指向

不真正不作为犯的等价性原理旨在说明不真正不作为犯中的“不作为”与作为犯中的“作为”具有同价性，从而实现在作为犯的构成要件中没有障碍，解决从实质上说明作为义务在构成要件中欠缺却依然能以作为犯的构成要件加以适用和处罚的问题。等价性原理作为不真正不作为犯的解释原理，且其本来的含义是指不作为所造成的法益侵害的危险性与作为的构成要件所欲达到的法益侵害危险性程度相一致。① 这里的危险性如何判断，应当结合案件的综合情况，如时间、地点环境、人物特性等来进行。等价性原理在作为义务上表现为，具有何种身份的人在何种情形下违反的作为义务达到了对法益侵害的紧迫程度。在等价性原理的引导下，履行作为义务强弱的判断需要明确。对同一义务的违反程度不同，在最终的犯罪结论上可能有天壤之别。典型的情形就是遗弃罪和不作为的故意杀人罪，仅从作为义务的违反上看，两者并没有什么不同，只是在违反作为义务的程度上出现了差异。因此，就等价性的判断问题，可以进行以下考虑：

---

① 等价性是作为不真正不作为犯的解释原理还是与作为义务一样属于独立要件，存在争论。本文认为，认为等价性非独立要件的观点并非否认了对等价性的判断。在判断是否成立不真正不作为犯或者说是否与作为犯具有等价性的过程中一般遵循这样的思路：先看客观方面是否有危害结果的产生、行为是否是危害行为，再看主观上是否具有故意过失，然后判断两者的因果关系能否归属。在判断结果归属的过程中，由于不真正不作为行为的特殊性，还应当先考虑是否具备作为义务，接着考虑作为义务是否等价。但是就是在这样的过程中，人的思维过程往往是事实和价值同一判断，等价性其实是作为一种解释原理包含在其中，是一种解释桥梁。参见张明楷：《刑法学》，法律出版社2016年版，第161页。

第一，判断作为义务的程度首先要围绕着合法权益与作为义务的关系进行。犯罪的本质在于对法益的侵害，在不真正不作为犯中，义务程度高的人违反作为义务，其不作为行为的危害评价自然较高，应当被首先评价，这就保证了在众多具有义务的人群中再进行进一步限缩。在一起父亲看见其大儿子拿刀想要杀害其小儿子，但父亲袖手旁观的案例中，父亲的义务来源包括了对他人危险行为的监督义务和对法益的保护义务。[1] 因此，我们应思考不作为行为被定性时被选择的作为义务顺序到底是什么。如果首先是法益保护义务，那么法律要求父亲必须实施对自己儿子生命权益救助的积极作为，该不作为至少成立不作为的故意杀人罪的帮助犯。如果首先考虑的是监督义务，那么对于自己子女实施的杀人行为，父亲的不作为并不当然评价为故意杀人罪。

第二，根据法益是否面临紧迫的侵害，将排除法益侵害结果的救助可能性掌握在自己手中。换言之，通过对侵害法益的特定领域的支配，达到了与作为行为造成侵害结果一样的危险程度。典型的案件就是将老人丢弃至超市门口或者政府门口，这时可以说老人的生命法益并没有达到排他救助的程度，对于此，遗弃罪是公认的合理结论。反之，将本人对其具有赡养义务的老人丢在荒无人烟的深山老林之中，老人的生命法益可以说是遭到了紧迫的侵害，并且是人为地将救助法益的可能性尽可能排除了。这种“不作为”与故意杀人中的拿刀砍人、用毒药毒死人等行为在价值上相同，可以说是不作为的故意杀人行为。

第三，根据合法权益与作为义务人的关系程度，考虑结果的可避免性。结果避免可能性是作为义务履行的前提，因为法律要求某一行为人必须履行作为义务，该义务的履行应当是有意义的。在强调不真正不作为犯等价性的同时，也必须在保证结果避免存在可能的情况下，来追究该不作为人的责任才存在合理性，否则就是强人所难。对于结果可能性的判断，应当依据事后的客观事实进行判断。在母亲不给婴儿喂奶的情

---

① 参见杜文俊、陈洪兵：《不作为共犯与犯罪阻止义务》，载赵秉志主编：《刑法论丛》（2009 年第 3 卷），法律出版社 2009 年版，第 247 页。

形下，母亲作为保证人自然有保证人义务不必多说，与之生活在同一屋檐下的父亲因为妻子不给婴儿喂奶的行为就将所有责任推至妻子身上恐怕不能得到认可。父亲同样对该婴儿具有保护义务，且其被期待实施其他作为行为维护婴儿的生命，这种被期待的行为在当时情形下无阻碍因素。因此，在父亲处于明知的主观状态下，对妻子的行为不加理会导致婴儿死亡时，父亲也是共同正犯。

在义务履行顺序上，负有同等义务来源的行为人在行为评价上并没有什么不同，负有不同义务来源的行为人在不作为行为的评价上可能不同。例如，在母亲和保姆都目睹被看管的幼儿被杀害却什么也没做的场合下，站在行为无价值的立场，母亲没有履行救助义务，就不能要求保姆履行救助义务，因此，母亲和保姆的义务履行存在顺序。虽然保姆的行为违反了合同约定的看管幼儿的义务，但无法在此种情况下期待她实施作为行为。母亲的不作为行为可根据结果避免可能性程度，成立与作为行为人同罪的共同正犯或帮助犯。

（二）不作为参与下的共同正犯与帮助犯因果关系判断

共同正犯在作为犯的因果关系中体现为对结果的实现发挥了重要作用。在罗克辛教授的观点中，共同正犯的成立是由于机能的行为支配，各行为人之间的配合缺一不可，使结果发生具有高度可能。因此，在因果关系流上，类似于多股导致结果实现的危险流加功在直接致果的危险流上，且使该股危险流的力量增强到几乎可以肯定结果的发生的程度。在不作为参与作为正犯的场合中，不作为行为人要承担正犯的责任，同样需要自己的不作为加功到可以肯定作为犯的直接作为行为因果关系流中继而导致危害结果的发生。问题是，不作为的行为在表面上是“无”的形象，不作为的因果影响是否可以达到几乎可以肯定的程度呢？应当结合案件行为人条件、地点、环境等客观要素综合判断，如行为人的生理缺陷、排除法益救助其他可能性程度等，使结果避免发生的概率达到了几乎可以肯定的程度。例如，某 18 周岁的男子甲与朋友（同岁）乙在某一闹市中小巷内发生争吵，二人随即发生激烈肢体冲突，此时乙的父亲恰巧经过，目睹了甲乙之间的打斗，因想到自己以后再娶带着孩子不方便而未阻止甲殴打乙的行为，当一民警路过时，乙的父亲谎称没有什么异常。后乙倒在血泊中，甲见状逃离，乙的父亲也随即离开，后乙死亡。在本案中，应当认为乙的父亲应承担故意杀人的正犯责任，理由在于：第一，在案件发生的场景，若乙的父亲实施了积极作为，完全有能力去阻止死亡结果的发生。第二，从介入因素的角度上看，当时只存在一个作为者的杀人行为和父亲不作为的行为，并不存在其他的介入因素阻碍因果流的发展。甲创设的因果流直接作用于死亡结果，应当对该结果负责，父亲的不作为违反了保护子女不受伤害的义务，可以说该不作为行为在危害程度上与作为行为无异。父亲行为的因果关系，从形式上看，是借助了作为的因果流危险，共同导致了最后犯罪结果的发生；从实质上看，不作为所创设的危险也落入了不作为行为人答责的构成要件范围内，并不存在结果排除归责于不作为行为人的情形。第三，当受害者面临生命、身体等重大法益侵害的危险时，保证人的作为义务程度应当提高。换言之，保证人在针对生命等法益侵害的情形下，阻止结果发生的义务程度要求应当更为严格。不作为者基于放任的主观故意，在能够阻止危险结果发生而故意不阻止的场合（甚至干扰了可能救助法益的因素），不作为的行为在导致结果发生的因果力上与作为行为并没有区别，行为人应当被评价为共同正犯。

帮助犯则无须达到共同正犯对因果流掌握的严格程度，因为帮助本身就是促进、协助正犯的行为，使其变得更容易实行而已。在整个犯罪过程中，一般而言，帮助犯处于边缘地位，其对结果的实现也处于间接地位，因此并不支配或掌握犯罪的因果流。通俗地说，犯罪结果的实现并不依赖于帮助犯的帮助行为。在不作为参与的场合下也同样如此。保证人的不作为行为在因果流上也只是促进作为行为人更轻松地完成犯罪行为。例如，仓库的管理人员没有按照盗窃团伙头目的要求予以配合，但也没有像平时一样谨慎看管仓库，从而使得仓库内的物品被该团伙成功盗窃，仓库管理人员应当为帮助犯。分析思路应当是：第一，仓库管理人员对于仓库内的物品具有谨慎保管看护义务。第二，仓库管理人员对于该物品并没有形成绝对的控制支配。换言之，并不是只要有仓库管理人员的配合就一定能使整个盗窃计划成功。第三，仓库管理人员虽不具备对该物品的绝对控制力，但是相对起了安全保障的作用。换言之，有了仓库管理人员的配合，盗窃计划的实施会更为轻松。第四，仓库管理人员确实违反了作为义务，具有主观上的故意，且盗窃者也按照计划实施了盗窃行为，结果是盗窃成功。因此，可以说仓库管理人员成立帮助犯。但是，如果仓库管理人员具备进入该仓库的唯一生物密码（如指纹或面部扫描等），不可能通过其他物理渠道打开仓库的门，则即便仓库管理人员不在仓库地点，也可以认为其形成了绝对的控制力。如果仓库管理人员违反了作为义务，使盗窃者进入并取得了财物，则仓库管理人员也应当被认定成立共同正犯。

综上所述，等价性原理是不真正不作为犯的解释原理，实质上指出了法益侵害与保证人之间的紧密程度，在等价性原理中要求不作为行为的因果控制力和结果避免可能性。不作为犯的实行行为需要等价性这一桥梁达到与作为犯的作为行为危害程度一致，才具备了正犯成立的因素之一。在不作为参与的因果关系判断中，需要综合考虑结果避免可能性和介入因素的影响。当具有保证义务的人违反了保证义务，根据对客观环境的判断等，结果避免可能性较小时，不作为的行为至多是协助行为，作为行为具有导致结果发生的支配性因果关系，不作为的因果流与其相较乃是不同质不同量的一个原因，不成立共同正犯。反之，当结果避免可能性较大时，作为的因果流与不作为的因果流发生了同质同量的重叠，不作为者当然承担正犯的结果责任。

四、本文观点

基于上述分析，在不作为犯中，等价性原理对作为与不作为的差异进行填补，在不作为参与作为正犯的场合，通过对结果实现的影响力大小的判断、对因果流的掌控程度分析，结合等价性的要求，依然可以区分共同正犯与帮助犯。

第一，在不阻止本人对其具有保证义务的人的法益被侵害的场合，例如，母亲看见自己的孩子正在被他人杀害而无动于衷，最终孩子死亡的案件中，应当结合不作为作为对因果流的影响程度进行再分类分析。首先，保证人的不作为行为从形式上看的确违反了作为义务（法律一直期待母亲实施某种救助行为以维护孩子的生命法益），但其并没有实施积极作为，且其目睹了自己的孩子被杀，可以说具备了放任的故意心理。但是，仅有作为义务的违反尚不构成故意杀人罪的共同正犯。其次，需结合等价性原理与对因果关系的掌控程度进行再次判断。当结果避免可能性较大时，则该不作为的行为在犯罪结果实现中发挥了重大作用，可以认为成立故意杀人罪的共同正犯。例如，母亲看见自己的孩子被他人殴打致昏迷而无动于衷，即便医院就在旁边也不实施救助行为，结果孩子死亡。此时，母亲实施积极作为的行为很大程度上能阻止死亡结果的发生其却未实施，此时母亲的不作为在危害程度上与作为程度相当。因此，母亲为故意杀人罪的共同正犯。而当客观上结果避免可能性较小时，保证人不实施积极作为行为只是使结果发生更为容易，或者使他人救助行动变得困难，应认定保证人为帮助犯。例如，保证人在遇见前述孩子被殴打情况下，无所作为且一走了之，抱着“如果有路人救也可以，没人救就算了”的想法，则成立帮助犯。

第二，在不阻止被保护人侵害第三人法益的场合，如在父亲看见自己的儿子正在对第三人实施杀害行为并没有阻止，径直离开，后第三人死亡的场合，笔者认为父亲不成立故意杀人罪。理由在于：其一，保证人义务应当是通过法律规定或者道德、行业规范等要求长期形成的约定，是对保证人与被保证人之间权利义务的分配，其功能在于一方面明确了保证人与被保证人之间紧密的特殊关系，另一方面当被保证人受到法益侵害时对保证人的行为有所期待。保证义务更多的是一种对保证人行为的要求。因此，对于被保证人的行为自由，不能通过保证义务加以限制，即便被保证人做出的是一种危害行为，法律也不能通过保证义务将属于被保证人的行为后果强加在保证人身上（保证义务对于保证人而言就已经是一种“负担”）。至于因违反监督义务导致保证人成立其他犯罪在所不论。其二，从因果关系的支配程度上看，由于第三人的死亡并不是该父亲亲自实施的实行行为所致，无对死亡结果的任何可归责的因果关系的存在，该死亡结果作为行为人直接支配，且父亲对死亡的第三人并没有任何救助义务。如认为“如果父亲当时阻止了自己的孩子实施该行为（如果当时父亲没有不作为行为），那么该死亡结果就不会发生”，以此认定父亲与死亡结果存在因果关系，那么这里的误解在于，运用无 A 则无 B 的条件关系认定因果，使得因果关系链条无限扩大，且对 A 这一不作为的条件还存在理解偏差，因为在该案中的“不作为”不能称为刑法意义上的“不作为”，父亲的行为是否具备危害性都有疑问，遑论在危害行为概念下的不作为行为。其三，以对被保证人的保证义务来要求保证人对第三人具有保护义务，依据不明。

第三，义务履行存在顺序，主要体现在义务来源不同的保证人方面。站在行为无价值的立场，作为义务程度较高的行为人不履行作为义务，就不能要求作为义务程度较低的行为人履行。对二者的行为应当进行不同评价。

（本文仅代表作者个人观点。特约编辑：黄霆）

论《民法典》担保财产价值保全的制度冲突
——兼论义务人利益保护

王永敬*

就通常的法律概念、法律原理、法律制度而言，担保物权制度为债权担保之主要制度，设定担保物权之目的在于确保债权之实现，故担保物权之行使旨在保护债权人、担保权人，似乎与担保人无关。实则不然，因担保财产存在价值降低的风险，又因债务逾期之违约责任导致债务人负担不断加重，担保权人是否及时行使担保权必然涉及担保人及债务人权益。同时，担保法律制度的担保财产价值保全问题，存在不同情形相同规定及相同情形却不同规定的法律漏洞。对上述问题需要进一步研讨。

一、问题

担保物权以物权的存在形式来增强债权请求权的法律效力并促进债权的实现。1901 年，德国学者柯拉（Kohler）首次将物权区分为实体权（Substanzrecht）和价值权（Wertrecht）。[①] 此后，因担保物权的物权属性表征为对担保财产交换价值的支配，而非对物本身的支配，学界多

---

* 武汉大学法学博士研究生，晟典律师事务所高级合伙人，主要执业领域为民商事争议解决与公司、金融及财税领域法律实务。

① 柯拉认为，实体权是对物之实体的使用，是财产权的基石，以所有权为代表；价值权以物的价值而不是物本身为目的，以抵押权、土地债务等为代表。

将担保物权界定为变价权（Verwertungsrecht），[①] 即将担保财产变价并优先受偿的权利。因此，担保物权的权利并非以物权形式实现，甚至禁止以物权的形式实现，而本质上是对担保财产变现后的优先受偿权。[②] 进而言之，担保物权实现时的折价抵偿债务，也只是特殊优先受偿权的一种形式，其实质上也是变现加优先受偿一步到位的权利实现方式，折价与债务金额的差额仍需多退少补，折价还应体现担保财产在市场上的变现能力，即市场价格。基于这种法理，《民法典》第386条规定："担保物权人在债务人不履行到期债务或者发生当事人约定的实现担保物权的情形，依法享有就担保财产优先受偿的权利，但是法律另有规定的除外。"《民法典》第410条、第436条、第453条均规定担保物权的权利实现形式为优先受偿权，且折价与变卖时要参照市场价格执行。

鉴于担保物权支配的是担保财产的价值，是一种价值权，特别是抵押法律关系中因抵押权人不占有抵押财产，故更应防范抵押人损害抵押财产的价值。传统上，抵押财产价值可能减少和已经减少时，抵押权人的各种特殊权利被分为两种：一是抵押财产价值减少的防止权，包括不作为请求权和抵押权人的保全处分权；二是抵押财产价值减少的补救权，包括恢复原状、增加担保和提前清偿的请求权。[③] 在质押法律关系中，因质押财产由质权人占有，出质人实际上无法基于占有、使用行为而损害质押财产价值，而《民法典》第433条仍然规定非因质权人原因造成质押财产价值减损的，质权人对出质人享有质押财产价值保全权。《民法典》没有规定留置权人对留置财产的价值保全权。对占有状态不同的抵押担保、质押担保，均规定了担保权人的担保财产价值保全权；而对占有状态相同的质押担保、留置担保，却规定质押权人有担保财产

① ［德］鲍尔、施蒂尔纳：《德国物权法》（上），张双根译，法律出版社2004年版，第43页。

② 《物权法》（已失效）第186条规定："抵押权人在债务履行期届满前，不得与抵押人约定债务人不履行到期债务时抵押财产归债权人所有。"

③ 参见郑玉波：《民法物权》，黄宗乐修订，台北，三民书局股份有限公司2012年版，第327页；王泽鉴：《民法物权》，北京大学出版社2009年版，第361页；梁慧星、陈华彬：《物权法》，法律出版社2010年版，第289页。

价值保全权而留置权人没有该项权利。可见，抵押权、质押权、留置权在担保财产价值保全权方面的逻辑关系显然不一致，而其义理何在，实有研讨的必要。甚至有观点认为，留置权人无担保财产的价值保全权，“盖因留置权欠缺物权的追及效力，留置权的存在以对留置财产的占有为其存续要件，占有丧失则留置权消灭。原有的留置权既已消灭，又兼留置权本身为法定担保物权，双方之间亦无成立担保之合意，此时自然不能说原有担保关系得以继续。”① 然而，笔者疑惑的是，动产质押中质权人丧失占有的情形下，原质权不消灭？另外，盖因抵押权人享有担保财产价值保全权的事由在于担保财产由抵押人占有使用，抵押人有损害担保财产价值的可能，故“因抵押人行为损害抵押财产价值”的抵押权人可行使担保财产价值保全权；而质押财产并未被出质人占有，出质人并不具备抵押人那样基于占有而损害担保财产的基础条件，为了也给质权人设定担保财产价值保全权，遂不得不将行权条件设定为“非因质权人原因造成质押财产价值减损”。然而，该行权条件是否符合法理与逻辑，出质人不占有质押财产是否就不会或不可能损害质押财产价值？

担保物权人对担保财产享有担保财产价值权利益，可支配担保财产的价值，故其对担保财产价值享有法律上受保护的利益，因此为其设定担保财产价值保全权。然而，物权担保人作为担保财产的所有权人对担保财产的最终价值、剩余价值享有绝对支配权，担保物权人对担保财产的支配价值仅限于被担保的债务金额。进一步而言，物权担保人作为次债务人，对债务金额及责任的大小及公平性，也享有抗辩权。因此，担保物权人故意拖延担保财产变现时间、加大债务金额、错失担保财产最优变现时点及价值的情况，明显侵害了物权担保人作为担保财产所有权人对担保财产的剩余价值利益及加大了物权担保人作为次债务人的债务负担。担保法律制度应设定物权担保人享有阻却这种侵害的法律规范。

① 王雪薇：《试论增担保请求权》，载《〈上海法学研究〉集刊》2020 年第 11 卷（总第 35 卷）。

《民法典》第 437 条、第 454 条分别规定了出质人、债务人的该等权利。[①] 然而，《民法典》对抵押人的该项权利却未作规范，义理何在，相关的司法解释并未明确，学界也鲜有提及。

在主债务合同、物权担保合同构建的系列权利义务关系中，一方的行为将影响其他各方或某一方的权利义务状态，受到或将受到权利义务影响的主体对行为者的行为应当享有一定法益保护的请求权，尤其是在各方或彼此之间对构建前述系列权利义务已形成合意或形成信赖的情况下更应如此。因此，债务人、担保人对担保物权人损害担保财产价值而加重债务人、担保人负担，损害债务人、担保人利益的行为，应当享有防范、阻却或索偿的权利。笔者认为，有必要尝试研讨此问题。

需要说明的是，对《民法典》第 408 条、第 433 条规定的权利，理论界传统上称之为担保财产（抵押财产、质押财产）价值恢复请求权。笔者认为，其一，该等法条本身的字面意思和规范内涵及外延，均不限于请求恢复担保财产价值；其二，对担保财产的价值权，不限于担保权人享有，担保人亦应享有，具体理由本文中将详述。所以，笔者在本文将保全、维护担保财产价值以公平处理各方权利义务的权利称为担保财产价值保全权。

二、区分权利与权力对本文之意义

何为权利？权利者，为人天然而有的或法律所赋予的通过法律规定的方式予以维持和保护的利益，往往与他人履行一定的义务相对应。“权力不是一种实物，权利也不是一种实物。实际上它们都不具有任何范围更广的属类。它们连同责任、义务以及其他许多同类事物，是一些虚构体，其含义除了靠显示它们同真实体的关系外，无法用任何别的办

---

① 《民法典》第 437 条规定：“出质人可以请求质权人在债务履行期限届满后及时行使质权；质权人不行使的，出质人可以请求人民法院拍卖、变卖质押财产。出质人请求质权人及时行使质权，因质权人怠于行使权利造成出质人损害的，由质权人承担赔偿责任。”第 454 条规定：“债务人可以请求留置权人在债务履行期限届满后行使留置权；留置权人不行使的，债务人可以请求人民法院拍卖、变卖留置财产。”

法说明。”[1] 边沁提出以“显示它们同真实体的关系”的方法来解释权利概念：“你具有权利要我去做的事情（指政治权利），如果我不去做，凭着以你的名义提出的要求，根据法律，我就应受到惩罚。”[2] 权利强调的是一种受法律保护的最终的利益状态。耶林在其早期著作《罗马法精神》一书中首次提出权利的本质是“法律所保护的利益”，此处所称的利益既包含社会利益，又包含个人利益，耶林认为“个人主张权利的最终目的并不仅仅是为了维护个人利益，更是为了捍卫社会利益”[3]。回归到担保权人在担保物权上的权利，其为将担保财产变现所得优先受偿的利益状态。

何为权力？在1789年出版的《道德与立法原理导论》中，边沁说：“权力虽然并非一种权利，但在一定限度内被包括在权利之下，以致可用‘权力’一词的地方，亦可用‘权利’一词。”[4] 由此，笔者进一步认为，权力在权利之下，系因权利而生，以权利的存在及实现为前提。权力强调的是一种动态或过程，是为了实现权利而采取的法律准予实施的方法和手段，抑或说是法律赋予的执行实施之力，包括私法上的权利救济之力。“要懂得如何阐释一项权利，只需去了解在所谈论的情况下将构成违背此项权利的那种行动。”[5] 可见，权力是为实现权利而存在的，在多数情况下甚至含有强制力的性质。“权力是迫使他人按照权力拥有者的意愿行事的能力，而被迫者在其他情况下并不会如此。”[6] 具体到本文中，就担保权人在担保物权上的权利而论，担保权人提出将担保财产折价、拍卖、变卖，或请求人民法院拍卖、变卖担保财产，均属

① ［英］边沁：《道德与立法原理导论》，时殷弘译，商务印书馆2000年版，第269页。

② ［英］边沁：《道德与立法原理导论》，时殷弘译，商务印书馆2000年版，第269页。

③ 张颂、张越：《自由主义与功利主义视角下的权利观》，载《经济师》2020年第1期。

④ ［英］边沁：《道德与立法原理导论》，时殷弘译，商务印书馆2000年版，第269页。

⑤ ［英］边沁：《道德与立法原理导论》，时殷弘译，商务印书馆2000年版，第269页。

⑥ ［美］理查德·拉克曼：《国家与权力》，郦菁、张昕译，上海人民出版社2013年版，前言。韦伯还说过，“在权力的十分一般的意义上，即在把自己的意志强加给他人行为的可能性上，统治可能以形形色色的、十分不同的形式出现”。参见［德］马克斯·韦伯：《经济与社会》（下卷），［德］约翰内斯·温克尔曼整理，林荣远译，商务印书馆1997年版，第264页。

于担保物权的权力行使，获得担保财产变现价值优先受偿金额，属于担保物权的权利状态。

在法学思考层面，权利人与权力人通常是同一的，如债权和担保物权等私法领域，通常是权利人去行使私法上之权力。但是，权利人与权力人有时候是独立的，常见情形为代理法律关系对外效力上的权利人与权力人分离：代理的法律权利及义务归于本人，而有权实施法律行为的系代理人。在公法领域，则充分体现了权利人与权力人的严格分离，国家机关及其职员为权力人，而人民为权利人，权力之行使的利益归于人民而非公务人员。实际上，公权力的行使及权益归属，可视为民法上委托代理法律制度在社会公共管理及国家治理中的投射。

鉴于权利的实现最终是一种静止的、结论性的利益状态，是纯粹的受益，权利状态的获得对应义务人的债务承担，故权利人可以放弃权利而不至于损害义务人。而权利人可否随意放弃权力或怠于行使权力，则应另当别论。行使权力不仅与实现权利有关，也构成权力人的义务。特别是不行使或怠于行使权力对他人的利益构成损害或威胁或会单方增大权利人或权力人的权益时，行使权力应当成为权力人的义务。比如，公职人员行使公权力，本身就是履行公共事务管理义务；代理人行使代理权力，本身就是在履行相对于本人的代理义务。

综上可见，区分权利与权力的意义在于：担保权人可以放弃担保物权上的权利，即放弃优先受偿权，债务人不会因此而受到不利益。而行使担保物权的权力是动态的、过程性的行为，担保权人是否及时行使担保物权之权力、是否妥善保管担保财产等不仅可能影响担保人的利益，还可能影响主债务人的利益。本文也将会分析担保物权的权利人不适当行使或怠于行使担保权力将可能损害担保人、主债务人利益的情形，指出担保法律制度未将担保人、主债务人可能受损害的利益识别为受法律保护的利益即法益并规定保护方式，构成法律漏洞或缺陷。

三、《民法典》担保法律制度中担保财产价值保全权的法律规范意旨与存在的法律漏洞

（一）传统上担保财产价值保全权的规范意旨在于保护担保权人的担保权益和债权利益

担保财产的价值减损，势必减少担保财产最终的变现价值，进而损害担保物权的最终权利实现时的优先受偿金额，故法律需要赋予担保权人一定权力去保全和维持担保财产的价值，是谓担保财产价值保全权。从担保物权的权利人角度，又可称为担保财产价值恢复请求权。特别是在抵押担保的情形，抵押权设立后，抵押财产由抵押人继续占有、使用和管理，抵押人的该等行为导致或可能导致抵押财产的价值减损时，理应赋予抵押权人抵押财产价值保全权，以确保抵押目的实现，即债权得以按约定清偿。近江幸治教授认为，即使说抵押权人只是享有对价值权的支配，但根据抵押权的设定，抵押人对于确实的标的物的收益还是受到一定的约束（价值维持义务）。[①] 谢在全先生指出："谓抵押权人对抵押人有抵押财产价值维持请求权，应不为过。"[②] 我国台湾地区"民法"第 871 条与第 872 条"均为抵押财产价值维持权利之具体规定"。[③]《民法典》第 408 条也明确规定："抵押人的行为足以使抵押财产价值减少的，抵押权人有权请求抵押人停止其行为；抵押财产价值减少的，抵押权人有权请求恢复抵押财产的价值，或者提供与减少的价值相应的担保。抵押人不恢复抵押财产的价值，也不提供担保的，抵押权人有权请求债务人提前清偿债务。"

---

① ［日］近江幸治：《担保物权法》，祝娅等译，法律出版社 2000 年版，第 95 页。

② 谢在全：《民法物权论》，中国政法大学出版社 2011 年版，第 721 页。

③ 参见魏大喨：《抵押权人对无权占有抵押物者之排除请求权》，载苏永钦主编：《民法物权实例问题分析》，清华大学出版社 2004 年版，第 147 页。

（二）将“因不可归责于质权人的事由”作为质权人享有担保财产价值保全权的条件，存在法律漏洞

在质押担保物权的情形，质押财产通常由担保权人占有，一般不会出现因担保人的行为而减损担保财产价值的情况。但在权利质押的领域内，也存在无权利凭证可交付占有而需登记设立的应收账款质押、股份质押、基金份额质押、收费权质押等情形；即使是交付了权利凭证的权利质押，所质押权利的价值并不必然源于权利凭证，而可能受到基础法律关系及行为影响，此基础法律关系及行为并非质权人所能控制。《民法典》第433条规定：“因不可归责于质权人的事由可能使质押财产毁损或者价值明显减少，足以危害质权人权利的，质权人有权请求出质人提供相应的担保；出质人不提供的，质权人可以拍卖、变卖质押财产，并与出质人协议将拍卖、变卖所得的价款提前清偿债务或者提存。”同时，按《民法典》第446条之规定，权利质押情形下的质押财产价值保全可适用《民法典》第433条的规定。

笔者认为，动产质押担保人是以转移占有的动产作为主债务的担保，担保生效后动产的占有及控制已转移给质押权人。质押担保关系的真实意思表示应当是：以该动产交付占有时现状及未来的变现价值为债务提供担保，而并不包含担保该动产未来不会贬值的意思。如出质人破坏质权人占有的动产或其他行为导致该动产价值减损，则出质人应当就担保财产价值减损承担责任，类似于《民法典》第408条规定的抵押人对担保财产价值减损的责任。而质押财产因客观原因等而导致的价值减损，不应由出质人承担责任。由此而论，《民法典》第433条的规定显然没有考虑到自然损耗、客观原因、第三方行为甚至不可抗力等可能导致质押财产价值减损，仍将这些情形纳入“因不可归责于质权人的事由”而要求出质人承担质押财产价值保全责任，显然不合理、不公平，也不符合转移质押财产占有以质押财产及其未来价值为限提供质押担保的真实意思表示。

“漏洞是在一个整体内部的一个令人不满意的不完整性。应用到法

律上，漏洞这个概念是指，法律整体内部的一个令人不满意的不完整性。”① 从这个角度而言，《民法典》第433条未将自然损耗、第三人原因、不可抗力等情形从质押权人可行使质押财产价值保全权的情形中排除，作出但书性规范，应属于一种在法律规范整体中一个不能令人满意的不完整。按照德国民法学者齐佩利乌斯的观点，法律漏洞可区分为两类：“一类是从法律条文的表述上即能看出的漏洞（对于这一类漏洞我简短地称为‘表述漏洞’），另一类是通过评价才能确定的漏洞（对于这一类漏洞我使用不是很准确的‘评价欠缺型漏洞’这一名称）。”② 关于《民法典》第433条的规定是否构成表述漏洞的问题，或许有人会质疑说“因不可归责于质权人的事由”这一表述已经很完整地表述了质押权人可以行使质押财产价值保全权的情形，不存在因表述不完整而导致该法律规范存在表述漏洞。笔者认为，法律漏洞并不限于表述的不完整，如齐佩利乌斯所言，还存在评价欠缺型漏洞。“评价欠缺型法律漏洞是指这样的情况，即虽然一项法律规范照其字面含义本来无须补充即可适用，然而出于正义的考虑却需要对其加以校正。”③ 在这里，齐佩利乌斯用来评价欠缺型法律漏洞评判基础的正义，是一个广义的正义概念，既包括公平、合理等价值判断方面的正义，也包括法律规范体系一致方面的正义，还包括规定情形过于宽泛而突破法律规范目的的目的性正义。“如果法律不足以完成正义地解决法律问题的任务，即可认为是需要加以补充的。”④

按照《民法典》第408条的规定，抵押财产归抵押人占有控制的情形下，仅在抵押人的行为导致抵押财产价值减损时，抵押权人方享有担保财产的价值保全权，对自然损耗、客观原因、不可抗力等导致的抵押财产价值减损，抵押权人均无担保财产的价值保全权。反观质押担保，

① ［德］卡尔·恩吉施：《法律思维导论》，郑永流译，法律出版社2014年版，第168页。

② ［德］齐佩利乌斯：《法学方法论》，金振豹译，法律出版社2009年版，第92页。

③ ［德］齐佩利乌斯：《法学方法论》，金振豹译，法律出版社2009年版，第93页。

④ ［德］齐佩利乌斯：《法学方法论》，金振豹译，法律出版社2009年版，第93页。

出质人对质押财产已经失去占有控制，在此情形要求出质人对自然损耗、客观原因、不可抗力等导致的质押财产价值减损承担责任，与抵押人对抵押财产价值减损的责任相比，明显不公平。根据“举重以明轻”的规则，出质人不应当承担比抵押人更重的担保财产价值保全责任。齐佩利乌斯认为，人们通常会在这种情况下发现漏洞的存在，即人们遇见一个尚未被法律加以规定的情形，而对于类似的情形已经有所规定，并且人们认为对前一情形作出同样规定是适当的。[①]“在法律漏洞问题上，体系正义原则和法的统一性原则同样需要加以考虑。按照这些原则，法律问题的解决不仅要合乎逻辑地纳入由同位阶和更高位阶法律规范组成的体系当中，并且要在目的上与这个体系保持一致。”[②] 基于此理论与逻辑，考虑到抵押权人与质押权人的担保财产价值保全权的目的一致，均是避免担保财产价值减损而危害债权，又考虑到抵押人对担保财产的占有、管理、控制的权利远超过出质人，笔者认为，《民法典》第433条关于质权人享有担保财产价值保全权的情形或条件不能比《民法典》第408条所规定的抵押权人享有担保财产价值保全权的情形和条件更为宽松，而应保持一致。

“一项规范据其字面意思可能过于宽泛，以致将从正义的角度来看不应适用该条款规范的情形也一并纳入该适用范围。在这里将实质上不同情形从该规范的适用范围中排除出去是正当的。”[③] 据此，笔者认为，《民法典》第433条中“因不可归责于质权人的事由”的范围过于宽泛，导致将自然损耗、客观原因、第三方行为、不可抗力等原因导致的担保财产价值减损的责任均归于出质人，按公平与正义，该等情形下质权人不应享有担保财产价值保全权。因此，即使不将《民法典》第433条规定的适用情形修订为与第408条的规定保持一致，也应当在《民法典》第433条中增加但书条款，即“自然损耗、客观原因、第三方行为、不可抗力等原因导致的质押财产毁损或价值明显减少的除外”。

---

① ［德］齐佩利乌斯：《法学方法论》，金振豹译，法律出版社2009年版，第94页。
② ［德］齐佩利乌斯：《法学方法论》，金振豹译，法律出版社2009年版，第94页。
③ ［德］齐佩利乌斯：《法学方法论》，金振豹译，法律出版社2009年版，第94页。

（三）未规定留置权人享有留置财产价值保全权构成法律漏洞

按经典民法通说和立法规则及《民法典》第447条规定，留置权仅适用于动产。立法者或许认为，留置的动产归留置权人占有，一般不会出现因债务人（担保人）的行为而减损担保财产价值的情形，所以没必要制定留置财产价值保全权的法律规范。因此，《民法典》并未规定留置权人对留置财产的价值保全权。

然而，对比动产质押的担保财产价值保全制度，动产留置的担保财产价值保全已出现了法律规范上的漏洞。在作为债务履行担保的抵押权、质权和留置权三种担保物权中，抵押权人、质权人均享有担保财产价值保全权，作为担保物权权利体系中的权利之一，以最终保障主债权的实现。可见，担保财产价值保全权应包含在担保物权的权利束中，作为担保物权类型之一的留置权权利人不享有担保财产价值保全权，明显属于该担保物权权利束的“一个令人不满意的不完整性”，构成法律漏洞。

另外，抵押担保、质押担保、留置担保具有类似属性，均是基于担保物权的担保，支配的均是担保财产的价值权。从“价值维持义务是从担保物权的物权及价值权特性而生”的观点出发，应当规定留置关系中的债务人负担此项义务。盖因就物权性质而言，留置权与质权、抵押权一样同属“价值权”，义务人自有使其价值维持稳定的义务。而在采“价值维持义务是从担保关系而生”观点的日本，同样以拟制“担保关系”存在的方式，认定留置关系中的债务人具有此项义务。[①] 特别是动产质押与留置担保，则更为相似，在担保财产性质、权利实现方式等方面甚至是相同的。动产质押和动产留置，担保权人占有的都是动产，担保人对担保财产价值的影响能力也是相同的，也均存在动产价值减损而损害担保权益的危险性。在此，我们已经遇见一个尚未被法律加以规定的情形，即法律未规定留置权人的留置财产价值保全权，而对于类似的

① 参见［日］近江幸治：《担保物权法》，祝娅等译，法律出版社2000年版，第7页。

情形，如抵押担保、质押担保已经有所规定，我们认为对前一情形作出同样规定是适当的。① 因此，应参照质权人享有的担保财产价值保全权规范，制定完善留置权人的担保财产价值保全权法律规范。

也许有人会质疑说，质押担保的设立是基于担保权人、担保人双方意思表示而实施的法律行为，出质人自愿出质财产并转移占有，应当就质押财产的价值负有保全义务；而留置权是基于留置权人（债权人）的单方留置行为所产生（或法律规定产生），债务人没有设立留置担保的意思表示，故不应对留置财产的价值负有保全义务。浅表而观，该论断似乎很合理。但笔者认为，动产担保的价值风险因素、风险来源、风险归责及其价值保全的制度设计不应因担保动产的占有是基于设立担保的合意获得还是基于法律规定的留置获得而不同。因为担保财产价值保全请求权法律规范的意旨是指向保障担保物权已设立、动产转移给担保权人占有之后的担保财产价值，与担保权人如何取得担保财产的占有是无关的。

进言之，按《民法典》第 447 条“债务人不履行到期债务，债权人可以留置已经合法占有的债务人的动产，并有权就该动产优先受偿”之规定，留置权的成立是以债务人此前已基于意思表示之合意转移动产给留置权人（债权人）合法占有为基础，留置财产的所有权属于债务人。这一点应与所有权保留的非典型担保区分开来。所有权保留的非典型担保中，保留所有权的财产属于债权人，债权人（卖方）对保留所有权财产的占有是基于其所有权的占有。《民法典》第 448 条规定：“债权人留置的动产，应当与债权属于同一法律关系，但是企业之间留置的除外。”可见，留置权人留置的财产通常是基于同一合同法律关系而由债务人转移给债权人所占有，是基于合同意思表示合意的占有，如加工、定制、承揽合同关系中的转移占有标的财产。就此而论，留置财产的占有亦非纯粹因单方法律行为而产生的，而是以双方合同意思表示

① 参见［德］齐佩利乌斯：《法学方法论》，金振豹译，法律出版社 2009 年版，第 94 页。

合意为基础的。

至于双方创设留置担保法律关系意思表示合意的问题，笔者认为，在留置权的担保法律制度及秩序已然存在的情况下，债务人与债权人在签订可设立留置担保的相关合同时，双方已具有未来可以留置合同项下动产的意思表示之联络，而该意思表示的法律效果已被《民法典》第447条所预设，只待债权人以留置财产的行为来最终确立留置权即可产生留置担保的法律效果。类似于法律已规定了定金可作为合同履行担保的情况下，合同双方约定了定金条款则有担保之意思表示，交付定金则为担保生效，无论双方是否约定交付定金，此时即产生一方不履行时不予退还定金或接受定金一方不履行时双倍返还定金等担保责任。因双方之间均已构建并存在该不予返还定金或双倍返还定金的意思表示（效果意思）。此处所言意思表示，系指基于法律秩序预设的效果意思，而非意思表示表意人的主观意愿。“我们已发现，意思表示并不包含对某种现存意愿的陈述，而是以某种有待实现的法律效果为目标。”[①] 依此而论，债务人在签订合同或依合同交付动产时的意愿是愿意提供留置担保还是不愿意提供担保，或无论合同里是否写了留置担保条款，均不属于法律意义上的意思表示。法律上的意思表示在于，在债务人不履行债务时债权人可以通过留置合同项下动产而实现留置担保的法律效果，此为有待实现的法律效果。卡尔·拉伦茨认为，意思表示是效力表示，而非意愿表示，意思表示的逻辑特征在于：它是一种意志性—情感性的表达，但其指向法律上的发生效力。因此，意思表示含有“它应当如此生效”这个表达，而非仅仅是对“我意愿它如此生效”的陈述或改写，它将意思表示确定为指向法律上发生意义的意志性表达。我们将意思表示的这种意义称为“效力意义”。[②] 可见，意思表示不是民事主体的一种意愿的通知，也不尽按民事主体的意愿发生法律效力。“也就是说，

① ［德］卡尔·拉伦茨：《法律行为解释之方法——兼论意思表示理论》，范雪飞、吴训祥译，法律出版社2018年版，第52页。

② 参见［德］卡尔·拉伦茨：《法律行为解释之方法——兼论意思表示理论》，范雪飞、吴训祥译，法律出版社2018年版，第53页。

意思表示是一种以某种法律效果为内容的意志性表达，并将该法律效果称作是应当发生的法律效果。”[①] 此处的“法律效果”并非一定是表意人所期待的效果，甚至在表意人不知晓其意思表示的法律后果的情况下也不妨碍其意思表示及其行为的“法律效果”加诸其身，往往是表意人意旨在于一种效果而法律却赋予其意思表示及行为另一效果。“虽然作为效力表示的意思表示也指向使某个法律事实发生效力，但是并非该意思表示，而是客观法为该事实赋予其效力，客观法为意思表示配置了其所指称的法律后果。”[②]

以上阐述了留置权人应与抵押权人、质押权人同样享有完整的物权担保权利束之一的担保财产价值保全权，及动产留置与动产质押应获得同等的担保财产价值保全权。鉴于留置财产的所有权系属债务人，如果不制定留置权人对担保财产价值保全的请求权，则作为所有权人的债务人毁损其被留置财产或财产价值时，留置权人起诉所有权人侵权赔偿或合同违约责任的法律规范也存在缺失。抵押权人、质权人亦然，如不基于担保财产价值保全法律规范，并非所有权人的抵押权人、质权人同样无权对担保财产的灭失风险及价值减损提出权利主张。实际上，按留置权担保的通常实际背景，根据“举重以明轻”的原则，留置权人的担保财产价值保全权的保护规范应强于动产质权人。动产质押的设定及动产占有的转移属于双方自愿合意与法律效果的完全一致，出质人对质押动产及占有状态的干扰、抢占等侵害动机较弱。而在动产留置情形，留置担保的效果意思是法律赋予的，并非出于债务人的自愿，债务人抢夺、毁坏留置财产的动机会比出质人强烈许多。显而易见，留置权人更加需要担保财产价值保全法律规范的保护。

---

① ［德］卡尔·拉伦茨：《法律行为解释之方法——兼论意思表示理论》，范雪飞、吴训祥译，法律出版社 2018 年版，第 59 页。

② ［德］卡尔·拉伦茨：《法律行为解释之方法——兼论意思表示理论》，范雪飞、吴训祥译，法律出版社 2018 年版，第 57 页。

（四）将“因不可归责于质权人的事由”作为质权人享有担保财产价值保全权的条件，以及未规定留置权人的担保财产价值保全权，均属于继承性的法律漏洞

所谓法律继承，就是不同历史时期、不同历史类型的法律制度之间的延续、相承、继受。缘于人类历史不断演进与社会经济的不断发展革新，法律继承应当是新法律制度对旧法律制度的扬弃而非照搬。“扬弃”这个源自德国古典哲学的词语含有否定和肯定的双重意义，在否定的意义上指取消或舍弃，在肯定的意义上指保持或保存。用“扬弃”来解释法律发展过程中的继承性，可以生动而具体地揭示出法律继承的特点。

在法律发展的客观过程中，每一种新法律制度对于旧法律制度来说都是一种否定，但又不是一种单纯的否定或完全抛弃，而是否定中包含着肯定，是通过否定之否定而实现新的肯定，从而使法律发展过程对旧法既有抛弃又有保存，并在继承与保存中获得升华。从处理法的继承问题主体的角度看，法的继承实际上是一种批判性的即有选择的继承，经过反思、选择、改造、吸收旧法律中某些依然可用的因素，赋予它新的价值内涵和社会功能，使之成为新法律体系的有机组成部分。因此，不加分析地抄袭或复制旧法律的拿来主义和根本否定新法律与旧法律之间存在历史联系和继承关系的虚无主义都是错误的。

如上所述，将“因不可归责于质权人的事由”作为质权人享有担保财产价值保全权的条件对出质人是不公平、不合理的，违背了担保财产价值保全权的立法目的。该归责事由在《担保法》[①] 第 70 条规定为：“质物有损坏或者价值明显减少的可能，足以危害质权人权利的，质权人可以要求出质人提供相应的担保。出质人不提供的，质权人可以拍卖或者变卖质物，并与出质人协议将拍卖或者变卖所得的价款用于提前清

---

① 《担保法》自 2021 年 1 月 1 日废止。

偿所担保的债权或者向与出质人约定的第三人提存。”在《物权法》[1]第216条中变迁为：“因不能归责于质权人的事由可能使质押财产毁损或者价值明显减少，足以危害质权人权利的，质权人有权要求出质人提供相应的担保；出质人不提供的，质权人可以拍卖、变卖质押财产，并与出质人通过协议将拍卖、变卖所得的价款提前清偿债务或者提存。”在《民法典》第433条承继为：“因不可归责于质权人的事由可能使质押财产毁损或者价值明显减少，足以危害质权人权利的，质权人有权请求出质人提供相应的担保；出质人不提供的，质权人可以拍卖、变卖质押财产，并与出质人协议将拍卖、变卖所得的价款提前清偿债务或者提存。”可见，按《担保法》第70条的字面意思，质权人造成的质押财产价值减损的责任都可能归责于出质人，存在明显的法律漏洞，《物权法》第216条修正了该法律漏洞。但《物权法》第216条亦未涉及非出质人原因造成质押财产价值减损的情形下由出质人承担责任，笔者认为，也应属于法律漏洞，而《民法典》第433条立法时并未扬弃该法条规定，而是原状承继。

另外，虽然关于动产质押的价值保全权在《担保法》第70条及《物权法》第216条中予以规定，但《担保法》及《物权法》却没有规定动产留置的担保财产价值保全权，如上所述其属于法律漏洞。该法律漏洞彼时已然存在，而至《民法典》编纂时并未被发现和修正，属于继承性法律漏洞。

四、物权担保人是否享有担保财产价值保全权的法律漏洞问题

担保物权的设定并不改变担保人的所有权人身份，当担保权人的行为可能危害担保人（所有权人）利益时，法律亦应当为担保人设立担保财产价值保全权制度。笔者认为，担保人对担保财产的价值保全权通常分为两类：一是防止及补救担保权人损害担保财产的权利；二是要求担保权人或请求法院及时将担保财产变现偿债的权利。

---

① 《物权法》自2021年1月1日废止。

第一，在担保责任产生前的情形，规定出质人、债务人享有防止及补救质权人、留置权人损害担保财产的请求权，而不规定抵押人享有该等权利，不构成法律漏洞。

在主债务期限届满前，如担保财产的价值发生减损将影响担保权人担保权利的最终实现，故应为担保权人设立担保财产价值保全权。而基于物权而设立的担保义务，其设立时只涉及一种或有的、潜在的法律责任，担保财产并不必然被折价、拍卖、变卖等，关于担保财产及其相关权益存在因最终解除担保负担而返还担保人的合理预期。就质押担保、留置担保而言，因担保权人占有和控制着担保财产，如在主债务期限届满前，担保权人的行为导致担保财产价值减损或灭失，必然会损害担保人对担保财产的合法权益。那么，对这种侵害行为，担保人可否基于所有权人的身份按侵权行为诉请作为占有人的担保权人给予赔偿呢？

所有权在物权中居于核心地位，其他物权均系从所有权中引申出来的权利。换言之，其他物权乃是自所有权的权能中分离出来的权利，是所有人将其所有权的部分权能于一定期间内、一定条件下让渡给其他物权人享有所形成的权利。① 故所有权被称为自物权、完全物权，而所有权之外的其他物权均被称为他物权、限制物权或者定限物权。物权的本质并非在于其支配性，而在于其绝对性，也即具有对抗一切第三人的效力，所有权则更是如此。担保物权是从所有权的权能中分离出来的限制物权，担保权人对担保财产的占有权也是为设定与实现担保物权而从所有权中分离出来的。这种限制物权的存续与行使，不应当侵害所有权及其权益。

基于此，担保法律制度应当为质押担保、留置担保的担保人设立担保财产价值保全权。因此，《担保法》第 69 条及《物权法》第 215 条规定的出质人的质押财产价值保全制度由《民法典》第 432 条沿袭规定为："质权人负有妥善保管质押财产的义务；因保管不善致使质押财产

① 参见席志国：《民法典编纂中的土地权利体系再构造——"三权分置"理论的逻辑展开》，载《暨南学报（哲学社会科学版）》2019 年第 6 期。

毁损、灭失的，应当承担赔偿责任。质权人的行为可能使质押财产毁损、灭失的，出质人可以请求质权人将质押财产提存，或者请求提前清偿债务并返还质押财产。”《担保法》第 86 条及《物权法》第 234 条规定的债权人对留置财产的价值保全权由《民法典》第 451 条沿袭规定为：“留置权人负有妥善保管留置财产的义务；因保管不善致使留置财产毁损、灭失的，应当承担赔偿责任。”

在抵押担保情形，抵押财产由抵押人占有、使用，抵押权人并不存在基于占有、控制而减损抵押财产价值及法益的客观基础，《民法典》第 406 条甚至规定抵押人在抵押期间可以转让抵押财产。故从《担保法》《物权法》至《民法典》均未规定抵押人对抵押财产的法益及价值保全权。

因此，在主债务期限届满前，质押、留置与抵押对担保财产的占有状态不同，其法益和价值受担保权人危害的状态不同，故对质押及留置的担保人设立担保财产法益及价值保全制度而对抵押法律关系中抵押人不设立该等法益保护制度，似乎公平合理。

第二，在物权担保责任已产生的情形，规定出质人对质押财产、债务人对留置财产享有及时变现请求权，而未规定抵押人对抵押财产享有及时变现请求权，属于法律漏洞。

前文已述及，担保物权支配的是担保财产的交换价值，担保权人当然非常关注担保财产交换价值的实现时间及其金额大小，故法律通常为担保权人设定担保财产价值保全权。担保财产交换价值的实现时间及其金额大小同样影响担保人的利益：变现的时间不同将影响担保财产交换价值，也导致需偿还债务金额不同，进而使担保人能获得的担保财产交换价值偿债后的余额不同。

在主债务履行期限届满，担保物权的担保责任产生之后，质押、留置及抵押三种法律关系中担保人的法益及担保财产价值保全的状态和情形是相同或至少是类似的，都是通过实现担保财产交换价值以偿付债务，应受到同等或类似的保护。在担保人与主债务人同一的情形下，主债务期限届满而主债务人无力履行债务时，将会产生违约金、违约赔偿等惩罚性债务负担。如果担保权人未能及时行使担保物权上的权力，与担保人协议担保财产折价、拍卖、变卖事宜或申请人民法院拍卖、变卖担保财产以实现债务的偿还，则债务人的债务负担将随时间延长而加重，明显损害了债务人的利益。此外，主债务期限届满而担保物权的担保责任产生时，如果担保权人未能及时行使担保物权上的权力，与担保人协议担保财产折价、拍卖、变卖事宜或申请人民法院拍卖、变卖担保财产以实现债务的偿还并将担保财产变现额清偿债务后剩余金额退还担保人，若之后担保财产市场价值降低，将损害担保人在担保财产的交换价值上的权益。可见，在主债务人与担保人同一的情形下，担保财产延迟变现导致的变现额降低，将影响主债务人以担保财产变现额清偿债务的能力，加大了债务人的负担。

《担保法》就抵押、质押、留置的担保权人未及时行使担保物权而可能危害担保人、债务人的情形并无制度予以规范，存在明显法律漏洞。《物权法》第220条填补了质押担保关系中该等法律漏洞，并被《民法典》第437条沿袭规定为："出质人可以请求质权人在债务履行期限届满后及时行使质权；质权人不行使的，出质人可以请求人民法院拍卖、变卖质押财产。出质人请求质权人及时行使质权，因质权人怠于行使权利造成出质人损害的，由质权人承担赔偿责任。"《物权法》第237条填补了留置担保关系中该等法律漏洞，并被《民法典》第454条承继规定为："债务人可以请求留置权人在债务履行期限届满后行使留置权；留置人不行使的，债务人可以请求人民法院拍卖、变卖留置财产。"

在抵押法律关系中，如果抵押权人在主债务期限届满抵押担保责任产生后并未及时行使抵押权，对抵押人和主债务人在抵押财产价值减损、主债务负担加重方面的损害，与质押担保、留置担保关系中担保人、主债务人受到的损害是相同的。然而，《担保法》并未规定此种情形下抵押人的担保财产法益及价值保全的制度，是为法律漏洞。该法律漏洞在《物权法》中未得到填补，而后被《民法典》继承，未得以完善和填补。究其原因，盖因立法者认为质押财产、留置财产被担保物权人占有，担保权人不及时行使担保物权以变现则有违物权担保之变现偿债目的之虞。实际上，违背物权担保之变现偿债目的之虞在于不能及时变现，而不在于担保权人占有与否，如前文所述，担保权人与担保人支配与被支配的标的是担保财产的交换价值，而非占有关系，于此实质内因，抵押担保与质押担保及留置担保中担保财产的及时变现对担保人（债务人）的法益保护功效并无不同。

《民法典》第406条规定："抵押期间，抵押人可以转让抵押财产。当事人另有约定的，按照其约定。抵押财产转让的，抵押权不受影响。抵押人转让抵押财产的，应当及时通知抵押权人。抵押权人能够证明抵押财产转让可能损害抵押权的，可以请求抵押人将转让所得的价款向抵押权人提前清偿债务或者提存。转让的价款超过债权数额的部分归抵押人所有，不足部分由债务人清偿。"基于该规定，立法者、学者或许会认为，既然《民法典》第406条已经规定了抵押人可以转让抵押财产，则主债务期限届满抵押责任产生时，抵押人转让抵押财产来偿债即可，似乎前述抵押权人不及时行使抵押权而导致抵押人利益受损的法律漏洞并不存在。其实不然：首先，《民法典》第406条规范的是抵押期间、主债务履行期限尚未届满情形下的抵押财产转让，并未规定主债务期限届满后仍可以转让抵押财产。从风险分析和公平判断角度，主债务到期前主债务人不能偿债的现实风险并未产生，抵押人转让抵押财产后抵押权继续存在于抵押财产的情形下，并未危害抵押权人利益。而主债务期限届满且不能偿债时，主债务人的偿债风险已经现实存在，抵押权人及抵押人均需要依据《民法典》第410条的规定去实现抵押权，不需要也不可能让抵押权基于抵押财产转让而继续存在。可见，《民法典》第406条关于抵押期间内抵押人可以转让抵押财产的规定并不能直接适用于抵押担保责任已经现实产生的情形。其次，《民法典》第406条规定的抵押期间抵押财产转让后的法律后果包括两种：一是抵押权继续存在于抵押财产上；二是转让行为损害抵押权时提存转让价款或提前清偿债务，但并不包括清偿到期债务的规范目的，可见该法条不包含主债务到期后抵押人仍可转让抵押财产的规范目的。

鉴于前述，笔者认为，《民法典》第406条规定并不足以视为对“主债务到期抵押责任产生时抵押权人不行使抵押权而损害抵押人利益”这一法律漏洞的填补。

五、《民法典》担保物权制度中存在主债务人及保证人的权利保护法律缺陷

如上文所述，质押担保、留置担保关系中，在主债务履行期满担保责任产生时，出质人、债务人可分别依据《民法典》第437条、第554条之规定促使担保物权的实现和债务的清偿，以保全担保财产上之法益和价值。然而，《民法典》第437条、第554条仅解决了担保人对担保财产的法益保护和价值保全问题，这是不充分的。在附有担保物权的债权债务关系中，主合同是主债权债务法律关系，担保合同是从债权债务法律关系，是从合同。担保合同的履行情况将会影响主合同项下各方的权利义务。另外，就同一主合同，可能存在物权担保以外的保证担保，担保物权的行权状态、时间等也将可能影响保证人的最终担保责任大小。根据合同相对性原则，债务人的债务以债权人的权利（包括担保权利）为限，权利的行使应当遵循公平原则及诚信原则，[①] 担保物权的行使概莫能外，否则将可能损害债务人及保证人的利益，债务人及保证人为保护该等利益不受损害，应以担保物权人享有法律规定的权利为请求权基础。《民法典》对其他民事权利和利益进行了兜底式规定，但以“法律规定的”为限。[②]《民法典》未规定债务人、保证人对担保物权人享有相关权利，在逻辑、法理上均构成法律缺陷甚至是漏洞。

公平原则、诚信原则不仅应在民事司法领域得到执行，也应在民事立法领域得以贯彻。当担保物权人行使权利的行为有违公平原则、诚信原则将损害债务人、保证人利益时，立法者应当基于公平原则设定债务

---

① 《民法典》第6条规定：“民事主体从事民事活动，应当遵循公平原则，合理确定各方的权利和义务。”第7条规定：“民事主体从事民事活动，应当遵循诚信原则，秉持诚实，恪守承诺。”

② 《民法典》第126条规定：“民事主体享有法律规定的其他民事权利和利益。”

人、保证人享有相应的权利去制衡担保物权人的行为，以公平规范债权人、债务人、担保人各方权利义务。进言之，义务人亦应享有权利，该权利的本质就是为确保自身利益不受损害而要求权利人诚信、公平行使权利。

诚如庞德所言，法的任务、目的和价值是保护和发展我们所在的社会所创造出来的文明，该文明是我们社会科学的出发点。人类力量不断完善的发展，是人类对外在的或物质自然界和对人类目前能加以控制的内在或人类本性的最大限度的控制，这个控制的过程实际上是在通过法治来保护现有的文明又促进文明的发展，具体就是对人作为社会动物时群体利益的满足，又不忽视个人在这个社会中的独立性和欲求。简言之，法律的任务不在于创造利益，而在于保护既有的利益或文明，主动或被动调和各种主体之间的竞争和利益，促进更好的文明状态。① 从庞德的该观念出发，笔者认为：首先，法律尚未规定的权利或利益并非不存在，担保法律制度暂未规定债务人、保证人对担保物权人的权利或利益，并不意味该权利或利益不存在；其次，担保法律制度应当主动或被动立法，以调和债务人、保证人与担保物权人之间的利益和冲突。

当担保物权人的行为可能损害债务人、保证人的利益时，法律理应规定债务人、保证人享有避免或抵御损害的权利，以制约担保物权人不诚信、不公平的行为。在主合同与抵押合同、保证合同等构建而成的具有主从关系的整体法律关系中，法律应当完善机制使各方之间的相互利益得到公平对待。否则，如卡尔·恩吉施所言，未规定债务人、保证人对担保物权人的权利“是在一个整体内部的一个令人不满意的不完整性”。

至于担保物权人可能有失公平、不讲诚信而损害债务人、保证人的利益的情形，以及债务人、保证人理应享有什么样的权利，以下将详细叙述。

---

① 参见［美］罗斯科·庞德：《通过法律的社会控制》，沈宗灵译，楼邦彦校，商务印书馆2010年版。

第一，担保物权人不及时行使第三人提供的担保物权将损害债务人利益，应规范及完善主债务人对担保财产的变现请求权。

如上所述，债务人无力偿债而担保物权的权利人不及时行使权利实现债务清偿时，主债务人的债务负担、违约责任后果将会加重。特别在违约金、违约赔偿等标准高于原合同正常利息标准且担保财产价值充足的情形下，债权人（担保物权人）从“经济人理性”（自私自利）的本性出发，将可能故意拖延债权的受偿，获得更多的利益。这是有失诚信的行为，也对债务人不公平。在主债务人与担保物权人同一的情况下，主债务人可依据《民法典》第437条与第454条之规定控制主债务责任金额，避免不公平后果的蔓延。然而，当主债务人并非担保人，而由第三人作为担保物权人，且担保责任范围包含了主债务的违约金、实现债权费用等的情形下，担保权人不及时行使担保权，随时间延后将加大担保物权变现的优先受偿额，该加大的债务责任金额，担保人最终将向债务人追偿。因此，主债务人是担保权人不及时行使物权担保权导致债务责任金额加大的最终受害者，《民法典》担保制度却未规定主债务人对担保物权人享有要求及时行使权力或向法院申请拍卖、变卖担保财产的权利，于事理及逻辑有不完备之嫌。

法律不保护权利上的睡眠者是至理法谚，在主债务人违约的情况下，债权人（担保物权人）应及时行使权力，包括主债权和担保物权。在主债务期限届满担保责任产生时，主债务人已构成违约，该等违约已经侵害债权人利益，而债权人行使担保物权应可视为补救债务人违约损失的一种措施。担保权人故意不行使担保权而致损失扩大的，不应要求主债务人承担。《民法典》第591条已体现该法律规则及标准：“当事人一方违约后，对方应当采取适当措施防止损失的扩大；没有采取适当措施致使损失扩大的，不得就扩大的损失请求赔偿。当事人因防止损失扩大而支出的合理费用，由违约方负担。”

根据公平原则、诚信原则及《民法典》第591条的立法意蕴，笔者认为，在由主合同与物权担保合同构成的合同权利束中，担保权人不及时行使担保权而致主合同项下的违约损失及责任扩大的，亦不应要求主债务人赔偿因此扩大部分的责任。为进一步积极防范这种因损失扩大而加剧双方的争议和矛盾的情形，法律有必要规定主债务人在第三人提供物权担保的情形下有权要求债权人尽快实现担保物权或有权请求法院拍卖、变卖担保财产。如果说债务人申请法院拍卖和变卖担保财产有越位之嫌［毕竟债务人不是物权担保人（所有权人），不享有基于所有权的处分权等］，债务人请求担保物权人尽快变现担保财产，且不承担因担保财产延迟变现而增加的债务负担，则属应然之理。

第二，担保物权人不及时行使担保物权将损害保证人利益，应规范及完善保证人享有担保财产变现请求权。

同一主债务既有物权担保又有保证担保的情形较为常见。担保物权的权利人不及时行使担保权时，受侵害的不仅是物权担保人、主债务人，也可能包括保证人。在保证人的保证责任金额大小受担保财产变现时间、变现价值影响的情况下，保证人对担保财产的价值保全和担保权及时行权有合理利益期待，应规定保证人的保证责任减免、请求及时变现担保财产等权利。

《民法典》第392条规定："被担保的债权既有物的担保又有人的担保的，债务人不履行到期债务或者发生当事人约定的实现担保物权的情形，债权人应当按照约定实现债权；没有约定或者约定不明确，债务人自己提供物的担保的，债权人应当先就该物的担保实现债权；第三人提供物的担保的，债权人可以就物的担保实现债权，也可以请求保证人承担保证责任。提供担保的第三人承担担保责任后，有权向债务人追偿。"以此为基准，保证人的保证责任金额大小是否受到担保财产价值变动和及时行使担保权影响，可分为以下几种情形：

主合同及相关担保合同（含保证合同）约定保证人优先于物权担保人承担担保责任的，担保财产的价值减损及是否及时变现不影响保证人预期的保证责任大小。在此情形，保证人对担保物权人应不享有担保财产价值保全和及时变现受偿的合理利益。

反之，主合同及相关担保合同（含保证合同）约定物权担保优先于保证人承担担保责任的，担保财产的价值减损及是否及时变现显然将影响保证人预期的保证责任大小。在此情形，担保物权人拖延行使担保物权，会使债务金额不断扩大，甚至最终超过担保财产的变现价值，导致保证人承担本来不需要承担的保证责任。因此，保证人对担保物权人应享有担保财产价值保全和及时变现受偿的合理利益。

在物的担保与人的保证的担保顺序没有约定或者约定不明确，债务人自己提供物的担保的，法律规定债权人应当先就该物的担保实现债权。在此情形下，担保财产的价值减损及是否及时变现显然将影响保证人预期的保证责任大小，保证人应享有担保财产价值保全和及时变现受偿的法益。

在物的担保与人的担保同时存在且没有约定承担担保责任的顺序时，经典立法例是规定物的担保优先于人的担保承担责任，如《担保法》第 28 条予以明确："同一债权既有保证又有物的担保的，保证人对物的担保以外的债权承担保证责任。债权人放弃物的担保的，保证人在债权人放弃权利的范围内免除保证责任。"然而，《物权法》第 176 条修订为："被担保的债权既有物的担保又有人的担保的，债务人不履行到期债务或者发生当事人约定的实现担保物权的情形，债权人应当按照约定实现债权；没有约定或者约定不明确，债务人自己提供物的担保的，债权人应当先就该物的担保实现债权；第三人提供物的担保的，债权人可以就物的担保实现债权，也可以要求保证人承担保证责任。提供担保的第三人承担担保责任后，有权向债务人追偿。"该修订内容被《民法典》第 392 条承继。①

在物的担保与人的保证的担保顺序没有约定或者约定不明确，第三人提供物的担保情形下，法律规定债权人可以就物的担保实现债权，也可以请求保证人承担保证责任。在此情形，担保财产价值变现的及时

---

① 《民法典》第 392 条规定："被担保的债权既有物的担保又有人的担保的，债务人不履行到期债务或者发生当事人约定的实现担保物权的情形，债权人应当按照约定实现债权；没有约定或者约定不明确，债务人自己提供物的担保的，债权人应当先就该物的担保实现债权；第三人提供物的担保的，债权人可以就物的担保实现债权，也可以请求保证人承担保证责任。提供担保的第三人承担担保责任后，有权向债务人追偿。"

性、难易度、金额等，均可能影响保证人是否最终承担保证责任及其金额大小。《民法典》第 392 条的规定，似乎更有利于债权人的利益保护。然而，这种制度设计为物权担保人与债权人（担保物权人）违背诚信原则和公平原则，甚至恶意串通不变现价值足额的担保财产反而一味只追索保证人的担保责任，提供了制度土壤。特别是在债权人对物权担保人享有其他债权（含主债权及保证债权）时，如果当前债务关系中的保证人的偿债能力较强，则债权人将要求当前债务关系中的保证人优先承担担保责任，而担保财产将继续处于担保登记状态，以保障债权人对物权担保人的其他债权的实现能力。然而，保证人在提供保证时往往是基于当前债务关系已经安排了物的担保的前提，保证人从公平、诚信的角度很难预判债权人日后会对各项债权保障及实现路径做前述的综合调配而导致保证人对当前债务的保证责任变大，且该责任范围与保证人签订保证合同时的内心真意及合理预期不同，更何况其他债务很可能是当前债务及担保关系设定后新产生的。类似债权人为综合实现多笔债权金额，而超预期地加大具体某个债权关系中保证人的责任金额的情形，笔者在司法实践中已接触数宗案例。所以，笔者认为，虽然《民法典》第 392 条明确了物权担保和保证的担保顺序没有约定或者约定不明确时的责任顺序，但也使在保证合同签订后保证人责任金额超过预期成为可能。这往往又是债权人与物权担保人协商一致或默许的，保证人往往无能为力。

债权人与物权担保人的该种行为，显然属于债权人没有公平合理分配及确定物权担保人与保证人的担保责任，不符合公平合理原则，违背了《民法典》第 6 条规定。可见，在物的担保与人的保证的担保顺序没有约定或者约定不明确，第三人提供物的担保的情形下，保证人应享有担保财产价值保全和及时变现受偿的法益。

《民法典》未规定主债务人、保证人对担保财产价值保全及变现及时性的权利条款，盖因未理解担保财产价值保全和及时变现受偿也关涉债务人及保证人利益，或立法者并未在司法实践中有过前述案例经历或体验。考虑到主债务人、保证人并非担保物权关系的直接当事人，无权行使担保财产的处分权利，故主债务人、保证人在担保财产及时变现与价值保全方面的诉求似乎可通过《民法典》第591条规定的合同违约减损规则及《民法典》第6条规定的公平原则来主张权利或抗辩。但这种法律适用思路显得宽泛和牵强。因此，《民法典》未规定主债务人、保证人对担保财产价值保全及变现受偿的法益保护请求权，即便不视为法律漏洞也应视作立法缺漏。

六、《民法典》司法解释的漏洞填补缺位与漏洞填补建议

“法律非一成不变之事务，它需应世事变迁而调整自己的规范领域和规范程度已经取得了法理学上的共识。”① 法律的规范领域和规范程度不仅要随世事变迁、社会环境变化等而调整，同时也要以公平正义为追随目标，并确保法律的正当性。当发现当前法律规定中存在法律漏洞或缺陷，导致正当性及公平性有所缺失时，作为实证法的法律规定应予以修改和完善。其法理逻辑在于，实证法本身的正当性依据在于更高的正义，从这个意义上讲，正当性在逻辑层次上是高于实证法的。化作日常语言表述，我们有所谓的“合法但不合理”的说法。法律的正当性和合法性是相互强化的关系。② 笔者认为，本文研讨的几个问题，几乎都涉及“法律就是这么规定的”或“法律就是没有规定”，这是合法的；但如本文所详述的理由，“法律就是这么规定的”或“法律就是没有规定”是不合理的、不正义的，有进行立法修改和完善的必要。

然而，鉴于法律天然的稳定性原则和保守型特征，法律不可亦不宜朝令夕改。为此，最高审判机关的司法解释应运而出。司法解释的功能不仅在于更好地在审判实践中贯彻、执行法律，也在于明确法律的不明确、不细致之处，更可化解法律适用中存在的法律冲突，尤其具备填补成文立法中法律漏洞和法律缺陷的功能。笔者认为，本文所述的《民法典》担保制度法律漏洞或缺陷，应当被察觉、被发现，并予以填补和完

① 秦前红：《宪说宪道》，中国政法大学出版社2017年版，第101页。

② 秦前红：《宪说宪道》，中国政法大学出版社2017年版，第113页。

善，至少应当如本文一样提出争议和研讨。这种法律漏洞或法律缺陷，也许会在日后的司法审判实践中通过个案司法意见的方式进行填补，或出台新的司法解释予以填补、完善，也不排除在未来的立法中得以修改、完善。在此之前，笔者根据本文的观点和理据，将相关法律漏洞或法律缺陷的填补建议叙述如下：

（1）就留置担保的担保财产价值保全，建议明确：因债务人行为可能使留置财产毁损或者价值明显减少，足以危害留置权人权利的，留置权人有权请求债务人停止危害行为，债务人不停止危害行为的，留置权人可以拍卖、变卖留置财产，并将拍卖、变卖所得的价款提前清偿债务或者提存。

（2）就质押财产的担保财产价值保全，建议明确：因出质人的事由可能使质押财产毁损或者价值明显减少，足以危害质权人权利的，质权人有权请求出质人提供相应的担保；出质人不提供的，质权人可以拍卖、变卖质押财产，并与出质人协议将拍卖、变卖所得的价款提前清偿债务或者提存。

（3）就抵押权人届期不及时行使抵押权的，建议明确：抵押人可以请求抵押权人在债务履行期限届满后及时行使抵押权；抵押权人不行使的，抵押人可以转让抵押财产或请求人民法院拍卖、变卖抵押财产，并以抵押财产转让所得价款优先偿还抵押权人。抵押人请求抵押权人及时行使抵押权，因抵押权人怠于行使权利造成抵押人损害的，由抵押权人承担赔偿责任。

（4）就主债务人对担保物权人届期不及时行使担保物权的，建议明确：债务履行期限届满后，债务人可以请求担保权人及时行使担保物权；担保权人不行使的，债务人可以请求人民法院拍卖、变卖担保财产。债务人请求担保权人及时行使担保物权，因担保权人怠于行使权利而增加的债务负担，担保权人无权主张。

（5）就保证人对担保权人届期不及时行使担保物权的，建议明确：同一债务既有物的担保又有保证担保的，且未约定保证优先于物的担保承担担保责任的，保证人可以请求担保权人在债务履行期限届满后及时行使担保物权；保证人请求担保权人及时行使担保物权，因担保权人怠于行使权利而增加的保证责任，担保权人无权主张。

（6）就保证人对担保财产价值保全的法益，建议明确：同一债务既有物的担保又有保证，且未约定保证优先于物的担保承担担保责任的，担保人或担保权人的行为可能使担保财产毁损或者价值明显减少，足以危害担保物权实现的，保证人有权要求停止危害，保证人可就担保财产价值减少而导致的保证责任金额增加部分，向有危害行为的物权担保人追偿，或对有危害行为的债权人免责。

七、余论

笔者认识到，社会经济领域各种现象纷繁复杂，法律的调整与适用要做到面面俱到实有困难，制度设计缺漏的现象如阳光无法普照世界每个角落一样，亦可理解。法律条款及制度有时源于规范判断，可以规矩定对错，有时来自价值判断而只与价值观不同相关。民事法律虽以公平、诚信为圭臬，但要实现完全的、普遍的公平、正义绝非易事，普适的公平正义或许只是立法与司法孜孜不倦追求的目标，更是一种应然而非实然。质言之，在过去债权人、担保权人的利益独尊或优先的价值观影响下，物权担保人、债务人、保证人的利益无关紧要，甚至其受到的损害也是“罪有应得”。因此，将本文所述的相关法律漏洞、制度缺陷填补至公平、合理且有效率的应然状态，可谓道阻且长。笔者在本文中所质疑的制度缺陷和漏洞填补建议，亦是出于法律人的初心与使命，只求有抛砖引玉之功，抑或无功亦自甘其苦。另外，法律研习之路径应是善反思、会批判，以或多元或独特的视角，循否定之否定之方法论，探究法律问题的不足、漏洞和缺陷，即便反复思索后发现问题并不存在或并不重要，亦可提升法律研习能力。于是而言，笔者于本文之质疑，实出于善意之反思所激励。

（本文仅代表作者个人观点。特约编辑：赵倩倩）

对商业秘密单独立法的必要性

——略论商业秘密权与《反不正当竞争法》适用范围的冲突

崔　军[*]　覃　仪[**]

在商业秘密保护对推动企业创新、优化营商环境的重要性日益凸显的背景下，原《民法总则》（已失效）已将其作为知识产权客体中的一类，明文纳入公民所享有的民事权利之中。但作为法律性质长久以来处于争议之中的无形财产，一方面，出于保持法典安定性的考量，知识产权法未被作为分编纳入《民法典》中，故立法者未能从权利的角度对商业秘密的相关规定进行新增、梳理与整合；另一方面，2019 年修正的《反不正当竞争法》则进一步完善了其中涉及商业秘密的有关规定，似有在该法之范畴内尽可能完备地处理所有与商业秘密有关的侵权纠纷之意。

此时，一个稍显矛盾的现象产生了：商业秘密虽已跻身知识产权客体之列，但当商业秘密权受到侵害时，权利人仍须回溯至作为行为规制法的《反不正当竞争法》中寻求救济。这使我们不禁对商业秘密权的法律性质与《反不正当竞争法》的规范目的、调整范围是否仍相契合产生思考。

---

* 北京德恒（深圳）律师事务所合伙人。
** 北京德恒（深圳）律师事务所律师助理。

与此同时，以践行中美第一阶段经贸协议为契机，国家市场监督管理总局于2020年9月4日公告了《商业秘密保护规定（征求意见稿）》（以下简称《商业秘密保护规定》），最高人民法院亦在向社会公开征求意见后，在2020年9月10日颁布了《最高人民法院关于审理侵犯商业秘密民事案件适用法律若干问题的规定》（以下简称《商业秘密民事案件规定》）。[①] 但在下文分析中我们将看到，相关法律规定所调整主体、行为显现出不断溢出《反不正当竞争法》适用范围的倾向，亦凸显出摆脱《反不正当竞争法》框架，对商业秘密进行单独立法的必要。

一、《反不正当竞争法》保护客体与商业秘密权利属性的不相容

从本质上看，《民法典》将原本由《反不正当竞争法》提供保护的商业秘密纳入知识产权客体之列，明确了立法者认可商业秘密权的法律属性由法益上升为权利的基本立场。对于该立场之变化所产生影响的理解，需以界分知识产权法与《反不正当竞争法》各自保护的客体范围为前提。

（一）《反不正当竞争法》的保护客体：法益

知识产权法直接对其所保护客体进行权利创设与保护，并以权利限制作为平衡，正面划定其范围。立法者通过对部分无体物的知识产权化，以明确的权利保护立场换取对公众创新行为的激励，将维护公平的价值取向置于保证信息自由流通效率之前，以一定时期内对信息流通效率的牺牲换取信息在较长时间内的创新持续与繁荣。

但是，作为与市场竞争紧密相关的法律，在《反不正当竞争法》的长期发展中，其价值取向已由最初的单纯维护公平，逐渐演进为将效

---

① 在刑事领域，最高人民法院、最高人民检察院于2020年9月12日发布了《关于办理侵犯知识产权刑事案件具体应用法律若干问题的解释（三）》，最高人民检察院与公安部也在征求意见后，于2020年9月17日印发了《关于修改侵犯商业秘密刑事案件立案追诉标准的决定》。鉴于本文之讨论主要涉及商业秘密在私权保护与竞争维持方面如何分离的问题，故在此对涉刑事文件不作探讨。

率要求置于首位，以遵循市场竞争运行之实质。相应地，该法所保护的客体也经历了由市场经营者的既有权利，演变为如今仅涵盖经营者在竞争中已形成竞争优势的相关法益的过程。具体而言，从我国《反不正当竞争法》看，其并不为经营者创设任何权利，而是将维护市场竞争秩序作为根本目的，同时秉持保障消费者权益、保护经营者利益的宗旨，通过禁止性条款对所列举的典型不正当竞争行为进行规制，并以一般条款的设置在经济活动中确立诚实信用的行为准则，防止经营者采取不正当手段获得竞争优势。[①] 因此，《反不正当竞争法》的规范对象实为违背诚实信用原则与商业道德的不正当竞争行为，进而以此反向勾勒出该法所保护客体的外延，间接地将经营者因市场竞争而产生的部分法益纳入其保护范围之中。

可见，与知识产权法所不同的是，《反不正当竞争法》所保护的客体仅限于部分竞争法益，并不负担对权利进行直接创设与保护的功能。故经营者的某一利益即使因其他经营者的行为受损，《反不正当竞争法》也仅会在该侵权行为同时违背竞争规则、产生竞争妨害时才介入。

（二）商业秘密知识产权化的本质：由法益到权利

权利的范畴是随着法学理论的演进与社会经济的发展而不断变化的，而立法者将商业秘密归入知识产权客体之列，实际上体现了将原本由诚实信用、商业道德对商业秘密所提供的概括性保护转化为一种“享受特定利益的法律之力”[②] 的过程。这意味着，对上升为知识产权的商业秘密权应分为两部分加以审视：一方面，作为权利的基础，其上利益可与其他权利明确界分，具有独立性，且其受保护的必要性已达到相当程度，[③] 形成了“特定利益”；另一方面，作为权利的内容，法律认可

---

① 参见郑友德、胡承浩、万志前：《论反不正当竞争法的保护对象——兼评“公平竞争权”》，载《知识产权》2008 年第 5 期。

② 王泽鉴：《民法总则》，中国政法大学出版社 2001 年版，第 84 页。

③ 参见杨立新：《个人信息：法益抑或民事权利——对〈民法总则〉第 111 条规定的“个人信息”之解读》，载《法学论坛》2018 年第 1 期。

商业秘密权与其他知识产权权利类型具有共同特征，并据此赋予其对特定商业秘密进行专有的“法律之力”。

1. 商业秘密：可驱动创新的特定利益

从对“特定利益”的识别上看，商业秘密权之所以在近年才作为权利获得保护，应主要归因于立法者对其受保护必要性的认知进一步加深，而非因该利益独立性不足。事实上，自1993年《反不正当竞争法》最初颁布时开始，我国立法者便已从秘密性、价值性、保密性三个方面对商业秘密进行了较为完整的界定，使商业秘密权以其不以公开换保护的特征显著区别于其他知识产权类型，而后续修法活动仅在“三性”的框架之内对商业秘密的概念进行了完善。因此，对商业秘密的类型化认知从来都不是影响商业秘密权上升为权利的阻碍。

在笔者看来，真正使立法者迟疑的，乃是商业秘密保护能否产生创新驱动效果的问题，因为对这一问题的认识决定着商业秘密侵权行为之影响是否超越对正常竞争秩序的干扰，使对其进行高于诚实信用、商业道德的保护成为必要。由于商业秘密存在的根基就在于其对信息披露与雇员流动的限制，因而常被认为具有创新抑制的不利后果，但美国、欧盟2016年的立法均认可了商业秘密对推动企业创新的重要作用，使有必要对其保护的肯定观点逐渐成为主流。一方面，商业秘密权的获得以保持所涉信息的秘密性为唯一前提，故相较于其他知识产权类型而言能够凭借权利人一己之力迅速获得保护，并对于各类有价值信息均具有高度包容性，可覆盖企业科研创新的各个阶段，不拘泥于创新成果的完成形态；另一方面，商业秘密保护措施的强化及侵权后果可预见性的增加，将鼓励企业对商业秘密进行投入，并积极使用、许可及转让，刺激创新领域的信息流通。近年来，这一价值取向亦逐渐在我国得到了接受，尤其体现在国家市场监督管理总局发布的《关于〈商业秘密保护规定（征求意见稿）〉的说明》中。在该配套文件中，国家市场监督管理总局明确将商业秘密权的保护列为鼓励自主创新的重要手段，并作为指导规章修订的首要考量，置于优化营商环境之前，充分体现出意见稿制定者对商业秘密所能产生的强大创新驱动力的认可。

2. 商业秘密权：具有支配权能的法律之力

从对法律之力的赋予上看，《民法典》第123条明确了商业秘密与其他知识产权客体一样具有“专有”之力。立法者虽使用“专有”一词欲使知识产权区别于基于事实占有而产生支配力的物权,[①] 但其所欲描述的，则仍是知识产权人在其无体财产之上所享权利的支配性。[②] 鉴于此，《民法典》将商业秘密权归入知识产权，实际上肯定了权利人对特定商业秘密在法律上享有的支配权能：一方面，该权利具有绝对性，权利人无须他人协助，便能以自己的单方意思对商业秘密进行管领、控制、使用或处分；另一方面，该权利亦具有排他性，当商业秘密权受到侵害或有被侵害之虞时，权利人得请求排除他人的妨害或干扰。

学界曾广泛否认商业秘密权的知识产权权利属性，其主要论点便在于对商业秘密权之支配力的否定。根据此类观点，由于商业秘密权不能阻止他人通过独立研发、反向工程等方式获得相同的商业秘密，因而不具备对于特定商业秘密的支配力。但若遵循这一逻辑，合理使用、法定许可与强制许可制度的存在，是否均可被用于否定其他类型知识产权的支配力？不仅如此，与商业秘密权一样无须公权力事先授权、未经公示即自动取得的著作权，同样认可不同作者对因巧合而创作出的高度相似作品所各自享有的权利，只要双方均为独立完成即可。事实上，对他人独立研发、反向工程行为的认可，是立法者经过对权利保护与信息传播间的效率权衡,[③] 试图在一定程度上克服商业秘密传播范围的有限性，使其中信息得以被更好地利用而对权利保护范围作出的部分限制。对知识产权排他权所作出的此类限制安排，乃是立法者为实现促进创新的最终目的，而根据不同类型知识产权的特性对其权利范围所进行的调整。

---

① 参见张荣顺主编：《中华人民共和国民法总则解读》，中国法制出版社2017年版，第407页。

② 参见宁立志主编：《知识产权法》（第2版），武汉大学出版社2011年版，第12页。

③ 参见李扬、许清：《知识产权人停止侵害请求权的限制》，载《法学家》2012年第6期。

因此，不同类型的知识产权所具有的支配力仅有强弱之分，而非有无之别。[①]

鉴于此，在法定条件下，将商业秘密认定为知识产权客体，划定为权利，无疑是对该无体财产上所生支配力的认可。这种对世的支配力远远超越了《反不正当竞争法》仅在影响正常竞争秩序的损害发生时，所能赋予的针对特定经营者的“请求”之力，自2017年《民法总则》正式实施之时起，商业秘密权与《反不正当竞争法》的适用范围已然格格不入。

在商业秘密权法律属性变化的背景下，借由中美第一阶段经贸协议磋商、签订过程的推动，立法者于2019年专门对《反不正当竞争法》中与商业秘密有关部分进行了修改，相关部门也密集出台法律文件，对涉及商业秘密的规定进行了修订与调整。但是，这些修订与调整能否实现在《反不正当竞争法》框架下落实商业秘密权之知识产权属性的目标，却是值得商榷的。

二、近期修法活动彰显商业秘密单独立法之必要

毫无疑问，《反不正当竞争法》以遏制不正当竞争行为为规范目标，不正当竞争行为的存在则以当事人之间的直接或间接竞争关系为前提。[②] 因此，某一行为要被纳入《反不正当竞争法》的调整范围，至少应同时符合以下几个基本条件：其一，行为规制在客观上所保护的客体为法益；其二，行为主体必然为经营者；其三，行为手段应根据法律规定或商业道德被认为具有不正当性。

然而，尽管《反不正当竞争法》及《商业秘密民事案件规定》《商业秘密保护规定》对相关规定的修改未动摇《反不正当竞争法》作为行为法的本质，但商业秘密权的现有权利性质与《反不正当竞争法》

① 参见林秀芹：《商业秘密知识产权化的理论基础》，载《甘肃社会科学》2020年第2期。

② 参见焦海涛：《不正当竞争行为认定中的实用主义批判》，载《中国法学》2017年第1期。

适用范围的冲突，使各法律规定均尝试摆脱该法规范目的的掣肘，在具体条款上处处寻求突破，越发凸显出在《反不正当竞争法》之外对商业秘密进行单独立法的迫切需求。

（一）修订内容对《反不正当竞争法》受保护客体的扩充

从受保护客体上看，结合上文分析可知，《反不正当竞争法》仅通过规制行为来保护相关法益，并不具有创设、保护专有权的赋权、护权属性。一方面，在《民法典》纲领性地将商业秘密权划定为知识产权后，《反不正当竞争法》第9条作为唯一对商业秘密的成立条件进行列举的法律条文，其功能已由概念解释转变为权利设立，其不仅可使商业秘密的所有者、使用者对满足条件的特定商业秘密直接享有相应权利，也同时将《反不正当竞争法》所保护的客体范围由竞争法益扩张至容纳商业秘密权这一特殊权利；另一方面，《商业秘密保护规定》作为效力层级在《反不正当竞争法》之下的部门规章，更涉及商业秘密的权利归属规则设置，其第10条参照《专利法》相关条款，规定了自由研发、职务研发、委托研发与共同研发情形下商业秘密的归属及处分方式。

（二）修订内容对《反不正当竞争法》所规制主体的拓展

在对行为主体范围的划定上，一反《反不正当竞争法》将其范围限定于实际从事经营行为的主体对象的一贯方式，在该法第9条新增加的第2款中，将其规范主体拓展至经营者以外的所有自然人、法人和非法人组织。这一范围的扩大亦在《商业秘密民事案件规定》第16条及《商业秘密保护规定》第3条上得到清晰反映。前述规定所划定的超出"经营者"的适用范围，意味着《反不正当竞争法》在商业秘密层面所能规制的行为已然溢出经营行为的范畴，在主体的划定上摒弃了作为该法之适用基础的市场竞争，更无从践行对当事人之间是否存在竞争关系所本应进行的前置认定。

（三）修订内容对《反不正当竞争法》不正当手段的突破

在对行为手段的判定上，相关法律规定亦对《反不正当竞争法》对手段之不正当性的要求进行了突破。

其一，从对举证责任的分配上看，与《最高人民法院关于审理不正当竞争民事案件应用法律若干问题的解释》（已失效）第 14 条要求当事人负担“对方当事人采取不正当手段”的举证责任不同，《反不正当竞争法》第 32 条删去了对于手段不正当性的举证责任。不仅如此，该条及《商业秘密保护规定》第 24 条第 2 款仅要求权利人证明被使用信息与商业秘密所包含信息存在实质性相同，且侵权人有获取之可能，此时举证责任便发生倒置，即只要被诉侵权人无法证明该信息的合法来源，其行为便将被认定为侵权行为。这正是知识产权领域在商业秘密侵权问题上已广泛适用的“实质性相似 + 接触 − 合法来源”的侵权认定规则，① 其所筛选出的行为应构成知识产权侵权行为，与《反不正当竞争法》所调整的不正当竞争行为无关。

其二，从对归责原则的遵循上看，近期修法文件所体现出的要在《反不正当竞争法》框架下涵盖所有侵犯商业秘密权情形的倾向，导致了立法逻辑的混乱。例如，《商业秘密保护规定》第 12 条第 1 款要求经营者不得以不正当手段获取他人商业秘密，但该款第 3 项和第 4 项所列举的情形却并不必然属于“不正当手段”。具体而言，第 3 项所述“未经授权”的电子入侵与第 4 项所述“擅自”获取，均仅强调商业秘密权人对该行为的授权缺失，并不以侵权人对商业秘密的明知或应知为前提，故并不必然属于故意。可见，第 3 项和第 4 项之要求可将侵权人未对损害结果予以追求的过失情形亦纳入其中，对侵权责任的判定采严格责任。究其原因，在于立法者此时将商业秘密权作为知识产权的法律支配之力纳入了考量，则无论侵权人主观上为故意或过失，权利人均可要

① 例如，希施生物科技（上海）有限公司等诉吉尔生化（上海）有限公司侵害经营秘密纠纷案，参见上海市第一中级人民法院（2014）沪一中民五（知）终字第 74 号民事判决书。

求其停止侵害。[①] 然而在《反不正当竞争法》框架之下，对行为手段不正当性的要求，以侵权人主观状态的故意为必要，其归责原则应与《商业秘密保护规定》第 12 条第 1 款第 1 项与第 2 项一样采过错责任原则。同一条款中归责原则出现不同情况，其根源在于未能明确商业秘密作为权利与法益的区别，也是将作为知识产权客体的商业秘密置于《反不正当竞争法》的框架之下给予保护的必然后果。

三、结语

有趣的是，尽管规章制定者在《商业秘密保护规定》第 12 条始终对“不正当手段”予以强调，却并未使用“不正当获取”而使用“非法获取”进行表述。该表述与欧盟在其《商业秘密保护指令》中未使用“不正当”（unfair）一词而代之以“非法”（illicit）一词的考量似有异曲同工之妙。而值得一提的是，尽管欧盟未承认商业秘密的知识产权属性，但是以权利的视角对商业秘密进行单独立法。

总体而言，前述各规定对《反不正当竞争法》之本质属性的突破，均是商业秘密权作为一种知识产权所具有的支配性的直接体现。这种对世、排他的支配力，使权利人不受竞争关系之要求的束缚，无须诚实信用、商业道德原则的适用，无论被诉行为是否存在恶意，均得排除任何人对其权利的妨害，因而不能也不应由《反不正当竞争法》及其下位法进行规范。在我国法律体系已然较为健全的情况下，这些超出《反不正当竞争法》规制范围的规范条文亟待被细分出来，进行单独立法，以还原《反不正当竞争法》保护竞争关系的本质，填补商业秘密特别法的缺失。

（本文仅代表作者个人观点。特约编辑：马欢）

① 参见曹丽萍：《网络不正当竞争行为的主观故意判断》，载《人民司法》2019 年第 10 期。

执行任务类职务发明中“相关性”的标准探析

李晓宁*

引　言

中国的经济发展模式正在由生产要素和投资驱动向创新驱动转变。随着科学技术的发展，发明本身的复杂程度也在不断增加，完成一项发明创造不仅需要专业知识和技巧，同时也有赖于有效的组织管理、团队合作以及资金、仪器设备、情报资料等物质技术条件的支撑，[①] 这使单位越来越成为创新的主力军，尤其是在高科技领域。根据国家知识产权局公布的我国1985—2019年度的专利统计年报，1985年国内三种专利申请中职务发明仅占46.0%，2019年国内三种专利申请中职务发明的占比上升至81.5%。[②] 因此，为了加快推进创新驱动发展战略，必须充分调动单位及其科技人才从事发明创造和科技成果转化的积极性、主动性和创造力。

职务发明制度作为专利制度的重要组成部分，其功能就是平衡单位和员工之间的利益，从而激发单位投资发明创造以及员工投身发明创造

* 北京市隆安（深圳）律师事务所合伙人，中南财经政法大学法学学士，北京大学法律硕士，主要执业领域为知识产权法和竞争法。

① 国家知识产权局、科技部《关于〈职务发明条例草案（送审稿）〉的说明》。

② 国家知识产权局：《国内职务、非职务专利申请量（2019年）》，载国家知识产权局网，https：//www. cnipa. gov. cn/tjxx/jianbao/year2019/a/a5. html，最后访问日期：2021年6月28日。

的积极性，提高单位和国家的技术实力和市场竞争力，最终实现增强国家综合实力的目的。职务发明制度主要包括职务发明的认定、职务发明的权利归属、发明人的奖励报酬等内容，其中职务发明认定是核心和基础，而“相关性”标准又是职务发明认定诸细分标准中最模糊、最疑难、争议最大内容之一。

如果职务发明认定的“相关性”标准设计得清晰合理，会同时正向激励单位和员工投入发明创造的积极性，促进单位的技术创新，并且最终提高整个社会的科学技术水平和推动经济社会发展；反之，可能会抑制员工的发明创造积极性，或者使单位的研发成果大量流失，进而削弱单位组织和投入研发的积极性。因此，研究职务发明认定的“相关性”标准具有重大的现实意义。为了使研究更加深入，本文聚焦或者说限定于执行任务类职务发明认定的“相关性”标准研究。

根据《专利法》第6条第1款和《专利法实施细则》第12条的规定，[①] 我国职务发明分为两大类，分别是执行任务类职务发明和利用资源类职务发明。其中执行任务类职务发明包括：在本职工作中作出的发明创造；履行单位交付的本职工作之外的任务所作出的发明创造；退休、调离原单位后或者劳动、人事关系终止后一年内作出的，与其在原单位承担的本职工作或者原单位分配的任务有关的发明创造。执行任务类职务发明认定的“相关性”标准，是指在界定员工作出的一项发明创造是否为执行任务类职务发明时，如何把握员工的该项发明创造是否与其在单位或原单位的本职工作或者本职工作以外的任务有关的标准。

---

① 《专利法》第6条第1款规定：“执行本单位的任务或者主要是利用本单位的物质技术条件所完成的发明创造为职务发明创造。职务发明创造申请专利的权利属于该单位，申请被批准后，该单位为专利权人。……”《专利法实施细则》第12条规定：“专利法第六条所称执行本单位的任务所完成的职务发明创造，是指：（一）在本职工作中作出的发明创造；（二）履行本单位交付的本职工作之外的任务所作出的发明创造；（三）退休、调离原单位后或者劳动、人事关系终止后1年内作出的，与其在原单位承担的本职工作或者原单位分配的任务有关的发明创造。专利法第六条所称本单位，包括临时工作单位；专利法第六条所称本单位的物质技术条件，是指本单位的资金、设备、零部件、原材料或者不对外公开的技术资料等。”

一、执行任务类职务发明的“相关性”标准的研究现状

由于执行任务类职务发明认定的“相关性”标准问题的实践性较强，因此我国理论界较少触及，而实务界又鲜有系统化研究，故可资借鉴的研究成果不多。

张晓阳提出，离职后一年内作出的职务发明的“相关性”标准应当高于在职期间作出的职务发明的“相关性”标准，并且“在被告不能证明诉争专利与其执行单位任务或其本职工作无关的情况下，‘相关性’证明标准亦可适当降低”。① 张晓阳注意到了在职期间作出的职务发明与离职后一年内作出的职务发明的“相关性”认定标准应当有所不同，然而未进一步指出在两种情况下分别应该采用什么样的“相关性”标准。

吕成伟对我国职务发明专利权属纠纷司法案例进行了梳理，总结出三个“相关性”认定标准，分别是技术领域相同标准、所要解决的技术问题相同标准、技术方案相同标准，并且提出通过将涉案专利、原告证据及现有技术三者进行相互比对，以有效缩小原、被告的争议范围，进而有效判断被告是否存在自行研发的可能性以及涉案专利的实质贡献者。② 吕成伟对“相关性”标准做了总结但不全面，将涉案专利、原告证据及现有技术三者进行相互比对以有效缩小原、被告的争议范围的建议很有建设性，但并无必要适用于所有类型的职务发明的认定。

卞昌久主张，“与其在原单位承担的本职工作或者原单位分配的任务有关的发明创造”中的“有关”，是指“与其在原单位承担的本职工作或者分配的任务的工作性质、业务范围和技术专业有联系”。③ 卞昌久对“有关”的见解有启发性，但不够具体。

---

① 张晓阳：《职务发明认定中执行本单位任务与发明创造关联度问题——贝昂公司与辰戈公司专利权权属纠纷案》，载微信公众号“江苏高院”2016 年 3 月 4 日。

② 吕成伟：《“相关性”的尺度之惑——探究专利权权属纠纷中职务发明的认定标准》，载微信公众号“知产力”2017 年 8 月 6 日。

③ 卞昌久：《论职务与非职务发明的认定》，载《政法论坛》1992 年第 3 期。

上述研究成果各有侧重和亮点，但共同的问题是对执行任务类职务发明的“相关性”标准的界定比较笼统，在实务中的操作性不强。本文旨在细化并明确执行任务类职务发明认定的“相关性”标准，以减少因职务发明规定的原则性所带来的法律适用和法律预期上的不确定性，以期为促进我国职务发明专利权属纠纷案件审判水平的提高以及为推动我国职务发明认定相关法律法规的完善提供有益的参考。

二、我国执行任务类职务发明认定司法实践中形成的“相关性”标准

（一）同一技术方案说

同一技术方案说即将专利侵权的技术比对标准（全面覆盖原则）作为执行任务类职务发明的认定标准。例如，在东莞市全乐电动科技有限公司与东莞市天昶机电制造有限公司专利权权属纠纷案中，广东省东莞市中级人民法院要求涉案讼争专利的技术方案与原告证据披露的技术方案构成等同技术。[①] 显然，本案采用的“相关性”标准是同一技术方案说。我国司法实践采用同一技术方案说的案例相对较少。

（二）相同技术领域说

相同技术领域，是指技术方案所属或者直接应用的具体技术领域相同。根据《专利审查指南》（2017）的规定，发明或者实用新型的技术领域应当是要求保护的发明或者实用新型技术方案所属或者直接应用的具体技术领域。[②] 在我国司法实践中，采用相同技术领域说的案例较为常见。

以上海拓鹰机电设备有限公司与上海昱品通信科技有限公司专利权权属纠纷案为例，上海市第一中级人民法院根据涉案讼争专利与原告

---

① 参见广东省东莞市中级人民法院（2014）东中法知民初字第252号民事判决书。

② 例如，一项关于挖掘机悬臂的发明，其改进之处是将背景技术中的长方形悬臂截面改为椭圆形截面。其所属技术领域可以写成“本发明涉及一种挖掘机，特别是涉及一种挖掘机悬臂”（具体的技术领域）。

设计图纸都包含一些SZ光缆成缆机绞合装置的通用部件，就认定两者之间具有关联性。[①] 这种关联性限于两者都属于SZ光缆成缆机绞合装置技术领域，因此本案采用的“相关性”认定标准是相同技术领域说。

（三）相同技术课题说

《现代汉语词典》（第7版）对“课题”的解释是：“研究或讨论的主要问题或亟待解决的重大事项。”相同技术课题，即所要解决的技术问题相同。在专利法的语境中，所要解决的技术问题与发明目的可以说是同一问题的两种表达。因此，发明目的相同也是相同技术课题。在我国司法实践中，采用相同技术课题说的案例较多。

以上海大晨显示技术有限公司（以下简称大晨公司）与张甲专利权权属纠纷案为例，涉案讼争专利系被告张甲在原告大晨公司工作期间申请，上海知识产权法院分析了涉案讼争专利的摘要、说明书中记载的背景技术和所要解决的技术问题后，依据涉案讼争专利与大晨公司的在先申请专利都属于锁紧连接装置的技术方案，所要解决的技术问题都是提供操作便捷、精准对齐的锁紧连接装置，认定张甲申请的涉案讼争专利与其在大晨公司的本职工作部分相同，进而认定涉案讼争专利系张甲在本职工作中作出的发明创造，属于我国《专利法》所规定的职务发明。[②]

再以天津南开大学蓖麻工程科技有限公司（以下简称蓖麻公司）与张乙专利申请权纠纷再审案为例，最高人民法院认为，虽然申请再审人张乙（一审被告、二审上诉人）申请的涉案讼争专利是用稀释剂方法制备癸二酸，与其此前参与被申请人蓖麻公司（一审原告、二审被上诉人）无酚裂解制癸二酸项目研发时曾用的微波裂解方法制备癸二酸的方法不同，但两者都是蓖麻油类化合物制备癸二酸方法研发过程中的试

① 参见上海市第一中级人民法院（2013）沪一中民五（知）初字第140号民事判决书。
② 参见上海知识产权法院（2015）沪知民初字第389号民事判决书。

验，目的都是从蓖麻油中提取癸二酸，属于对同一科研课题的研发。因此，涉案讼争专利申请与张乙在蓖麻公司的研发工作有关，且系张乙从蓖麻公司离职一年内作出，故应认定张乙申请的200810053×××.2号专利系执行蓖麻公司的任务所完成的职务发明创造。[①]

（四）相同技术实质说

相同技术实质说，即唯有争议发明创造的实质性特点与员工在职期间为执行本单位的任务而作出的发明创造的实质性特点相同，才能认定争议发明创造属于员工单位或原单位的职务发明。此类案例时有出现。

以湖北宜都运机机电股份有限公司（以下简称宜都运机公司）与湖北宜都中机环保工程有限公司、嘉兴新嘉爱斯热电有限公司（以下简称嘉兴新嘉爱斯公司）专利权权属纠纷案为例，湖北省宜昌市中级人民法院认为，涉案讼争专利专用于污泥埋刮板技术领域，根据专利要求书和说明书，该专利的特征在于将“刮板为V型实体刮板、刮板材质为高分子聚乙烯板、刮板链条为304不锈钢的滚子链技术、中间壳体及两侧板、底板安装有高分子聚乙烯衬板、导轨材料采用304不锈钢”的技术综合应用到涉案讼争专利发明产品中。而原告宜都运机公司提供的生产表中并未全部包含上述权利要求书中所涉及技术，并且章某衡作为嘉兴新嘉爱斯公司技术员工，与宜都运机公司员工协商解决宜都运机公司的污泥埋刮板输送机所存在的技术问题的过程中，亦并未全部提出上述全部技术的综合应用。最终湖北省宜昌市中级人民法院主要基于上述理由，对宜都运机公司要求判定涉案讼争专利为其职务发明的诉讼请求，因证据不足，不予支持。[②] 本案例中，法院以宜都运机公司提供的证据未能体现涉案讼争专利的实质性特点，而否定涉案讼争专利与其发明人在执行原告的任务时所作的发明创造的关联性，可见其采用的“相关性”标准是相同技术实质说。

---

① 参见最高人民法院（2011）民申字第1486号民事裁定书。

② 参见湖北省宜昌市中级人民法院（2014）鄂宜昌中知民初字第00079号民事判决书。

（五）相同技术思路说

相同技术思路说，即争议发明创造所采用的技术思路与员工在职期间为执行本单位的任务而作出的发明创造所采用的技术思路相同，则可认定争议发明创造属于员工单位或原单位的职务发明。近年来，上海、江苏等地法院多采用此标准。

以南京麦澜德医疗科技有限公司（以下简称麦澜德公司）等与南京伟思医疗科技股份有限公司（以下简称伟思公司）专利权权属纠纷上诉案为例，江苏省高级人民法院认为：在职务发明的认定中，并非只有当原告单位能够举出包含了与诉争专利技术完全一致信息的相关证据时，才能将诉争专利认定为属于原单位职工的职务发明。本案中，虽然伟思公司的实用新型专利采集肌电的导电部分是不锈钢片，而涉案专利为可注塑的导电材料（导电硅胶），但从伟思公司提交的证据可以看出，伟思公司在涉案专利申请前已经认识到了采用不锈钢片材料的不足，进行了用导电硅胶作为替代材料的研究工作，并提出了阴道电极套的技术方案。该技术方案的思路就是以导电硅胶电极取代传统的金属片电极，从而达到一次性使用的目的，这与涉案专利技术方案极其相关，一审法院据此认定涉案专利属于职务发明具备事实和法律依据。[①] 在本案例中，法院以原告的技术方案的思路与涉案讼争专利技术方案的思路相同（“极其相关”）为由，认定涉案讼争专利属于原告的职务发明，可见其采用的“相关性”标准是相同技术思路说。

三、对我国执行任务类职务发明认定司法实践中形成的“相关性”标准之分析

（一）同一技术方案说的局限性

同一技术方案说，采用全面覆盖标准，员工很容易通过技术规避措施将本属于单位的职务发明据为己有，从而导致用人单位无法享有投资

---

① 参见江苏省高级人民法院（2016）苏民终988号民事判决书。

研发的成果，不利于保护用人单位投资研发的积极性。在单位已经成为创新创造的主力军的当今社会，职务发明认定“应当努力疏导将非职务发明引向职务发明创造，而不宜堵塞从而造成职务发明弯曲转向非职务发明创造”[1]。因此，同一技术方案说不可取。

（二）相同技术领域说的合理性及局限性

单位聘用员工并支付给员工工资报酬，对价是获取员工的智力和/或体力劳动成果。“一般而言，在雇佣关系中，雇主通常对由此产生的工作成果享有直接权利，受雇者的劳动只是生产要素的一部分，雇主以佣金或工资的方式给予回报。”[2] 受单位的业务范围和员工的技术专业和工作性质影响，单位分配或指派员工从事的工作通常都限于员工擅长或有能力处理的某一或某些技术领域。“由于职员依劳动合同或集体协议负有职务上的义务，他所应当履行的劳动职责是尽力作出某一或某些技术领域的发明，或者说当他作出某项属于他工作职责范围内的发明时，这项发明便是一项‘职务发明’。”[3] 相同技术领域说，将单位以支付员工工资报酬为对价并以承担研发投入风险为代价而换来的员工在其工作的技术领域内的发明创造归单位所有，这无疑会激发单位组织和实施发明创造的热情。因此，相同技术领域说作为认定员工在职期间完成的发明创造与其执行本单位的任务之间有无“相关性”的标准，具有合理性。

然而，员工离职后一年内作出的发明创造，即便与其在原单位承担的本职工作或者工作任务属于相同的技术领域，也不宜简单认定为原单位的职务发明。主要原因是，随着社会分工的日益精细化和专业化，员工离职后很可能还会在相同行业内择业或创业，并且很可能还会在相同

---

① 陶鑫良：《我国职务发明立法十个关系问题探讨——在 2016 年 5 月〈职务发明条例〉相关法律问题苏州研讨会上的发言》，载《福建江夏学院学报》2017 年第 4 期。

② 黄海峰：《知识产权的话语与现实——版权、专利与商标史论》，华中科技大学出版社 2011 年版，第 177 页。

③ 何敏：《职员发明财产权利归属正义》，载《法学研究》2007 年第 5 期。

技术领域内从事研发工作。如果仅仅因为员工从事了与原单位相同技术领域的研发，所有研发成果都要归原单位所有，这不仅会限制员工的执业自由，还会影响员工的发明创造积极性，对员工的新单位也不公平。因此，在员工离职后一年内职务发明的认定过程中，需要从是否属于相同的技术课题，甚至从是否属于相同的实质性特点的角度，对“相关性”标准做进一步的精细化区分。

（三）相同技术课题说的合理性及局限性

将相同技术课题说作为认定员工在职期间作出的执行任务类职务发明是否具有“相关性”的标准，失之过严。如上所述，负有研发职责或任务的员工应当履行的劳动职责就是尽力在其工作职责或工作任务范围内（而非某一或一些技术课题范围内）作出发明创造。若采用相同技术课题说，势必会导致凡属单位事前未预料到或者未明确立项的技术课题而产生的发明创造都属于员工的个人发明，而这不合理地限缩了员工的劳动职责，势必会削弱单位组织和投资研发的积极性。

但将相同技术课题说适用到离职一年内职务发明的“相关性”标准认定中却可能是合理的。员工一旦离职之后，原单位不再向其支付报酬，员工再无义务主动地为原单位思考和解决技术课题。鉴于此，员工在离职后一年内作出的与执行原单位下达的技术课题无关的发明创造，完全是员工个人智力劳动和努力的成果，不应当再属于原单位的职务发明，否则不仅对员工不公平，还可能会限制员工的择业权利，影响员工从事发明创造的积极性。同时，员工在离职后一年内作出的与原单位立项或下达研发任务的技术课题有关的发明创造可能属于原单位的职务发明，主要是因为“发明创造是复杂的智力劳动，常常不是一朝一夕就能够完成的，要经历从提出构思、进行研究开发到实验验证的整个过程”①，有一个量变到质变的过程。在技术课题已经确立的情况下，员工的研发思维活动通常是连贯和持续的，而员工在离职时往往又熟知原

① 尹新天：《中国专利法详解》，知识产权出版社 2011 年版，第 75 页。

单位的该技术课题的发明创造的进展情况或者阶段性成果，故其在离职后一年内作出的发明创造往往是在沿用原单位的阶段性成果、延续原单位的技术原理和技术手段的基础上的提高、升华或突破，研发成功的关键因素还是员工在原单位的技术积累。将员工在这种情况下作出的发明创造认定为原单位的职务发明，对原单位是公平的，且未侵害员工的合法权益，符合职务发明制度平衡单位和员工利益的功能和目的。从该角度而言，最高人民法院在蓖麻公司与张乙专利申请权纠纷再审案中采用相同技术课题说有其合理性。

但是，假若蓖麻公司与张乙专利申请权纠纷再审一案，张乙退出蓖麻公司无酚裂解制癸二酸项目后，又参与了另一个单位就相同技术课题进行的研发或者其自己利用现有技术就相同技术课题进行了研发，并在其退出蓖麻公司无酚裂解制癸二酸项目后一年内申请了涉案讼争专利，此种情况下若不加区分地贸然采用相同技术课题说认定涉案讼争专利属于蓖麻公司的职务发明，可能就不妥当了。将员工离职后一年内作出的与其在原单位的任务相关的发明创造归属为原单位的职务发明，主要是基于技术连续性的推定。如果员工离职后一年内作出的发明创造与其原单位研发相同技术课题时所采用的技术原理不同或者技术原理相同但技术手段之间没有传承性或延续性，则说明该发明创造并不是或者并不主要是利用原单位的阶段性成果而作出的。这种发明创造，尽管技术课题与员工在原单位时参与的技术课题相同，却仍不属于原单位的职务发明。

（四）相同技术实质说的合理性和局限性

如上所述，员工从原单位离职后一年内，在新单位也接受了相同技术课题的研发任务或者自己在现有技术的基础上也就相同技术课题进行了研发，认定员工由此作出的发明创造是否属于其原单位的职务发明时，可从技术传承性或延续性的角度，重点考察该发明创造的实质性特点到底是员工还是其原单位、现单位的贡献。若该发明创造的实质性特点是由员工原单位贡献的，则采用相同技术实质说将该发明创造认定为员工原单位的职务发明无疑是适宜的。然而，即便该发明创造的实质性特点不是由员工原单位贡献的，但是其技术思路沿用的还是原单位的技术思路，则该发明创造仍应当属于原单位的职务发明。因为一项发明创造的诞生，通常需要一定的知识和经验积累过程，是在预先规划和制定的研究方向、路径和具体步骤、流程的指引下逐步实现的。就研发而言，最困难的就是确定正确的技术思路。若技术思路正确，具体方法和条件也没问题，则发明创造的实质性特点以及整个发明创造很可能是水到渠成的结果。因此，对于员工从原单位离职后一年内沿用原单位的技术思路所作的发明创造，即便发明创造的实质性特点是员工离职后一年内才想出来的，但是究其根本，支撑该发明创造作出的关键，也即技术思路，却是员工在原单位时已经确定下来的。这也就意味着，原单位对该发明创造作出了实质性贡献。在此情况下，若固守相同技术实质说，仅仅因为发明创造的实质性特点不是原单位贡献的而不将该发明创造归属于原单位，则不仅有违公平，而且很可能会加剧员工的自益倾向。

同时，对于员工在职期间作出的职务发明的认定，若"相关性"标准也采用相同技术实质说，同样失之过严。一方面，一项发明创造的诞生，具有随机性和射幸性，尽管单位可以根据技术原理或科学设想等预先规划和制定一些研究方向、路径和具体步骤、流程等，但是一项创造性发明创造成果的诞生，仍然是小概率的，且很可能是以出其不意的方式出现的。而员工在职期间，单位向员工支付的工作报酬，对价就是员工在其工作的技术领域内作出的全部智力劳动成果，员工应当履行的劳动职责就是穷尽一切努力在其工作的技术领域内作出发明创造。另一方面，对于员工的研发进度及其成果，员工与单位之间本来就存在信息的不对称，若采用相同技术实质说，很可能会加剧员工的自益倾向，"利用现代发明研究参与人的多样与研究的合作化，刻意模糊职务发明与非职务发明的法律界限，向劳动关系企业（雇主）隐藏职务发明成果……雇员的'自益倾向'会引发职务发明创造的非职务化，导致职务发明成果的流失，对于雇主而言，这无疑是巨大的物质投资风险”①。这样一定会严重影响单位研发投入的收益及其预期，进而很可能会导致单位研发资金的外流，从而使得单位和整个社会的技术发展放缓甚至停滞。

（五）相同技术思路说的合理性和局限性

若员工从原单位离职后一年内，在新单位也接受了相同技术课题的研发任务或者自己在现有技术的基础上也就相同技术课题进行了研发，在认定员工由此作出的发明创造是否属于其原单位的职务发明时，“相关性”标准采用相同技术思路说，相较于采用相同技术实质说更为公平，理由如前所述，在此不再赘述。

如相同技术实质说一样，相同技术思路说也不适宜作为认定员工在职期间作出的发明创造是否为职务发明的“相关性”标准。若苛求员工在职期间的职务发明也须与单位既定的技术思路相同，则极可能会加剧员工的自益倾向，不当且显著地增加单位的物质投资风险，从而严重削弱单位投资发明创造的积极性。

四、结语

我国现行法律对职务发明认定的“相关性”标准的规定还比较模糊。这固然有伸缩空间大、适应力强的优点，但同时也造成了法律适用预期的不确定性，亟待在梳理我国司法实践经验及理论研究的基础上予以细化和明确化，使其既能够适应纷繁复杂且变动不居的社会现实，又能够尽可能地明确、稳定、可预期。

本文认为，针对员工在职期间作出的职务发明与员工离职后一年内作出的职务发明，“相关性”标准应当有所不同，员工或其新单位有证据证明与无证据证明其也就相同技术课题进行了研发，“相关性”标准也应当有所不同，具体应当适用如下标准和步骤：

---

① 刘鑫：《我国职务发明权利归属机制的产生与变革》，载《中国发明与专利》2017年第11期。

（1）若争议发明创造系员工在职期间作出，且与员工完成争议发明创造时在单位的本职工作或工作任务（指本职工作以外的工作任务，下同）有关，职务发明认定的“相关性”标准应当采用相同技术领域说。

（2）若争议发明创造系员工在职期间作出，且与员工完成争议发明创造前一年内所从事的本职工作或工作任务有关，职务发明认定的“相关性”标准，应当参照员工离职后一年内作出的职务发明认定的“相关性”标准来执行。

（3）若争议发明创造系员工从原单位离职后一年内作出，且与员工在原单位的本职工作或工作任务有关，职务发明认定的“相关性”标准应当采用相同技术课题说；但若员工能够证明其从原单位离职后利用现有技术就相同的技术课题进行了研发并由此得出了争议发明创造的技术方案，或者员工的新单位能够证明其在该员工入职前或后也就相同技术课题进行了研发并由此得出了争议发明创造的技术方案的，则“相关性”标准应当采用相同技术思路说。

（4）若争议发明创造系员工在职期间或离职后作出，且无法根据上述标准认定其与员工在单位/原单位的本职工作或工作任务有关，则职务发明认定可以再从争议发明创造是否主要利用了本单位的物质技术条件角度进行审查。

张明楷教授曾说过：“法律不是嘲笑的对象，而是法学研究的对象；法律不应受裁判，而应是裁判的准则。……既然信仰法律，就不要随意批判法律，不要随意主张修改法律，应当从更好的角度解释疑点，对抽象的或有疑问的表述应当作出善意的解释或推定，将‘不理想’的法律条文解释为理想的法律规定。”① 本文正是作者试图通过法律解释的方式，将我国有关职务发明认定的法律规定“解释为理想的法律规定”的一次尝试，结论或许浅陋，但希望观察视角是有益的。

（本文仅代表作者个人观点。特约编辑：廖素芳）

① 张明楷：《刑法格言的展开》，北京大学出版社2013年版，第3页。

股东（大）会概括性授权董事会行使职权的合法性探析

马　捷[*]　陈依漫[**]

引　言

随着经济社会的发展，公司股东数量日益增多、股东构成日趋复杂，越来越多的公司尝试通过股东（大）会决议或章程将《公司法》列明的股东（大）会的职权授权董事会行使。这种授权是否合法有效？

比如，甲公司股东会作出拟将审议批准利润分配方案的职权授权董事会行使的决议，是否合法有效？乙公司股东大会作出决议，授权董事会“对公司合并、分立、变更、解散和清算等事项作出决议”，该项决议是否合法有效？① 丙公司章程授权董事会行使“价值50万元以下资产的处置权”，某日，董事会通过了处置公司内一台价值30万元的设备

* 北京市金杜（苏州）律师事务所合伙人，法学学士。

** 北京市金杜（苏州）律师事务所律师，法学硕士。

① 在贵州省高级人民法院（2015）黔高民商终字第61号民事判决书中，一审法院认为：“（报业宾馆）在经全体股东（股东会）同意、不违反法律强制性规定、也不损害他人利益时，可将股东会的职权赋予董事会。”但二审法院认为：“《中华人民共和国公司法》第四十四条第二款规定‘股东会会议作出修改公司章程、增加或者减少注册资本的决议，以及公司合并、分立、解散或者变更公司形式的决议，必须经代表三分之二以上表决权的股东通过’。从此条规定中的法律表述用语‘必须’可以看出，修改公司章程、增加或者减少注册资本的决议，以及公司合并、分立、解散的决议有且只有公司股东会才有决定权，这是股东会的法定权利。报业宾馆章程第七条第（八）（十）（十一）项，第三十二条第（二）项将股东会的法定权利规定由董事会行使，违反了上述强制性法律规定，应属无效。”

的决议，股东会又于当天通过了保留该台设备的决议并要求董事会执行，如何处理?①

一、公司②职权配置的理论基础和我国的相关法律规定

（一）公司职权配置的理论基础

自伯利和米恩斯洞见现代公司所有权与经营权相分离的事实以来，公司权力如何适当且有效率地在股东会和董事会之间分配，便成为历久弥新的重要议题。③ 在法律理论界，就股东（大）会与董事会的职权配置先后产生了两种观点：代理理论和契约理论，并据此产生了股东（大）会优位主义和董事会优位主义。股东（大）会优位主义主要产生于代理理论，该理论下公司的控制权掌握在股东（大）会手里，董事会职权来源于且仅来源于股东（大）会的授权。由于代理理论的一些缺点，④ 基于契约理论的董事会优位主义随之产生。在契约理论框架下，股东、董事、债权人、员工等利益相关者，均与公司成立契约关系，因此董事会职权来源于公司而非股东的授权，董事会享有独立的决策权并为整个公司的利益服务。⑤

① 该公司设备出售案是公司法学者在讨论股东会与董事会权力冲突时颇喜欢引用的案例，最早见于罗培新：《股东会与董事会权力构造论：以合同为进路的分析》，载《政治与法律》2016 年第 2 期。根据该文观点，该案应是当时引起公司法理论界广泛探讨的一个商事案件，但笔者在写作本文时未找到该案的判决。

② 为简便起见，本文所讨论的公司仅指普通的有限责任公司与股份有限公司，不包括依法可由董事会行使股东（大）会的部分职权的国有独资公司等国家出资企业。

③ 参见许可：《股东会与董事会分权制度研究》，载《中国法学》2017 年第 2 期。

④ 代理理论的主要缺点包括：首先，公司生产规模不断扩大以及资金投入周期变得越来越长，传统的股东（大）会会议制度显然已经适应不了这样的趋势。对于规模较大、股东分散的公司来说，召集股东（大）会不是一件很容易的事情，股东（大）会优位主义往往导致决策效率低下。其次，随着管理地位的日渐上升，经营对专业知识的要求越来越高，公司和股东亟须专业化的人才来经营管理公司。再次，随着股份转让的便利，中小股东管理、监督公司经营的积极性不高或因股权结构复杂而力不从心。最后，若股东（大）会原则上有权以股东会决议的方式来否决董事会作出的任何经营管理决策，反而不利于公司有效决策的形成，徒增运行成本。

⑤ 在董事会优位主义模式下，与董事会的独立决策权相对应，对董事和高级管理人员的信义义务亦有更高的要求。

两种权利配置理论各有利弊，各国公司法亦无定见。美国特拉华州公司法是董事会优位主义的典范，① 日本是比较典型的采取股东（大）会优位主义的国家。② 德国2002年制定的《公司治理法典》则强化了股东（大）会对经营执行业务者的控制与监督。③

（二）我国法律框架下的公司职权配置

在《民法总则》（已失效）实施之前，董事会与股东（大）会职权配置的规定主要集中在《公司法》（2013年修正）第16条、第36条、第37条、第43条、第46条、第121条等法律以及《上市公司治理准则》（2002年）第7条、第21条、第39条、第42条、第44条、第52条与《证券公司治理准则》（2012年）第12条、第63条、第68条和《上市公司股东大会规则》（2014年修订）等规范性文件中。《公司法》作为公司职权配置的基本法律规范，自1993年公布实施之日起就明确界定"股东（大）会是公司的权力机构"的原则，直至今日已历经五次修改，其中2005年修订涉及公司职权配置的修改。2005年修订之前，《公司法》对股东（大）会、董事会的职权均采取了有限列举式规定，2005年修订时在股东（大）会、董事会的职权中均增加了"公司章程规定的其他职权"一项。《证券法》要求在公司公开发行新股、对公开发行股票所募集资金改变资金用途时都必须经股东大会决议，实际是对《公司法》第99条规定的股东（大）会职权增加了两项列举事项。其余规范性文件均是在《公司法》原则下强调"董事会对股东会

---

① 参见许可：《股东会与董事会分权制度研究》，载《中国法学》2017年第2期。

② 《日本商法》第254条第1款第3项规定："公司与董事之间的关系，依照关于委任的规定。"转引自罗培新：《股东会与董事会权力构造论：以合同为进路的分析》，载《政治与法律》2016年第2期；2005年《日本公司法典》第295条规定："股东大会，可以就本法规定的事项及其他涉及股份公司的组织、运营、管理及其他一切事项作出决议。不拘前款规定，在设董事会公司，股东大会以本法规定事项及章程规定事项为限，可作出决议。将本法规定必须由股东大会决议的事项，规定为可以由董事、执行官、董事会等及其他股东大会之外的机关作出决定的公司章程，无效。"转引自《日本公司法典》，崔延花译，中国政法大学出版社2006年版，第140页。

③ 参见许可：《股东会与董事会分权制度研究》，载《中国法学》2017年第2期。

负责”并对董事会职权的行使进行了细化。例如，《上市公司治理准则》《证券公司治理准则》均规定股东大会在对董事会授权时，授权内容应当明确具体，股东大会不得将法定由股东大会行使的职权授予董事会行使；《上市公司股东大会规则》则规定董事、监事和高级管理人员应在年度股东大会上作出述职报告并应就股东的质询作出解释和说明。

2017 年 10 月，《民法总则》正式实施。《民法总则》首先明确界定了股东（大）会与董事会的地位，即股东（大）会是权力机构，董事会或执行董事为执行机构，同时亦对股东（大）会与董事会的职权作了总括性规定。有学者认为，从《民法总则》第 80 条、第 81 条列举的具体职权看，立法机构倾向于对股东（大）会权力进行限缩。[①] 自 2021 年 1 月 1 日起实施的《民法典》第 80 条、第 81 条采取了与《民法总则》完全一致的表述。

综合上述法律规定和法律适用规则，[②] 可以得出我国从总体上是采取了股东（大）会优位主义的立法模式。但从《公司法》第 46 条和第 108 条规定来看，董事会并非仅为执行机构，其本身亦有一定的经营决策权，包括但不限于决定内部管理机构的设置，决定聘任或者解聘公司经理、副经理、财务负责人及其报酬事项等。因此，亦有学者认为我国公司职权配置模式采取的是股东（大）会与董事会平衡说。[③] 此外，我国《公司法》采用的是以同一套规则来规范不同类型公司的股东（大）会和董事会职权的单一立法模式。

---

① 参见谢鸿飞：《九民纪要视角下的公司治理法律实务解析》，英才苑府 2020 年 4 月 11 日至 12 日的直播视频课程。

② 从法律适用上讲，《民法典》和《公司法》层级相同，在法律适用规则上应遵循“特别法优于普通法”“新法优于旧法”的原则，即在《民法典》与《公司法》不相矛盾的情况下，应当首先适用《公司法》的相关规定。

③ 参见张瑞萍：《公司权力论——公司的本质与行为边界》，社会科学文献出版社 2006 年版，第 202 ~ 203 页。

二、我国法律框架下股东（大）会授权董事会行使职权的合法性

（一）“职权”的文义解释

“职”是管理某种事务，分内应做的事；“权”是职责范围内支配和指挥的力量。故“职权”一词与组织、管理有着天然的联系，是基于职位派生之权、基于职责而应有之权，一般指特定职位固有的某种特定的、内在的权利或权力。

在现行民商事法律领域中，“职权”一词基本只存在于两种情形：一是用在法人相关的领域；二是用在行业协会或类行业协会的会员章程中。《民法典》共有八处①提及“职权”一词，其中六处均用于法人领域。

（二）学理上关于《公司法》列举的股东（大）会职权和董事会职权定性的争议

《公司法》第37条和第99条关于股东（大）会职权的规定和第46条关于董事会职权的规定属于强制性规范还是任意性规范，对此存在不同观点。一种观点认为，我国《公司法》关于股东（大）会职权的规定属于强制性规范，当事人不得以公司章程或股东决议的形式予以限制或者剥夺，其他公司机关不能超越自己权限来决定股东会职权范围内的事项。另一种观点则认为，权力机构的职权范围属于公司自治范畴，应当允许股东（大）会将部分职权下放董事会行使。此问题目前在理论界和实务界争议较大，也有观点认为应当区分不同的公司类型来对待，还有观点认为应区分不同的职权内容分析。对此仍有待进一步研究和探讨。②

持强制性规范观点的学者认为，《公司法》关于股东（大）会与董事会职权的列举是强制性规范，公司自治不能超过法律的界限。故对现行《公司法》第37条、第46条和第99条中“公司章程规定的其他职

---

① 《民法典》第71条、第80条、第81条、第82条、第170条、第259条、第1010条。

② 参见《〈中华人民共和国民法总则〉条文理解与适用》（上册），人民法院出版社2017年版，第589页。

权”应作如下解释：首先，股东（大）会和董事会的职权可以通过公司章程增加；其次，《公司法》中没有列举的事项可由章程来配置股东（大）会和董事会职权；最后，《公司法》中已经列举的事项不能由章程修改或排除，是专属于股东（大）会或者董事会的职权。持强制性规范观点的学者认为，这样的立法模式符合我国当前信用环境的现状，管理者的道德风险是阻碍公司发展的重大障碍。

但更多学者主张应部分迎合主流的董事会优位主义。其理由有两点：首先，《民法典》减少了列举项目，说明立法机构倾向于对股东（大）会权力进行限缩。其次，尤其是在股东人数较多的公司中，往往多数股东仅是投资人，并不参与公司日常经营管理，在这种情况下，股东将部分职权授权给董事会行使是客观需要。①

（三）司法实践对《公司法》列举的股东（大）会职权定性的争议

上海市第一中级人民法院（1998）沪一中民终字第171号民事判决书认为，《公司法》明确了股份有限公司股东大会、董事会的性质与职权：股东大会是公司的权力机构，选举和更换董事的职权由股东大会行使；董事会对股东大会负责，执行股东大会的决议，为公司的执行和经营决策机构。公司章程第18条关于“股东大会闭会期间，董事人选有必要变动时，由董事会决定，但所增补的董事人数不得超过董事总数的三分之一”的规定违反了《公司法》，因此该公司章程规定没有法律效力，涉案董事会作出增补董事的决议，超越了我国法律规定的股份有限公司董事会的权限，违反法律，侵害了股东的权益。

上海市第一中级人民法院（2013）沪一中民四（商）终字第822号民事判决书认为，股东会决议中概括性授权董事会决定上岗股东奖金

① 参见谢鸿飞：《九民纪要视角下的公司治理法律实务解析》，英才苑府2020年4月11日至12日的直播视频课程。谢鸿飞同时提出，在现有法律框架下，股东（大）会授权董事会的效力需区分公司形态（公众公司还是非公众公司）、董事会成员是否具有股东身份、授权权力类型、公司在设立时是采纳了股东（大）会中心还是董事会中心的观点等因素进行个案评价。

的分配方案问题，并约定“以前及今后由董事会决定的上岗股东奖金分配方案，股东会均表示认可”，该决议内容未考虑到今后公司是否有利润、利润多少、上岗股东具体奖金利润分配方案如何，即股东无法预见自己利益损失且未经全体股东充分讨论，也未告知议事事项供股东分析该决议对自己的股东利益是否有损，故该决议内容限制了股东对未知奖金利润分配方案行使否决权的行为，一旦实施完全有可能终止或者限制股东的资产收益权，因此股东会决议的该条内容违反了法律的规定，应确认为无效。

广东省深圳市中级人民法院（2016）粤 03 民终 13834 号民事判决书认为，对股东表决权进行限制或剥夺“只能是由有权机关依据公权力、根据法律的明确规定、按照法定的程序进行，而不应允许公司董事会有权认定股东的违法行为，进而决定限制股东权利”，同时认为股东的“合法权利受法律保护，除非股东自愿放弃，否则非经严格法律程序不得剥夺或限制”。

贵州省高级人民法院（2015）黔高民商终字第 61 号民事判决书认为：“《中华人民共和国公司法》[①] 第三十八条、第四十七条分别以列举的形式规定了股东会和董事会的职权，从两条法律规定来看，董事会、股东会均有法定职权和章程规定职权两类。无论是法定职权还是章程规定职权，强调的都是权利，在没有法律明确禁止的情况下，权利可以行使、可以放弃，也可以委托他人行使。但《中华人民共和国公司法》第四十四条第二款规定‘股东会会议作出修改公司章程、增加或者减少注册资本的决议，以及公司合并、分立、解散或者变更公司形式的决议，必须经代表三分之二以上表决权的股东通过’。从此条规定中的法律表述用语‘必须’可以看出，修改公司章程、增加或者减少注册资本的决议，以及公司合并、分立、解散的决议有且只有公司股东会才有决定权，这是股东会的法定权利。报业宾馆章程第七条第（八）（十）（十一）项，第三十二条第（二）项将股东会的法定权利规定由董事会

① 此处引用的是 2005 年修订的《公司法》。

行使，违反了上述强制性法律规定，应属无效。”

以上判决只是股东（大）会与董事会职权冲突纠纷案件的缩影。但从上述司法判决不难看出，不同案件中对股东（大）会与董事会职权冲突时的处理原则并不相同，但主流观点更倾向于认为现行《公司法》第37条和第99条列举的股东（大）会的职权是法定职权，对股东（大）会将职权授权给董事会行使尤其是概括性授权给董事会行使持否定态度。

（四）股东（大）会概括性授权董事会行使职权的障碍解析

反对股东（大）会概括性授权董事会行使职权的理由主要有以下几点：

其一，从权利归属角度分析，股东在不违反强制性法律规定的前提下，有权行使股权的全部权能。而董事虽由股东指派或委任，但其表决时亦具意思表示的独立性，使得董事的表决意见和董事会的决议并不能必然代表股东和股东（大）会的意志。基于此，董事会只能是股东（大）会的代理机构，股东（大）会有权随时表决通过撤销董事会决议的决议并交付董事会执行。

其二，从表决机制分析，股东（大）会的表决机制与董事会表决机制完全不同。股东（大）会在表决时通常是由股东按照股权比例行使表决权的（资本多数决），而董事会在表决时则是实行一人一票（人头多数决）。因此，即便董事的表决意见能够视为相应股东意见的代表，但由于表决机制的根本不同，允许股东（大）会概括性授权董事会行使职权亦会违反股东（大）会决议应执行资本多数决这一基本表决原则。亦有观点认为，股东（大）会就特定事项授权董事会表决并不存在障碍，但概括性授权方式实际上剥夺了股东（大）会在将来就某一事项进行表决的权利，因此不具有合理性。

其三，从职权的内涵分析，职权系基于职责而应有之权，股东（大）会的职权是基于“股东身份”而固有的、特定的、内在的权利或权力。因此，依法行使职权不仅是股东（大）会的权利，亦是其义务。

但对于上述反对理由，经济学界及法学界也存在不同的认知。

伯利和米恩斯提出的“（经营者）所具有的地位，是由法律自身来规定的”① 已成为董事会权利来源的主流观点，认为现代公司中董事会的权利并非来源于股东的让渡，而是法律规定。罗培新亦认为，股东（大）会无权干预董事的决策，除非董事违背了公司法或者公司章程的规定而行事。②

“企业有了自己独立的生命，就好像它不属于任何人；企业客观地存在着，而这种客观的存在，在早期仅仅具体体现在国家、教会、地方自治机关，以及行会和宗教团体之中……所有权的非个人化、企业的客观化、财产与其所有者的分离，造成了这样的一种状态，企业开始转变为一种在性质上类似于国家的机构。”③ 可见，从社会组织方面来进行分析公司治理结构，其类似于国家治理模式的模仿产物。而在国家治理层面，行政授权和行政委托制度已经是现代行政权力运行的一项重要内容。以此类推，在公司治理层面，股东（大）会将属于自己的职权授权或委托给董事会行使，合法性问题似乎更不应成为障碍。

而从商业现实角度看，“在大多数大型公司中，控制者已不再是那些拥有主要股权的个人。更确切的说法，应该是居于统治地位的所有权已不复存在，控制权的维持在很大程度上已与所有权分离。……事实上，控制权已不再是属于个人或小团体的一个简单的、能清楚定义的现象，而是产业组织中被破坏后又以各种形式出现的各种要素。……无论它是否依赖于代理（投票）机制、法律手段、一定程度的所有权，还是超越经营权的战略地位，控制权已经在相当程度上脱离了所有权。控制权在过去仅被视为所有权的一项功能，而现在则表现为一项独立的、

① ［美］阿道夫·A. 伯利、加德纳·C. 米恩斯：《现代公司与私有财产》，甘华鸣、罗锐韧、蔡如海译，商务印书馆2005年版，第241页。

② 参见罗培新：《股东会与董事会权力构造论：以合同为进路的分析》，载《政治与法律》2016年第2期。

③ ［美］阿道夫·A. 伯利、加德纳·C. 米恩斯：《现代公司与私有财产》，甘华鸣、罗锐韧、蔡如海译，商务印书馆2005年版，第309页。

可分割的要素”①。商业环境的迅速多变要求公司管理层反应迅速，寻求股东（大）会临时授权极不现实，章程更无法预测后期市场变化而事先细致授权。在这种情况下，股东（大）会将部分职权授权给董事会行使亦是公司治理实践的需要。②

因此，解决股东（大）会概括性授权董事会行使职权的问题，与其堵而抑之，不如疏而导之。

三、现阶段股东（大）会概括性授权董事会行使职权的边界

股东（大）会是公司的权力机构，依照《公司法》行使职权。股东（大）会以会议的形式行使权力，而不采取常设机构或日常办公的方式，这是由股东（大）会的权力性质和所有权与经营权相分离的现代公司制度的基本原理所决定的。营利法人的权力机构负责就法人的重大事项作出决议，法律选择对社员的利害关系有重大影响的事项作为权力机构的职权范围。③ 笔者赞同对股东（大）会职权限缩至合适的范围，所谓“股东会权力的终点，就是董事会权力的起点”，进而分析股东（大）会概括性授权董事会行使职权的边界。

第一，选举或者更换执行机构、监督机构成员，修改公司章程的职权。

上述职权规定的法律渊源主要是《民法典》第 80 条以及《公司法》第 33 条、第 37 条第 2 项至第 4 项和第 10 项、第 43 条、第 97 条、第 103 条。《上市公司治理准则》《证券公司治理准则》还就股东大会选举或者更换执行机构、监督机构成员职权的具体内容作了一些详细规定，如董事监事报酬决定权、董事会议事规则的批准权、上市公司为董事购买责任保险的决定权、证券公司董事、监事和高级管理人员或者员

① ［美］阿道夫·A. 伯利、加德纳·C. 米恩斯：《现代公司与私有财产》，甘华鸣、罗锐韧、蔡如海译，商务印书馆 2005 年版，第 128 ~ 129 页。

② 根据国家统计局网站公布的数据，截至 2019 年年底全国有限责任公司法人数量为 1,546,236 家，股份有限公司法人数量为 121,544 家。

③ 参见《〈中华人民共和国民法总则〉条文理解与适用》（上册），人民法院出版社 2017 年版，第 586 页。

工根据中长期激励计划持有或者控制本公司股权的决定权。《上市公司股东大会规则》第 28 条和第 29 条规定了董事、监事和高级管理人员应在年度股东大会上作出述职报告并应就股东的质询作出解释和说明。

就公司而言，章程是公司作为一个法人组织的重要标志，也是《公司法》规定的公司成立和存在的必要前提和条件。① 章程是股东对公司性质、宗旨、组织活动原则、权利义务分配方案等诉求的集中体现，是股东行使社员权的根本保障，因此对章程的修改规定较为严格的表决和生效条件符合股东和公司的利益。

由于股东的所有权与对公司的经营权分离，股东对公司管理和控制的能力是间接的。股东（大）会在公司治理中的地位不是直接管理公司，其主要任务是选择公司的管理者和监督者。② 股东（大）会有权选任和决定本公司的非由职工代表担任的董事、监事，对于不合格的董事、监事可以予以更换。股东（大）会拥有机构的用人权是必需的。董事、监事受公司股东（大）会委托或委任，为公司服务，参与公司经营管理活动。

鉴于上述职权是股东的固有权、共益权③和行使权利的根本保障，且在《民法典》中都予以列举保留，故若股东（大）会或章程将上述事项概括性授权董事会行使，笔者认为应属无效。

第二，增加或者减少注册资本，公司合并、分立、解散或者变更公司形式，上市公司在一年内购买、出售重大资产或者担保金额超过公司资产总额 30% 进行表决的职权。

上述职权规定的法律渊源是《公司法》第 37 条第 7 项和第 9 项、第 43 条、第 103 条、第 121 条。依照《公司法》规定，股东（大）会

---

① 参见周有苏：《新公司法论》，法律出版社 2006 年版，第 195 页。

② 参见《〈中华人民共和国民法总则〉条文理解与适用》（上册），人民法院出版社 2017 年版，第 587 页。

③ 固有权，是指股东依法享有且不得以公司章程或者公司决议予以剥夺的权利，共益权主要体现为股东参与公司经营管理权，一般而言，共益权多属固有权。参见最高人民法院民事审判第二庭编著：《〈全国法院民商事审判工作会议纪要〉理解与适用》，人民法院出版社 2019 年版，第 153 页。

就上述事项作出决议时需采用2/3多数决。

上述事项中，“增加或者减少注册资本，公司合并、分立、解散或者变更公司形式”都属于公司章程中的股东（大）会固有权核心事项，根据前述分析，对公司章程修改的决定权应归属于股东（大）会，故对“增加或者减少注册资本，公司合并、分立、解散或者变更公司形式”事项的概括性授权应属无效。前述的贵州省高级人民法院（2015）黔高民商终字第61号民事判决书亦持此观点。基于此，本文开始所举的乙公司股东大会作出的授权董事会“对公司合并、分立、变更、解散和清算等事项作出决议”的决议，依法无效。

董事会权力的扩张与经营者行为准则（信义义务）的不断发展是相辅相成的。对上市公司而言，正如伯利和米恩斯所说“控制经营者行为的法律力量，是证券持有者真正持有的、唯一可执行的保护措施”[①]。若上市公司在一年内购买、出售重大资产或者担保金额超过公司资产总额一定比例，[②] 继续购买、出售重大资产或提供担保或会严重影响公司正常经营秩序，从而给非参与公司经营的公众股东的利益造成重大不利影响。在此情形下通过法律规定控制董事会的权力应是必要的。因此，若股东（大）会或章程将此事项概括性授权董事会行使，亦应无效。

第三，就公司公开发行新股、改变公开发行股票所募集资金的用途进行表决的职权。

上述职权规定的法律渊源是《证券法》第13条和第14条。基于与上述“上市公司在一年内购买、出售重大资产或者担保金额超过公司资产总额百分之三十的，需股东大会决议”相同的理由，若股东大会或章程将上述事项概括性授权董事会行使，该授权无效。

第四，特定情况下限制股东行使表决权进行表决的职权。

股东参与公司经营管理的法定模式就是通过表决权来表达意思，所

---

① ［美］阿道夫·A. 伯利、加德纳·C. 米恩斯：《现代公司与私有财产》，甘华鸣、罗锐韧、蔡如海译，商务印书馆2005年版，第230页。

② 至于何种比例合适，应是各国依本国国情而规定的，在此不作讨论。依我国《公司法》，该比例是30%。

以，表决权是股东参与公司经营管理的核心权利。股东享有的许多权利，如选举权、通过和修改公司章程的权利、变更注册资本的权利都包含在表决权之中。“依照股东行使股权是单纯为自己还是兼顾公司、其他股东，股东权利分为自益权与共益权。……共益权主要体现为股东参与公司经营管理权，表决权就属于共益权。以股权可否受到法律之外的剥夺或者限制为标准，股权可以分为固有权和非固有权。固有权是指股东依法享有而不得以公司章程或者公司决议予以剥夺的权利。反之就是非固有权。……如何界定二者的具体范围，通说认为应依公司的本质及法律规定而定。一般而言，共益权多属固有权，自益权多属非固有权。”[①] 因此，除非公司章程中有明确规定，限制股东行使表决权的职权在任何情况下都应由股东（大）会行使，否则就违反了《公司法》关于股权平等的规定。前述广东省深圳市中级人民法院（2016）粤03民终13834号民事判决书亦认为股东的“合法权利受法律保护，除非股东自愿放弃，否则非经严格法律程序不得剥夺或限制”。

第五，就关联担保进行表决的职权。

上述职权规定的法律渊源是《公司法》第16条。为保障资本充实和公司股东利益，许多国家和地区的立法对公司为他人提供担保采取了禁止或者限制的做法。[②] 在关联担保的情况下，因相关股东依法应当回避，根据最高人民法院“在法律规定如此明确的情况下，未审查股东会或者股东大会决议就签订担保合同的相对人应当认定为恶意相对人”[③]的观点，以及若允许股东（大）会或章程将上述事项概括性授权董事会行使，则必然导致回避表决的法律规定形同虚设，故笔者认为，股东（大）会依法无权就关联担保进行表决的职权概括性授权董事会行使。

第六，就《公司法》第37条列举的第1项、第5项、第6项、第8

---

① 最高人民法院民事审判第二庭编著：《〈全国法院民商事审判工作会议纪要〉理解与适用》，人民法院出版社2019年版，第129～132页。

② 最高人民法院民事审判第二庭编著：《〈全国法院民商事审判工作会议纪要〉理解与适用》，人民法院出版社2019年版，第178～179页。

③ 最高人民法院民事审判第二庭编著：《〈全国法院民商事审判工作会议纪要〉理解与适用》，人民法院出版社2019年版，第186页。

项、第11项进行表决的职权。①

前述已经分析了股东会或章程就第37条列举的第2项、第4项、第7项、第9项、第10项职权概括性授权董事会行使的，相关决议应属无效，故此处我们仅需讨论该条列举的股东会享有的第1项、第5项、第6项、第8项、第11项职权。

就第1项而言，《公司法》规定股东会有权“决定公司的经营方针和投资计划”，董事会有权“决定公司的经营计划和投资方案”。该两项职权从字面上较易分辨，即股东会拥有框架决策权，董事会拥有框架下的执行权和细部决策权。然而在具体执行时，两项职权字面上的差异并无实际意义，更具可执行性的是通过股东会决议或章程对董事会行使职权的边界进行限制。故若股东会或章程将此项职权概括性授权董事会行使，应在个案下进行分析判定。

就第5项和第6项而言，股东会将“审议批准公司的年度财务预算方案、决算方案、利润分配方案和弥补亏损方案”职权授权董事会行使的，往往都是中型以上规模的公司。此类公司股东人数较多、股权分散，绝大部分股东都是财务投资人，对行使公司日常经营决策权并不积极，召集股东会不便且成本巨大，并且“被动性财产权利必定要服从于社会的更大利益。……如果公司制度要存在下去的话，这看上去几乎确实是实质性的——对大型公司的‘控制’应该发展成为纯粹中立的技术统治，去平衡社会中不同集团的各种要求，以公共政策而不是以个人私利为基础，将公司的收入分配给每个集团”②。因此，笔者认为，若股东会或章程将此类职权概括性授权董事会行使，原则上应是有效的。依此分析，本文开篇所举的甲公司股东会作出拟将审议批准利润分配方

① 2013年，中华全国律师协会发布的《中华全国律师协会律师承办公司治理业务操作指引》第10.2条、第13.2.3条认为，承办律师应将《公司法》第38条（现第37条）理解为强制性法律规范。但笔者认为，该项指引并非规范性法律文件，故不能援引此作为结论和依据。

② ［美］阿道夫·A. 伯利、加德纳·C. 米恩斯：《现代公司与私有财产》，甘华鸣、罗锐韧、蔡如海译，商务印书馆2005年版，第361~362页。

案的职权授权董事会行使的决议，应属有效。[①]

就第 8 项而言，债券发行是公司以借贷资金为目的，依照法律规定的程序向投资人要约发行代表一定债权和兑付条件的有价凭证的法律行为。通过发行债券的方式募集资金与通过银行借款募集资金在本质上并无不同，且按照《证券法》第 16 条规定，申请公开发行债券无须提交股东（大）会决议。因此，若股东（大）会或章程将对发行债券进行表决的职权概括性授权董事会行使，应属有效。

就第 11 项而言，依“法无禁止即可为”的法谚，若股东（大）会决议或章程将法律列举的股东（大）会职权之外的其他公司决策权概括性授权董事会行使，应属有效。

四、概括授权的撤销以及相应的法律后果

股东（大）会对董事会概括授权后，其既定意志可能发生变更，其对董事会所作决议亦可能表示反对，因而引发的便是概括授权的撤销以及相应的法律后果。

就概括授权的撤销而言，股东（大）会基于其权力机关的地位以及授权机关的身份，自然可以依其自身意志撤销授权。争议问题在于，董事会在授权期间所作决议是否应予或能够继续执行。换言之，若股东（大）会因反对授权期间董事会决议内容而另作出股东（大）会决议或通过修改公司章程变更、推翻原已生效之董事会决议[②]，此份股东（大）会决议效力如何，被变更、推翻之董事会决议效力如何，在公司

---

① 审判实务中对此类案件的裁判并不一致。就本篇开头的（2013）沪一中民四（商）终字第 822 号案件而言，一审、二审法院对此问题就作出了不同的裁判。亦有人提出股东会将“审议批准年度财务预算方案、决算方案、利润分配方案和弥补亏损方案”职权授权董事会行使与《上市公司治理准则》《证券公司治理准则》中“授权内容应当明确具体”的规定相冲突。笔者认为，不能以该项规定否定此类授权的合法性：一是上述规范性文件使用的“明确具体”并非法律术语，对其内涵和外延的理解因人而异，不具备可操作性；二是上述规范性文件的上位法是《公司法》，故其中的任何条款都应且仅应在《公司法》框架范围内解释，创设或增设规则不是该类规范性文件的任务和权力。

② 此处的董事会决议仅指在概括性授权的职权范围内作出的、会议召集表决程序不存在瑕疵的董事会决议。

内部董事会应执行哪一份决议。在本文开篇所举的丙公司的案例就是此种职权冲突的一个典型案例。

第一种观点认为，若董事会获得概括授权系通过公司章程，则概括授权的撤销只能通过修改章程变更或推翻；若董事会获得概括授权系通过股东（大）会决议，则概括授权的撤销可通过修改章程或达成新的股东（大）会决议变更或推翻。

第二种观点认为，无论董事会获得概括授权系通过公司章程还是通过股东（大）会决议，在符合法定程序的情况下，均可以新的股东（大）会决议的形式变更或推翻。其理由是，在符合法定程序的情况下，新的股东（大）会决议可视为以决议的形式临时修改了公司章程（出于效率的考虑，没有走修改公司章程—推翻董事会决议—要求董事会执行的流程），董事会应执行新的股东（大）会决议。

第三种观点认为，在董事会决议合法有效的情况下，股东（大）会无权予以变更或撤销。如果出现作出决议时的背景发生重大情势变更，股东（大）会应要求董事会终止相关董事会决议的执行，也可以股东（大）会决议的方式终止相关董事会决议的执行。但终止执行与撤销不同，终止执行并不改变原董事会决议的效力和依董事会决议作出的行为的效力。

第四种观点认为，从分权制衡体制出发，股东（大）会不得干涉董事会职权的行使。因此，对于已经生效的董事会决议，股东（大）会无权予以撤销或终止执行，而只能通过《公司法》规定的其他途径予以救济。其理由是：首先，根据“不溯及既往”的基本原则，即便股东（大）会在事后修改了公司章程或作出新的股东（大）会决议，该修改后的章程或新的决议亦只能约束在此之后的董事会的行为，并不能影响之前董事会决议的效力。其次，对董事会决议损害股东利益的情况，《公司法》已经规定了救济权，包括建议或质询权、诉权①等。

笔者认为，第三种观点较为合理，但终止相关董事会决议执行的股

① 有关股东诉权的基本规定参见《公司法》第22条、第152条等。

东（大）会决议的表决通过应采取较为严格的条件。首先，该种观点肯定了董事会决议的效力，这就同时肯定了原依董事会决议作出的行为的效力，有利于保持市场行为的稳定性并符合民事法律行为的追溯力原则。其次，正如上述第二种观点所言，无论董事会获得概括授权系通过公司章程还是通过股东（大）会决议，在符合法定程序的情况下，理论上均应可通过新的股东（大）会决议的形式变更。最后，若股东（大）会能形成新的决议，则利用新的决议终止原董事会决议的执行符合效率原则；《公司法》规定的救济权是赋予股东个人的，在部分股东对董事会决议持异议而又未能达成新的股东（大）会决议的情况下，第三种观点仍然有适用空间。

那么，在允许以股东（大）会决议的方式终止原董事会决议执行的情况下，通过终止原董事会决议执行的股东（大）会决议所需的表决比例应如何确定？笔者认为一项基本原则，应是通过终止原董事会决议执行的股东（大）会决议所需的表决比例不应低于原股东（大）会将此项职权概括授权董事会行使时的表决比例。换言之，撤销概括性授权仅需依法定比例通过决议或章程修正案即可，但终止原根据概括授权作出的董事会决议的执行则需要较为严格的条件，这样才能在尊重股东（大）会权力机关地位的同时，尽可能维护市场交易的稳定性并使公司行为具有可预测性。

（本文仅代表作者个人观点。特约编辑：陈立淳）

浅析我国药品试验数据法律保护制度

孙　喜[*]　吴小旭[**]

药品试验数据法律保护制度和药品专利链接制度是关于药品知识产权保护的两项重要制度。2020 年 10 月 17 日第四次修正的《专利法》已经于 2021 年 6 月 1 日起实施，作为《专利法》修改的最重要制度，药品专利链接制度开始实行。虽然我国在加入《与贸易有关的知识产权协定》（以下简称 TRIPS 协定）后就规定了药品试验数据保护制度，但相关配套规章制度一直没有正式出台，该制度在实施层面至今没有得到真正落实。本文拟通过分析药品试验数据保护的利益平衡，介绍全球主要药品市场的制度实践以及我国药品试验数据保护制度的立法历程，提出关于我国药品试验数据保护制度的完善建议，以期药品试验数据保护制度能发挥良好的社会效益。

一、药品试验数据保护的利益平衡

药品作为事关人身健康和生命安全的特殊商品，世界各国均对其上市销售设置了严格的审批程序。制药企业只有提供能够充分证明药品有效性、安全性的临床试验数据，才能获准上市销售。

新药研发是一项投资巨大、耗时较长、风险很高的商业活动。除了存在很高的失败风险外，一项新药从研发立项到最终批准上市通常需要

* 北京市中伦律师事务所合伙人。
** 北京市中伦律师事务所律师。

10年至15年，投入几亿美元甚至十几亿美元。[①] 因此，如果对原研药企业付出巨大代价取得的药品试验数据不加以保护，尤其是对那些无法获得专利保护，或者药品批准上市后专利保护期已届满或者即将届满的原研药而言，仿制药企业可以使用原研药企业的试验数据申请仿制药上市，继而快速进入市场与原研药进行低价竞争，将导致原研药企业无法及时收回投资。这削弱了原研药企业的研发积极性，影响原研药企业的持续研发投入，最终影响药品的可及性。相反，如果不允许仿制药企业就原研药企业的试验数据提出仿制药上市申请，仿制药企业就必须进行投资巨大、耗时较长的临床试验（通常临床试验的投入约占整个研发投入的50%以上），[②] 重复投资导致社会资源浪费，严重阻碍仿制药的上市、普及，最终高价原研药长期占据市场，同样也会影响药品的可及性。

因此，药品试验数据保护不仅事关原研药企业的利益，同时也事关仿制药企业的利益以及整个社会的公共利益。关于药品试验数据保护及其模式选择，应充分考虑各国医药产业的发展水平和药品研发现状，充分平衡原研药企业利益、仿制药企业利益以及社会公共利益，最终实现药品的可及性，保障公共卫生安全。

二、域外药品试验数据法律保护制度

国际条约及不同国家对药品试验数据规定了不同的法律保护制度。

（一）TRIPS协定

药品试验数据保护制度起源于医药产业较为发达的美国。1984年，美国通过《药品价格竞争和专利期补偿法》（Hatch－Waxman法案）[③] 确立了针对药品试验数据的独占保护制度。之后，为维护本国制药企业

---

① 参见张丽英、段佳葆：《TRIPS协定下药品试验数据保护的例外与我国的立法选择》，载《中国食品药品监管》2021年第1期。

② 参见褚童：《TRIPS协定下药品试验数据保护的政府义务》，载《行政与法》2013年第6期。

③ 载全国法规网，http://policy.mofcom.gov.cn/page/nation/USA.html，最后访问日期：2021年4月23日。

利益，美国极力向其他国家推行该制度。作为国际条约，TRIPS 协定最早引入了药品试验数据保护制度。

在 TRIPS 协定谈判过程中，美国等发达国家和发展中国家就药品试验数据应当采取何种保护方式发生了很大争议，而最终的协议版本第 39. 3 条规定了对药品试验数据禁止“披露”和“不正当的商业使用”，并没有明确规定“独占保护期”。① 尽管如此，各方对第 39. 3 条规定的数据保护方式仍存在理解和适用上的差异。这集中体现在药监部门使用或者参考原研药企业提交的试验数据批准仿制药的上市申请是否属于“不正当的商业使用”。该争议也反映了目前全球主要药品市场对药品试验数据采用的两种不同保护模式：一种是商业秘密保护模式；另一种是独占保护模式。②

对于商业秘密保护模式，通常认为这是最符合 TRIPS 协定第 39. 3 条本意的最低保护水平的保护模式，即药监部门对原研药企业提交的试验数据负有保密义务，禁止仿制药企业通过欺诈、违约等非法手段获取试验数据并用于仿制药上市申请，但不限制仿制药企业通过生物等效性试验提出仿制药上市申请，药监部门可以使用或者参考原研药企业提交的试验数据批准仿制药上市申请。大多数发展中国家采用的是这种模式。

对于独占保护模式而言，药监部门除了对原研药企业提交的试验数据负有保密义务外，在原研药批准上市后一定期限内，对于制药企业不是基于自行取得的试验数据或者经原研药企业同意提出的仿制药上市申请不会受理和批准。该模式主要为美国、欧盟等发达国家和地区所采用。

---

① TRIPS 协定第 39. 3 条规定，各成员如要求，作为批准销售使用新型化学个体制造的药品或农业化学物质产品的条件，需提交通过巨大努力取得的、未披露的试验数据或其他数据，则应保护该数据，以防止不正当的商业使用。此外，各成员应保护这些数据不被披露，除非属为保护公众所必需，或除非采取措施以保证该数据不被用在不正当的商业使用中。

② 参见梁志文：《论 TRIPS 协议第 39. 3 条之数据保护》，载《法治研究》2014 年第 2 期。

（二）美国

美国是最早对药品试验数据进行独占保护的国家。在 Hatch – Waxman 法案出台前，无论是新药上市申请（NDA）还是仿制药上市申请（ANDA），均必须向食品药品监督管理局（FDA）提交临床试验数据。而根据 Hatch – Waxman 法案，仿制药企业在申请仿制药上市时无须提交证明药品安全性和有效性的试验数据，只需要提交证明仿制药与原研药具有生物等效性的数据。但在原研药批准上市后的一定期限内，FDA 不会受理（或者批准）仿制药上市申请。

美国采用的保护方式可以归纳为以“不披露”“不依赖”“不受理”“不批准”为原则。“不披露”和“不依赖”是指药品试验数据获得保护之后，食品药品监督管理局不得违规披露试验数据，也不能依赖该试验数据进行仿制药审批。“不受理”是指某些情况下，食品药品监督管理局不接受仿制药上市申请；“不批准”是指某些情况下，食品药品监督管理局接受仿制药上市申请，但只有等保护期届满后才会批准上市。

美国对不同类型药品给予了不同的保护期限，具体的保护方式也有所不同。比如，含有新化学成分的新药试验数据保护期限为 5 年，在此期间内食品药品监督管理局不受理仿制药上市申请；对于非新化学成分的新药试验数据保护期限为 3 年，在此期间内食品药品监督管理局受理但不批准仿制药上市申请。

（三）欧盟

欧盟目前采用的同样是独占保护模式。87/21/EEC 号指令首次规定了药品试验数据的独占保护制度。2001/83/EC 号指令列明了提出药品上市申请需要提交的数据资料，包括能够证明药品安全有效的试验数据，如药理学试验、毒性试验等临床前和临床试验数据等。若进行仿制药上市申请，则无须提交完整的临床前和临床试验数据。

根据2004/27/EC号指令[①]，欧盟目前对新药采取"8+2+1"的保护模式。具体而言，新药自获准上市之日起10年内受数据独占保护。在新药获准上市的前8年，药监部门不受理仿制药上市申请。在新药获准上市满8年后，药监部门可以受理仿制药上市申请，但在保护期届满前不批准仿制药上市。在8年"不受理"期间提出某些新适应证，则延长1年保护期。

（四）日本

与美国、欧盟不同，日本是通过药品再审查机制发挥保护药品试验数据的作用。1979年修订的《药事法》规定了药品上市后的再审查制度。再审查制度是指新药在获得上市批准后的规定期限内，新药企业需要提交药品使用过程中的临床数据，供药监部门对新药在使用过程中的安全性和有效性进行审核。

根据《药事法》的规定，药品数据保护制度的运行操作与再审查制度同步，再审查期即药品试验数据保护期。[②] 在保护期内，药监部门不会再受理仿制药上市申请。当试验数据保护期结束后，只需要审查仿制药是否与新药具有生物等效性即可。

日本对不同类型药品均给予了较长的保护期限。比如，含新化学成分药品的保护期为8年，新医疗用配合剂或者新给药途径药物的保护期为6年，罕见病用药的保护期为10年，新适应证、新剂量药物则有4年至6年的保护期。

（五）加拿大

加拿大主要通过《食品与药品条例》及相关修订案来规范国内的药品试验数据保护。《食品与药品条例修订案》明确规定药监部门在数据独占期间不得审批任何后续仿制药上市申请。目前，仅创新药品能够

① Article 10，2004/27/EC.

② See IFPMA，Data Exclusivity：Encouraging Development of New Medicines.

获得独占保护期，具有新适应证、新剂型的药品补充申请无法获得保护。创新药品的独占保护期为8年，并且采用的是“6+2”的保护模式，在独占保护期的前6年，仿制药企业不得提出上市申请，6年期满后可申请仿制药上市，但药监部门在保护期届满后方可批准仿制药上市。另外，创新药品如能够证明对儿童有治疗效果，则可以额外获得6个月的保护期。

三、我国药品试验数据法律保护制度的立法历程

为履行2001年加入世界贸易组织的承诺和满足TRIPS协定第39.3条的要求，2002年国务院发布并实施的《药品管理法实施条例》（已失效）第35条首次规定了药品试验数据保护制度：“国家对获得生产或者销售含有新型化学成分药品许可的生产者或者销售者提交的自行取得且未披露的试验数据和其他数据实施保护，任何人不得对该未披露的试验数据和其他数据进行不正当的商业利用。自药品生产者或者销售者获得生产、销售新型化学成分药品的许可证明文件之日起6年内，对其他申请人未经已获得许可的申请人同意，使用前款数据申请生产、销售新型化学成分药品许可的，药品监督管理部门不予许可；但是，其他申请人提交自行取得数据的除外。除下列情形外，药品监督管理部门不得披露本条第一款规定的数据：（一）公共利益需要；（二）已采取措施确保该类数据不会被不正当地进行商业利用。”

此后，2007年原国家食品药品监督管理局公布的《药品注册管理办法》（已失效）第20条重申了上述规定，2019年修订的《药品管理法实施条例》延续了上述规定。

2017年5月，原国家食品药品监督管理总局发布了《关于鼓励药品医疗器械创新保护创新者权益的相关政策（征求意见稿）》，向社会公众征求意见。该文件强调要完善药品试验数据保护制度，针对不同药品给予了不同的数据保护期。

2017年10月，中共中央办公厅、国务院办公厅联合印发了《关于深化审评审批制度改革鼓励药品医疗器械创新的意见》（以下简称“两

办”意见)。“两办”意见强调要完善和落实药品试验数据保护制度。2018年4月，为落实“两办”意见，国家药品监督管理局办公室发布了《药品试验数据保护实施办法（暂行）（征求意见稿)》（以下简称《实施办法》)，向社会公开征求意见。《实施办法》系统性地规定了药品试验数据保护制度。

2020年2月，中国和美国签署的中美第一阶段经贸协议第一章第三节“药品相关的知识产权”的前序部分强调应对试验数据提供有效保护和执法。

通过对我国药品试验数据保护制度的立法状况进行简单梳理，可以发现，在立法层面我国从一开始就对药品试验数据采取了独占保护的模式，超出了TRIPS协定规定的最低标准，但这与我国当时的医药产业发展水平并不相符。也正因如此，该制度此前在实施层面并没有得到有效落实。近年来，随着我国医药产业的快速发展、医药创新改革的不断深化，我国医药企业的创新能力不断增强，加强药品知识产权保护、鼓励医药创新的呼声也越来越强烈，落实药品试验数据保护制度有紧迫的现实之需，有赖相关法律法规的进一步细化与完善。

我国与全球其他国家主要药品市场的药品数据保护期及保护方式对比如表1所示。

表1　我国与全球其他国家主要药品市场的药品数据保护期及保护方式对比

内容	中国	美国	欧盟	日本	加拿大
新化学成分药品（创新药)	6年“不批准”	5年“不受理”（例外：4年“不受理”+1年“不批准”)	10年：8年“不受理”+2年“不批准”（在8年“不受理”期间提出某些新适应证，则延长1年保护期)	8年“不受理”	8年：6年“不受理”+2年“不批准”

续表

内容	中国	美国	欧盟	日本	加拿大
非新化学成分的新药（改良型新药）	—	3年“不批准”	—	—	—
新医疗用配合剂、新给药途径药物：6年“不受理”	—	—	—	—	—
新适应证、新剂量药物：4年至6年“不受理”	—	—	—	—	—
罕见病治疗用药（孤儿药）	6年“不批准”	7年“不受理”	10年“不受理”	10年“不受理”	—
儿童药	6年“不批准”	在原药品保护期基础上+6个月（保护期间“不受理”）	10年“不受理”（在8年“不受理”期间提出新适应证，则延长1年保护期）	—	在原药品保护期基础上+6个月
创新生物药	12年“不批准”	12年：4年“不受理”+8年“不批准”	—	—	—
专利挑战成功的药品	1.5年“不批准”①	—	—	—	—

① 《实施办法》并未规定，仅在《关于鼓励药品医疗器械创新保护创新者权益的相关政策（征求意见稿）》中有相关规定。

四、《实施办法》解读及完善建议

《实施办法》共 21 条，从保护对象、保护期限、保护方式、申请流程、异议机制、防止权利滥用等方面系统地规定了药品试验数据保护制度。

（一）保护对象

《实施办法》第 3 条规定的受数据保护的药品包括五类，即创新药、创新治疗用生物制品、罕见病治疗药品、儿童专用药及专利挑战成功的药品。

其中的创新药和创新治疗用生物制品，不包括改良型新药和改良型生物制品。《实施办法》并不像其他多数国家同时对改良型新药进行数据保护，出于鼓励创新的目的，笔者建议对改良型新药也给予一定期限的数据保护。另外，关于"新"的理解，目前存在一定争议。2019 年修订的《药品管理法实施条例》第 77 条规定的标准是"未曾在中国境内上市销售"（"中国新"），而国家药品监督管理局发布的《关于发布化学药品注册分类及申报资料要求的通告》（国家药品监督管理局通告 2020 年第 44 号）规定的标准是"境内外均未上市"（"全球新"）。结合《实施办法》第 5 条的规定，[①] 笔者认为，这里的"新"是指"中国新"。

其中的专利挑战成功的药品，应当是指仿制药。但仿制药在申请上市时通常不会提交自行获得的用来证明药品安全性、有效性的非临床和临床试验数据，仅提交有关生物等效性的试验数据，因此即便专利挑战成功，似乎也并没有第 4 条规定的试验数据保护。第 4 条规定的受保护的数据范围仅包括与药品有效性相关的试验数据。或许只能理解为主要是针对那些基于自行取得的证明药品安全性、有效性的试验数据提出上

① 《实施办法》第 5 条第 1 款规定："对在中国境内获批上市的创新药给予 6 年数据保护期，创新治疗用生物制品给予 12 年数据保护期。"

市申请的仿制药，对于此类申请，因为不受原研药数据保护期的约束，只要专利挑战成功，就可以获准上市。但是这样一来，对于同种药品，就会同时存在原研药和仿制药两个数据保护期。目前，全球其他主要药品市场尚没有对专利挑战成功的仿制药进行数据保护的先例。另外，《实施办法》没有规定专利挑战成功的药品的数据保护期。如果是根据《关于鼓励药品医疗器械创新保护创新者权益的相关政策（征求意见稿）》，专利挑战成功的仿制药的数据保护期是1.5年。因此，专利挑战成功的仿制药不仅会获得12个月的首仿期，还将同时获得1.5年的数据独占保护期，相当于首仿期延长了6个月。

（二）受保护的数据范围

《实施办法》第4条规定，受保护的数据范围包括与药品有效性相关的非临床和临床试验数据，但不包括与药品安全性相关的数据。该条规定仅保护与药品有效性相关的试验数据、不保护与药品安全性相关的试验数据，与目前全球其他主要药品市场的做法有所不同。笔者推测，这可能主要是出于公共健康的考虑。因为就药品试验数据而言，与药品有效性相关的试验数据通常更可靠，而与药品安全性相关的数据更事关公共健康，需要大量的临床检验，而原研药企业在申请上市时未必会向药监部门提交反映药品安全性的全部试验数据。如果药监部门将申请人提交的与药品安全性相关的试验数据加以披露，能够增强药品审评程序的透明度，保障社会公众的知情权，同时使第三方独立审评成为可能，从而有助于提高药品的安全性和公共卫生安全。

（三）保护方式

根据《实施办法》第8条的规定，我国采用的是“不批准”而不是“不受理”的保护方式。但无论是“不批准”还是“不受理”，这与全球其他主要药品市场的做法也有所不同。如表1所示，美国对不同类型的药品采取了不同的保护方式，对亟待发展的孤儿药、儿童药采取了“不受理”的保护方式，对创新药和创新生物药采取了“不受理”及

“不受理＋不批准”的保护方式，对改良型新药则仅采取了“不批准”的保护方式，其目的是更好地平衡权利人、仿制药企业和公众的利益。因此，《实施办法》第 8 条“一刀切”规定的单一保护方式值得商榷，笔者建议参考其他国家的做法，针对不同类型的药品采取不同的保护方式。

（四）保护期内同品种药品上市申请的机制

根据《实施办法》第 14 条第 1 款的规定，在数据保护期内，仿制药企业仍可以通过以下两种方式申请同品种药品上市：（1）基于自行取得的试验数据；（2）获得数据保护权利人的同意。同时，数据保护权利人有提出异议的权利，第 14 条和第 15 条规定了相应的纠纷解决机制。

针对仿制药企业声明是自行取得的试验数据的情形，该异议机制的设立与《实施办法》第 17 条规定的数据保护权利人的主动披露义务有关。通常情形下，如果数据保护权利人不主动披露在申请新药上市时提交的试验数据，且药监部门也承担了不披露义务，那么仿制药企业很难取得数据保护权利人的试验数据。在此情形下，仿制药企业提交的试验数据确实是其自行进行临床试验取得的真实数据，当然也不排除存在在自行取得的试验数据基础上进行篡改、伪造的情况，但不太可能是数据保护权利人的试验数据。而只有在数据保护权利人公开了试验数据的情况下，仿制药企业才有可能将数据保护权利人的试验数据作为或者稍做修改后作为自己的试验数据申请药品上市。

但是，《实施办法》第 14 条第 2 款规定，在国家药品监督管理部门（以下简称药监部门）受理仿制药上市申请之日起 30 天内通知数据保护权利人后，只要数据保护权利人在 30 天内没有提出异议或逾期提出异议，即视为数据保护权利人认可仿制药企业的自行取得数据声明。笔者认为，该条有待商榷。因为，如上文所述，并不能排除仿制药企业提交的试验数据是在自行取得的试验数据基础上篡改、伪造的，在这种情况下，让数据保护权利人提出异议并给予证明较为困难。而且，从该款也看不出视为认可所述自行取得数据声明的法律后果，看不出药监部门后续是否还会对仿制药企业提交的试验数据的真实性进行核查。笔者建议补充规定，即便在数据保护权利人没有提出异议的情况下，药监部门也应当根据《实施办法》第14条第3款的规定，对仿制药企业提交的试验数据的真实性进行核查。

（五）数据保护权利人的主动披露义务

根据《实施办法》第17条的规定，数据保护权利人应在取得权利后主动披露被保护的数据，目的是防止权利滥用。数据保护权利人的主动披露义务在TRIPS协定中并未明确规定。根据TRIPS协定第39.3条的规定，药监部门只有在为保护公众所必需或已采取措施保证该数据不会被不正当的商业使用的情况下，才可以披露有关试验数据，并没有规定数据保护权利人有主动披露数据的义务。同时，全球其他主要药品市场对药品试验数据的披露问题也持谨慎态度。当然，按照美国在TRIPS协定谈判时提出的观点，给予试验数据以独占保护，即可以确保所述数据不会被不正当的商业使用。这就意味着，只要对试验数据给予独占保护，即满足了“药监部门已采取措施保证该数据不会被不正当的商业使用”这一条件。在这种情况下，药监部门披露所述试验数据实际上并不违反TRIPS协定的规定。从实践来看，在独占保护模式下，有越来越多的观点支持披露药品试验数据。原因正如前文所述，药品试验数据虽然具有明显的私人财产属性，但同时也有社会属性，事关公共健康。如果药监部门能将上市申请人提交的试验数据加以披露，可以增强药品审评程序的透明度，保障社会公众的知情权，同时使第三方独立审评成为可能，从而提高药品的安全性和公共卫生安全。

笔者认为，在《实施办法》第4条已经将受保护的数据范围限于与药品有效性相关的试验数据的情况下，还规定数据保护权利人的主动披露义务，其作用和意义可能值得商榷。即便出于公共卫生安全的考虑以及基于“公开换保护”的原理，也建议先采取部分披露、适度披露的方式。[①] 这样既能保证数据保护权利人的试验数据不会因全部公开而被不正当商业利用的风险增加，也能够为社会公众提供独立审评药品有效性的客观条件。

（六）增设与药品专利链接制度衔接的条款

药品试验数据保护制度和药品专利链接制度虽然是相互独立的两种制度，但在实施过程中会相互产生干扰，有必要在制度层面设置相应的衔接机制。

一方面，专利链接制度运作的前提是仿制药上市申请被药监部门受理，因数据保护期的具体保护方式不同（包括“不受理”“不批准”或者“不受理+不批准”），可能会造成专利链接制度的运作“延迟”。比如，美国创新药的数据保护期为5年，在原研药获准上市5年内，药监部门不会受理仿制药上市申请（“不受理”），如果仿制药要发起专利挑战，采用的则是“4+1”的保护方式（“不受理+不批准”），即仿制药企业只能在原研药获准上市4年后才能申请仿制药上市，发起专利挑战。如前所述，如果《实施办法》第8条规定的是“不批准”的保护方式，由于在数据保护期内药监部门可以受理仿制药上市申请（只是不能批准仿制药上市），因而并不会导致专利链接制度的运作“延迟”；但是，如果采用“不受理+不批准”的保护方式，则有必要增设药品试验数据保护和药品专利链接制度的衔接条款。

另一方面，在药监部门受理仿制药上市申请后，如果专利挑战成功，根据《专利法》的有关规定，仿制药就可以取得上市批准；但如果此时仍在数据保护期内，根据《实施办法》第8条的规定，药监部门并不能批准仿制药上市。因此，有必要增设衔接条款，规定只有在数据保护期和专利保护期均届满后，药监部门才能批准仿制药上市。

---

① 参见褚童：《全球公共卫生危机背景下药品试验数据披露的可能与路径》，载《知识产权》2020年第9期。

（七）增设强制许可条款

药品试验数据保护和药品专利保护能够使得原研药获得双重保护。根据《专利法》的有关规定，在专利保护期内，在特定情况下，尤其是在国家出现紧急状态或者非常情况时，或者为了公共利益、公共健康，国家知识产权局可以给予实施某项专利的强制许可。然而，即便仿制药企业获得了专利强制实施许可，如果仍在药品试验数据保护期内，根据《实施办法》第8条的规定，仿制药仍不能被批准上市。虽然《实施办法》第12条规定了药监部门可以根据公共利益需要披露有关试验数据的例外条款，但这并不意味着有关试验数据不再受保护。因此，有必要参考专利强制实施许可的规定，在《实施办法》中增设针对试验数据保护的强制实施许可条款。

五、结语

对药品试验数据进行独占保护，相比于仅作为商业秘密保护，更能推动药品创新发展，是对药品专利保护的有益补充，这在欧美等发达国家已经得到了印证。随着我国医药产业的快速发展，对创新药、创新生物制品、儿童药、罕见病用药等药品给予试验数据独占保护的时机已基本成熟。2018年4月发布的《实施办法》在具体制度设计上与欧美等发达国家相比总体上类似，在局部有一定创新，只需再对其中部分条款适当调整即可。期待具有中国特色的药品试验数据保护制度能够进一步完善。

（本文仅代表作者个人观点。特约编辑：黄细江）

刍议集成电路布图设计专有权的法律保护

王广巍*　冯颢宁**

集成电路的保护是知识产权保护的重要组成部分，但集成电路布图设计的侵权案件却相对鲜见。2021 年 2 月 26 日，最高人民法院知识产权法庭通报了 2020 年技术类知识产权典型案例，其中收录了其受理的首起集成电路布图设计侵权的二审案件，即最高人民法院（2019）最高法知民终 490 号。鉴于此，笔者特结合既往案例，梳理相关法规，以一窥我国集成电路布图设计法律保护制度之概貌。

2001 年 4 月 2 日，国务院发布《集成电路布图设计保护条例》（以下简称《条例》）。同年，国家知识产权局相继发布《集成电路布图设计保护条例实施细则》（以下简称《细则》）和《集成电路布图设计行政执法办法》。经多年实践，国家知识产权局又于 2019 年 4 月发布《集成电路布图设计审查与执法指南（试行）》（以下简称《指南》），对集成电路布图设计的行政审查与执法作出指引。

一、集成电路布图设计专有权的保护条件

根据《条例》第 8 条、第 18 条的规定，集成电路布图设计经国家知识产权局登记后方可受到保护，而国家知识产权局仅对登记申请作形式审查。因此，集成电路布图设计专有权的保护条件可理解为以下两个

* 北京市中伦（上海）律师事务所合伙人，华东政法大学法律硕士。

** 北京市中伦（上海）律师事务所律师。

层次：一为形式条件，即通过形式审查后登记产生专有权的条件；二为实质条件，即登记产生的专有权具有实质效力的条件。①

（一）形式条件：经形式审查后进行登记

1. 积极条件：提交符合法定要求的材料

根据《条例》第16条的规定，申请集成电路布图设计的，申请人应当提交申请表、复制件或者图样；如果该布图设计已投入商业利用的，还应当提交含有该布图设计的集成电路样品。

在《条例》基础上，《细则》第二章对申请材料提出了进一步要求。其中，《细则》要求提交的纸件至少应放大到用该布图设计生产的集成电路的20倍以上；申请人也可同时提交复制件或图样的电子版本，提交电子版本的复制件或者图样的，应当包含该布图设计的全部信息，并注明文件的数据格式；另外，复制件或图样还可以附具简单的文字说明，对布图设计的结构、技术、功能和其他事项加以说明。

2. 消极条件：登记申请未超出法定时限

根据《条例》第17条②的规定，布图设计应当自其在世界任何地方首次商业利用之日起2年内提出登记申请，否则国家知识产权局将不再予以登记，申请人只能通过专利等其他途径寻求保护。如果申请的布图设计通过国家知识产权局形式审查的，布图设计专有权自申请日起生效，且保护期为10年，起算日为登记申请之日或在世界任何地方首次投入商业利用之日。③

---

① 《条例》第8条规定："布图设计专有权经国务院知识产权行政部门登记产生。未经登记的布图设计不受本条例保护。"至于本文所述的实质条件，系对特定的集成电路布图设计在侵权诉讼中能够最终得到的保护条件的归纳。关于集成电路布图设计专有权保护的形式要件和实质要件，最高人民法院（2019）最高法知民终490号民事判决书中也有论述。

② 《条例》第17条规定："布图设计自其在世界任何地方首次商业利用之日起2年内，未向国务院知识产权行政部门提出登记申请的，国务院知识产权行政部门不再予以登记。"

③ 《条例》第12条规定："布图设计专有权的保护期为10年，自布图设计登记申请之日或者在世界任何地方首次投入商业利用之日起计算，以较前日期为准。但是，无论是否登记或者投入商业利用，布图设计自创作完成之日起15年后，不再受本条例保护。"

（二）实质条件：内容公开充分且具备独创性

1. 布图设计的内容公开应当充分

公开充分虽然不是明文要求，但从制度目的、侵权判断的角度可以推知，公开充分系布图设计专有权的实质条件。

一方面，《细则》第 39 条[①]明确规定：布图设计登记公告后，公众有查阅权。这说明设立布图设计专有权制度的目的首先是要促进技术公开，赋予社会公众查阅权，使社会公众通过查阅可以获知布图设计的内容，从而促进集成电路技术的进步与创新。[②]

另一方面，布图设计的侵权判断需要比对被控侵权产品的布图设计与申请登记的布图设计。若申请登记的布图设计的内容公开不够充分，那么侵权判断将失去比对基础，权利人也不可能得到任何保护。例如，有法院就认为，“原告提交的布图设计图样只有两层金属层图样……无法确定包含有源元件在内的各种元件与互连线路的具体内容”，因而不予支持原告诉请。[③]

当然，需要注意的是，公开充分仅意味着公开的程度应明确具体，而不要求公开的范围为全部公开，《细则》第 15 条即允许在申请日前没有投入商业利用的布图设计在申请时可以包含部分保密信息。另外，《细则》第 14 条要求申请人提交的布图设计的复制件或者图样的纸件至少应放大到用该布图设计生产的集成电路的 20 倍以上，这显然是为公开充分而作出的规定。不过，考虑到集成电路的布图设计日益复杂精细，申请者提交的纸件不能仅以规定的 20 倍为限，而应尽量将其申请

① 《细则》第 39 条规定：“布图设计登记公告后，公众可以请求查阅该布图设计登记簿或者请求国家知识产权局提供该登记簿的副本。公众也可以请求查阅该布图设计的复制件或者图样的纸件。本细则第十四条所述的电子版本的复制件或者图样，除侵权诉讼或者行政处理程序需要外，任何人不得查阅或者复制。”

② 参见江苏省高级人民法院（2013）苏知民终字第 0181 号民事判决书。

③ 参见江苏省南京市中级人民法院（2013）宁知民初字第 42 号民事判决书，这一观点也在该案二审和再审程序中获得了江苏省高级人民法院和最高人民法院的支持，分别参见（2013）苏知民终字第 0181 号民事判决书、（2015）民申字第 745 号民事裁定书。

保护的所有独创性部分公开得更充分。

2. 布图设计应当具备独创性

（1）“独”：是创作者的智力劳动成果。“独创性”的“独”，要求布图设计应当是创作者自己的研发成果，而非对他人成果的复制或者抄袭。与《著作权法》相似，《条例》并不排斥独立创作的但雷同的布图设计。对于自己独立创作的布图设计，即便与他人的布图设计碰巧相同，创作者也可自由使用。①

（2）“创”：不是公认的常规设计。“独创性”的“创”，要求创作时，布图设计在布图设计创作者和集成电路制造者中不是“公认的常规设计”。根据《指南》，判断是否为“公认的常规设计”的“布图设计创作者和集成电路制造者”，应当知晓现有常规设计规则和制造工艺，且知晓在受保护的布图设计创作时所有的“公认的常规设计”，类似于《专利法》中的“本领域技术人员”。

二、集成电路布图设计专有权的保护范围

一个集成电路中往往包括成千上万个电路元件和互连线路，不可能其中的所有三维配置都受保护。因此，在侵权比对前，首先应当界定专有权的保护范围，即权利人对于布图设计的哪些三维配置享有专有权，以及专有权的权利边界止于何处。

（一）确定保护范围的既有司法规则

《指南》公布前，并没有明文规定应如何确定专有权保护范围，所以司法实践中法院曾有过不同观点，从其间的差异和变化可见集成电路布图设计法律保护制度的特点。

1. 以登记时提交的复制件、图样或样品确定保护范围

广东省深圳市中级人民法院在一起案件一审中认为：“布图设计专

① 参见《条例》第23条规定：“下列行为可以不经布图设计权利人许可，不向其支付报酬：……（三）对自己独立创作的与他人相同的布图设计进行复制或者将其投入商业利用的。”

有权的保护范围应当以布图设计授权文件所确定的三维配置为准。权利人所提交的布图设计的复制件或者图样，或者提交的集成电路样品均用于确定这种三维配置。”最终，该院调取了涉案集成电路布图设计登记申请时提交的样品，以此作为侵权比对对象。① 可见，该观点认为，布图设计的复制件、图样或者样品，均可单独用来确定专有权的保护范围。

2. 以登记时提交的复制件、图样确定保护范围

江苏省南京市中级人民法院有案例认为：“布图设计的内容应当以提交在国家知识产权局申请文件中并经公告公示的布图设计复制件或者图样确定，布图设计专有权的保护范围也应当以此确定。在复制件或者图样的电子版本、集成电路样品中包含了与复制件或者图样所确定的布图设计时，其一致的布图设计部分也可以用来确定保护范围。”这一意见也得到江苏省高级人民法院及最高人民法院的支持。②

此外，广东省深圳市中级人民法院也认为：“当申请人备案的电子版、芯片样品载体所反映的布图设计与备案的复制件或图样载体所反映的布图设计不同或不完全相同时，应以备案的复制件或图样载体所反映的布图设计作为权利保护范围的依据。”③

该观点认为，备案的布图设计复制件、图样是确定保护范围的根本依据，而复制件或图样的电子版本以及样品等，只有在其包含的布图设计与复制件、图样中的一致时，才能辅助确定保护范围。

3. 以芯片生产过程中的掩模版确定保护范围

在产业实践中，集成电路的制造是以布图设计的图样为依据，制备相应的光刻掩模版，再依据光刻掩模版的图样按顺序对基片进行一系列技术处理，制造出符合图样定义的电子元件、连线，并形成电路的。因此，掩模版作为集成电路设计与制造环节的中间产品，在某些案例中被

① 参见广东省深圳市中级人民法院（2012）深中法知民初字第 1120 号民事判决书、广东省高级人民法院（2014）粤高法民三终字第 1231 号民事判决书。

② 参见江苏省南京市中级人民法院（2013）宁知民初字第 42 号民事判决书、江苏省高级人民法院（2013）苏知民终字第 0181 号民事判决书、最高人民法院（2015）民申字第 745 号民事裁定书。

③ 参见广东省深圳市中级人民法院（2012）深中法知民初字第 398 号民事判决书。

作为确定布图设计保护范围的依据。

例如，江苏省南京市中级人民法院在另一起案件一审中认为：“光刻掩模版通过一定技术手段实现了布图设计图样图形的转移，用于制造管芯，其固定了管芯及封装后的集成电路的布图设计。”① 因此，该院调取了用于生产涉案管芯的光刻掩模版作为侵权比对对象。

无独有偶，三年后同样是江苏省南京市中级人民法院的另一案件中，在认可以布图设计复制件或图样确定保护范围的情况下，该院指出“布图设计可以由图样确定并体现，也可以由相应的光刻掩模版体现”②。因此，该观点实质上是在认同以布图设计的复制件、图样确定保护范围的前提下，以光刻掩模版作为图样的载体，进而进行侵权比对。

综上，第一种观点与第二种观点相比明显矛盾，而最高人民法院态度鲜明地支持了第二种观点。理由主要为：首先，复制件或图样是所有布图设计登记时必须提交的材料，但只有申请时已投入商业利用的布图设计才需提交样品；其次，样品虽然是布图设计的载体，但公众无法直接通过样品获悉布图设计的具体内容，若以样品确定保护范围，同样有违“以公开换保护”的机制。③

对于第三种观点，笔者认为，虽然芯片制造过程中，光刻掩模版需重现交付制造的布图设计的图样，但提交登记的复制件、图样与实际制造过程中的图样未必完全一致，这一事实仍需证明或查实；如果不一致，那么第三种观点无疑失之偏颇。例如，权利人的布图设计若未充分公开，而法院径直以光刻掩模版作为比对基础，有为当事人扩大保护范围之嫌；如果是一致的，那么第三种观点实质上即是为便于开展鉴定等调查而对第二种观点进行改良的结果。

（二）《指南》中确定保护范围的规则

在地方法院观点逐渐统一的过程中，国家知识产权局也通过《指

---

① 参见江苏省南京市中级人民法院（2009）宁民三初字第435号民事判决书。

② 参见江苏省南京市中级人民法院（2013）宁知民初字第42号民事判决书。

③ 参见最高人民法院（2015）民申字第785号民事裁定书。

南》对保护范围的确定作出指引：（1）布图设计专有权的保护范围应以在申请文件中提交的且经公告公示的布图设计的复制件或图样确定；（2）如果复制件或图样尚不足以完整、清晰地反映布图设计的内容，那么可以对样品进行反向剖析，在确认与复制件或图样一致的情况下，辅助确认保护范围，这与前述第二种司法观点是一致的；[①]（3）权利人提交申请时，如果对布图设计的独创性进行过具体说明，则相应的说明应视为权利人在具体案件中主张的保护范围。

（三）集成电路布图设计专有权的权利内容

知识产权的本质是禁止权，即禁止他人对某些客体作出某些行为的权利。在《条例》公布前，虽然我国没有集成电路布图设计专有权，但企业均能自由进行集成电路的设计、制造、进口、销售；在《条例》公布后，集成电路布图设计专有权的权利人始得禁止其他企业对特定客体作出特定行为。特定客体及特定行为即是集成电路布图设计专有权的权利内容，包括复制权和商业利用权。

1. 复制权

根据《条例》第 30 条第 1 款的规定，复制受保护的布图设计的全部或者其中任何具有独创性的部分的属于侵权行为，同时，《条例》第 2 条第 4 项明确“复制，是指重复制作布图设计或者含有该布图设计的集成电路的行为”，因此，复制权控制的行为是“重复制作”，客体是“布图设计”或“含有该布图设计的集成电路”。

2. 商业利用权

根据《条例》第 30 条第 1 款第 2 项的规定，“为商业目的进口、销售或者以其他方式提供受保护的布图设计、含有该布图设计的集成电路或者含有该集成电路的物品的”，也属于侵权行为。

可见，商业利用权控制的行为是“为商业目的”而“进口、销售或者以其他方式提供”。所以，如果是为个人目的或为评价、分析、研

① 这一观点在最高人民法院（2019）最高法知民终 490 号民事判决书中再次得到确认。

究、教学等非商业目的的行为，不构成商业利用权侵权。商业利用权控制的客体是“布图设计”“含有该布图设计的集成电路”或“含有该集成电路的物品”。相较于复制权，商业利用权的权利范围显然更大。如果某电器使用了含有受保护的布图设计的集成电路，对电器整体而言，无论受保护的布图设计占电器比例的高低或对电器的重要性多大，该电器也在商业利用权的禁止之列。

三、集成电路布图设计专有权的侵权救济

对于侵权救济而言，权利人可能主要关注侵权救济的途径及侵权判断的比对。

（一）侵权救济的途径：司法和行政并举

根据《条例》第31条的规定，布图设计的侵权纠纷可以选择向法院起诉或请求国家知识产权局处理的方式加以解决。但需注意的是，国家知识产权局仅有权处理布图设计的侵权纠纷，对于权属纠纷等，当事人仍然只能向法院起诉。例如，在国家知识产权局处理的首起集成电路布图设计侵权纠纷中，被控侵权人就对涉案布图设计的权属予以质疑，但因为行政执法委员会无权处理权属争议，所以被控侵权人只能向法院另行起诉。①

（二）侵权比对的对象：具有独创性的部分

侵权比对的最小单位就是专有权保护的最小单位。根据《条例》第30条第1款及《指南》第三部分第二章第2节，即使是经过登记、已产生布图设计专有权的集成电路布图设计，其受保护的部分也仅限于其中具有独创性的部分，这即是专有权保护的最小范围。

具有独创性的部分指的并不是个别元件或连接，而应当是相对独立

① 参见国家知识产权局集成电路布图设计行政执法委员会集侵字（2017）001号行政处罚决定书。

的模块，即具备电子功能的相对独立性、物理边界的模块。例如，触发器、计数器、放大器、振荡器等模块，因其具有完整的电路功能，可认定为独创性区域；但是像晶体管、电容等不能构成独立功能的电路，就不能构成独创性区域。[①]

在布图设计的侵权诉讼中，法院首要确定的往往是独创性，但具备独创性属于无法直接证明的消极事实。因此在司法实践中，如果权利人已申请获得了布图设计专有权，则法院将推定涉案布图设计具有独创性，无独创性的举证责任由被诉侵权人承担。对此，具有代表性的司法观点认为："积极事实的主张者若想否定消极事实主张者的主张，只需简单举出反证即可。如果被诉侵权人不能证明其主张，就要承担对其不利的法律后果。"[②]

（三）侵权判断的规则："接触＋实质性相似＋无免责事由"

与《著作权法》的侵权判断相类似，布图设计专有权的侵权判断也遵循"接触＋实质性相似＋无免责事由"的思路。

1. 有接触可能性

接触可能性的认定，要求被告的布图设计晚于原告，如果被告的布图设计专有权成立在先，即便二者的布图设计完全相同，被诉侵权人也不可能构成侵权。[③]

在此前提下，接触可能性的认定还需要区分涉案的集成电路布图设计是否已经投入商业利用。如果涉案布图设计已投入商业利用，则布图设计在后的被诉侵权人将被推定有接触权利人在先的布图设计的可能性；如果涉案布图设计未投入商业利用，则权利人应当举证，证明被诉侵权人有可能接触到在先未投入商业利用的布图设计，如被诉侵权人曾

① 参见张军、苏会静：《集成电路布图设计独创性探讨》，载《中国知识产权》2019年第3期。

② 参见江苏省高级人民法院（2015）苏知民终字第00114号民事判决书。

③ 相似案情参见广东省深圳市中级人民法院（2009）深中法民三初字第184号民事判决书。

向国家知识产权局申请查阅过该布图设计的纸件等。

2. 实质性相似

因为集成电路布图设计的内容微缩且技术性强，法院在进行实质性相似的比对时，往往需要依靠反向工程等手段进行技术鉴定。司法实践中，技术鉴定一般是为解决如下两个问题：一是是否具有独创性；二是是否构成实质性相似。如前文所述，虽然布图设计独创性作为消极事实应由被诉侵权人举证加以反驳，但因为独创性是实质性相似鉴定的逻辑前提，而且比对前也需要剔除无独创性的内容，所以鉴定机构也多会先鉴定独创性之有无。而鉴定意见虽然是法院查明侵权事实的重要参考，但并非唯一依据。法院会结合鉴定意见查明的技术情况，从法律角度作出是否侵权的判断。

3. 无免责事由

所谓免责事由，即被诉侵权人在各项侵权要件成立后，因为符合特定规定而无须承担全部或部分侵权责任的特殊情形。根据《条例》相关规定，集成电路布图设计专有权侵权常见的免责事由主要有如下三项。

（1）合理使用抗辩。

根据《条例》第23条的规定，有三类情形构成合理使用，可总结为：为个人目的的复制、反向工程再创作、独立创作。

如果为个人目的或单纯为评价、分析、研究、教学等目的而对受保护的布图设计进行复制，行为人将不构成侵权，因为该行为并不受商业利用权的规制。有所区别的是，复制权并未限定行为人的目的要件，为个人目的或单纯为评价、分析、研究、教学等目的的复制行为本应在权利人的控制范围内，行为人只能基于《条例》第23条第1项免除侵权责任。

根据《条例》第23条第2项的规定，在前述评价、分析受保护的布图设计的基础上，创作出具有独创性的布图设计的构成合理使用。这一规定认可行为人在反向工程后再创作行为的合法性。对集成电路行业而言，反向工程至少有两个作用：一是推动技术发展。法律允许的反向工程，是在分析和研究的基础上，创作出更先进的集成电路，反向工程后的简单抄袭不足以构成合理使用，行为人仍应承担侵权责任。二是促进市场竞争。通过反向工程，可以创作出功能性和兼容性相近的产品，推动良性的市场竞争。

而与著作权相类似，独立创作的布图设计即便与他人的相同，仍得以自由复制或商业利用。但被诉侵权人如在侵权诉讼中援引本项合理使用，其应当提供独立创作的相关证据，而不能仅进行简单抗辩。

（2）善意侵权抗辩。

根据《条例》第33条的规定，在获得含有受保护的布图设计的集成电路或含有该集成电路的物品时，不知道也没有合理理由应当知道其中含有非法复制的布图设计，而将其投入商业利用的，不视为侵权。

从该抗辩的举证责任来看，应由原告证明被告的主观状态不属于善意，这是司法案例和《指南》的一致观点。[①] 原因在于，“不知道且没有合理理由应当知道”的主观状态作为消极事实，同样难以自证；此外，原告对这一主观状态的反驳举证却具有现实可能性，例如布图设计的登记公告仅包括相关著录项目信息，并不公开布图设计的具体内容，原告可举示被告曾查阅过涉案布图设计，即可推翻其善意侵权的抗辩主张。当然，如果行为人知悉其产品中含有非法复制的布图设计的，其虽然仍可继续销售，但销售范围仅限于现有存货或此前的订货，而且还应向布图设计权利人支付合理的报酬。

（3）权利用尽抗辩。

类似于《专利法》中的权利用尽原则，根据《条例》第24条的规定，受保护的布图设计、含有布图设计的集成电路及含有集成电路的物品在合法投放市场后，他人可以自由进行商业利用，而不承担侵权责任。

（本文仅代表作者个人观点。特约编辑：姬德华）

① 参见最高人民法院（2016）最高法民申1491号民事裁定书。《指南》第三部分第二章第3.3条的“善意使用抗辩”。

美国司法审查第一案的审判逻辑

——“马伯里诉麦迪逊案”判词还原*

徐　爽**

马伯里诉麦迪逊案，简称马伯里案，作为美国“司法审查第一案”，大概每一位法律人都有所耳闻。该案历经两百多年来无数大法官和法学家的阐释，不断被神化，上升为美国司法史上的传奇；其主审——美国联邦最高法院首席大法官马歇尔（John Marshall）也因此被奉为天神一般的人物。然而，马伯里案所涉事务之微妙、判决意见之晦涩，加之解读者点评时无不将它与司法审查的源头勾连在一起，使得光环下的该案迷雾重重，能读懂该案的人其实少之又少。

本文不讨论马伯里案对司法审查乃至美国宪制形成的意义，只专注于案情与判决意见书本身，先拎清判词的微言，而后方有可能直抵大义的深处。要知道司法的权威不仅取决于结论的宏伟，还有赖于优秀法官的不懈劳作和苦心塑造。

一、案情

时值美国建国早期，第二、三届总统换届期间。第二任总统亚当斯（John Adams）在寻求连任中败北，杰斐逊（Thomas Jefferson）当选第

* 本文为国家社科基金重大项目“中国宪法学文献整理与研究（17ZD125）”阶段性成果。

** 中央民族大学法学院副教授，法学博士。

三任总统。彼时活跃于美国政坛的，是一批为建国立下汗马功劳的国父们。亚当斯和杰斐逊当然也在其中，二人曾经是好友，但因政见和路线相左而分道扬镳，进而在总统竞选中狭路相逢。换届在即，老总统不甘心，新总统不服气。1800 年 12 月，老总统亚当斯利用任期的最后时刻，将其爱将国务卿马歇尔任命为联邦最高法院首席大法官。美国建国初期的三权格局中，法院是“最小危险”因此也最无实权的分支；但联邦最高法院法官经总统提名参议院批准后，可以终身任职。将马歇尔安置在联邦最高法院首席大法官的位置上，大概正是亚当斯吸取败选教训的补救之举。但或许亚当斯和马歇尔本人都没有想到，这一任命将会长久地改变美国的历史。

离老总统亚当斯任期届满的日子一天天近了，当时还在联邦党控制下的国会在最后时刻进行了一通操作，剧情奇怪地转入了对司法权的争夺。此盖因司法不受大选影响。在马歇尔宣誓就任首席大法官后，国会接连于 1801 年 2 月 13 日通过了《司法条例》（*Judiciary Act*）、2 月 27 日通过了《哥伦比亚特区组织法》（*the Organic Act for the District of Columbia*）。前法将巡回法院的数量从 3 个扩充到 6 个，新增 16 名法官；又在华盛顿特区新增 5 个地区法院，配备相应的检察官和联邦执法官。后法在首都周边各县增设 42 名治安法官。这一波密集操作节奏非常紧张，对 42 名治安法官直到老总统亚当斯卸任的当天，即 1801 年 3 月 3 日才予任命。然而，时间实在太仓促，直到当天午夜仍有 17 份委任状（commission）未能从白宫送出，其中就包括对马里兰州的成功商人威廉·马伯里（William Marbury）的委任状。

3 月 4 日，白宫易主，杰斐逊就任。新总统本来就对联邦党人下野前的突击任命十分恼火，办公桌上堆积如山的委任状更是激怒了他。杰斐逊当即指令新国务卿麦迪逊不得送出这 17 份委任状，最好“把它们像垃圾一样处理掉”。不仅如此，新国会在 3 月 8 日迅速通过一部新《司法条例》，以取代 1801 年《司法条例》。为防止马歇尔控制的联邦最高法院的对抗，新国会甚至迫使联邦最高法院关闭了 14 个月之久。

到这里，司法人事安排之战已经白热化了。在第一届华盛顿政府中担任财长的汉密尔顿、亚当斯和马歇尔都是联邦党（Federalist Party）领袖，主张财政司法的精英主义，赞同加强联邦控制。而杰斐逊和他的亲密战友麦迪逊结成了民主共和党（Democratic Republican Party），即今天民主党的前身，重州权，走大众民主路线。

马伯里是忠实的联邦党员。治安法官（Judge of Peace）雅号“太平绅士”，是个任期五年的小法官，审理标的额不超过20美元的小案子。对马伯里来说，当不当这个治安法官本无所谓，但因新总统和国务卿扣押委任状的侮辱性极强，反倒激起了马伯里的荣誉感。法官拿不到委任状，就像是律师没了执照。马伯里苦等半年，彻底失望，最终在1801年12月连同其他四位同样没等来委任状的绅士们将国务卿告上法庭，诉请联邦最高法院对国务卿发执行令，送达委任状，承认任命有效。

难题摆到了首席大法官马歇尔面前。

二、判决

这是一个典型的两难问题：驳回马伯里的诉求、判麦迪逊赢，对马歇尔来说，等于向现任政府投降，既不在理也难接受；判马伯里胜，向麦迪逊颁发执行令，固然可以为联邦党代表的上届政府挽回面子，但很明显，这一纸强制执行令只是具文而已，杰斐逊和麦迪逊政府根本不会理会，令而不行，更有损司法形象。

法庭判决：法院对马伯里提出的权利救济之诉完全支持（这是法治政府）！但依宪法，向国务卿发强制令不在法院职权范围之内（这是宪法至上）。

平心而论，研读过这份判词的读者真的认为这一流芳百世的判词精妙绝伦吗？估计耐着性子从头到尾读完判决意见书的朋友，大多会被其“瞻之在前，忽焉在后”的裁判理由弄得云山雾罩。从专业性及围绕争议焦点展开的角度，这份判决意见书不仅称不上“优秀裁判文书”，恐怕连合格文书都勉强。因为这份判词在陈述案件事实时不厌其烦，甚至为表强调，不惜数度重复；而且，还在陈述事实、展示裁判逻辑以外，用了不少篇幅进行宪法普及教育。由此，大可想见，马歇尔在撰写判词时，心目中设定的读者不仅是本案诉讼之两造，还有官员、大众，甚至我等后世看客。这就可以解释为什么大法官的判词会时不时冒出一些看似游离于案件本身的对联邦宪法的释法说理。果然，这些普法金句早已成为后来者反复援引的宪法原则，试摘录若干（以下楷体部分均为判词原文）：

在宣布什么是国家的最高法时，最先被提及的是宪法而非一般的美国法律，这恰是那些为制定宪法而上下求索之人对法律层级的排序。（宪法至上）

宪法控制任何与它不一致的立法行为。

宪法宣布剥夺公民财产权或者出口的法律不能被通过。

所有那些曾经编制成文宪法的人想把它们制定成这个国家的基本的和永恒的法律，最终每一届政府的理论必须是，与宪法相违背的立法机关的法令是无效的。[①]（成文宪法与其他法律的位阶高低）

如果法庭认为应该尊重宪法，宪法就高于任何立法机关制定的普通法。当两者都能适用于一个案件时，必须适用宪法，而非普通法。[②]（司法审查）

这些对今人来说早已成常识的成文宪法原理，为何大法官要在自己的判决意见书中一再重申？不回到当时的语境，没法看清这一问题。美国宪法脱胎于其母国英国。相对于英国不成文宪法，美国宪法作为近代世界第一部成文宪法可算得上英国宪法的升级版。成文宪法的最大功能，在于区分出其相对于其他法律的最高位阶，而这一区分在英国那里

① 《马伯里诉麦迪逊》，载北京大学法学院司法研究中心编：《宪法的精神》，邓海平等译，中国方正出版社2003年版；另参见王锴所译的《马伯里诉麦迪逊案判决意见书》，译文有所改动。

② 《马伯里诉麦迪逊》，载北京大学法学院司法研究中心编：《宪法的精神》，邓海平等译，中国方正出版社2003年版；另参见王锴所译的《马伯里诉麦迪逊案判决意见书》，译文有所改动。

是完全没有的。[①] 也就是说，成文宪法不光具有“成文”的外壳，其“里子”在于它所具有的根本法地位，这才使得它获得了俯视众法的至尊地位。换言之，成文宪法—根本法—最高法律效力—宪法至上，这一套共生性概念是由美国的宪法实验缔造出来的。大法官撰写判词时，联邦宪法施行不过15年；他要在一切场合不失时机地宣告宪法至上（judicial supremacy）这一经典的宪制原则。

不仅如此，具有“国家的最高法”地位的宪法，还是在普通法司法环境中运行的；这就自然引申出以法官为中心的普通法式的裁判，法官在有宪法与其他法律为法源的情况下，“必须适用宪法”。这是前述宪法原理顺理成章的后续，也是大法官普法宣传至此必然要说的话；而正是这些原理，构成了得出判决结论的基础。

大法官在宣示宪法原理后，继续重申三权的职能，如：

宪法控制任何与它不一致的立法行为。

美国政府曾经强调说，自己是一个法治的政府，而非人治的政府。如果法律对于一项既有权利的违反没有提供任何救济，它就没有资格享有这个尊贵的称号。

司法部门的主要职责是去说明法律是什么。那些应用这个规则于特殊案件的人们，必须要详细说明和解释这个规则。如果两个法律相互冲突，法庭必须决定应该适用哪一个。

这是对立法、行政、司法机关权力边界的清晰界定。

他还阐明了政府与公民的关系：

公民自由权的本质就在于每个人都受法律的保护，无论他在何时受到了损害。政府的首要责任是去给予保护。

大法官所阐释的三权分工，看似重申宪法，实则在敲打国会、揶揄政府，也在表白自己。公民享有基本权利，即意味着法律的保护与救济，没有救济就没有权利。美国政府说自己是法治政府，法治政府就不

① 参见徐爽：《不成文宪法的历史探源及启示》，载周海荣主编：《晟典律师评论》（总第10期），人民法院出版社2018年版。

能随意侵害公民的基本权利（包括被任命担任公职的权利）。现在，法院就要来行使救济公民基本权利的职权。

联邦最高法院的首席大法官为了决定区区一纸执行令该发还是不发，竟然不惜转山转水兜到成文宪法和三权职能上去。为什么？因为本案的判决本质上关系到法院与政府的关系。而涉及司法权与行政权的关系，除了宪法还有什么法律能够罩得住?!

接下来，总算说回案情。本案中谁对谁错，马歇尔一点儿没含糊；不仅不含糊，还要再三强调，联邦党人政府的任命是合法有效的，对马伯里的诉求进行救济是应当且必需的。

亚当斯先生，美国前任总统，向参议院提名原告担任哥伦比亚特区的治安法官，已征求参议院的意见和同意。参议院接受和同意了该项任命。前任总统以正确的形式签署了该项任命法官的委任状，前任国务卿也以正确的形式在委任状上加盖了合众国的印章。原告曾经请求麦迪逊先生送达他们的上述委任状，但是被他拒绝了。上述委任状确实为他们所拥有。原告曾经在他的官邸，请求合众国现任国务卿麦迪逊先生，解释上述委任状是否被签署和封印。无论是国务卿还是国务院的其他官员都没有对上述质询给予清楚而满意的回答。

美国总统，通过签署委任状，任命马伯里先生为哥伦比亚特区的治安法官，并且合众国的印章也为国务卿所加盖，这就完全证明了该签署的有效性，并且也完成了整个任命工作。这个任命授予他一个接受该职位的法律权利，这个职位将保持五年。因为他有权利去接受这个职位，随之他也就有权利去接受委任状；拒绝送达委任状，是一个对于该项权利的明显违反，因此，国家的法律应该给予他救济。

这份委任状应该被视为构成了任命本身，而不是作为任命的证明。当总统作出的前一法令被执行的时候，或者更进一步，当委任状完成的时候，任命就已经结束了。

他（马伯里）有权申请一项救济。这依靠于：（1）他所申请的令状的性质；（2）法庭的权力。其中，关于令状的性质。布莱克斯通定义令状是一份以国王的名义由王座法庭发布的命令，它指导任何人、组织，或者在国王统治下的下级法院，去做一些属于其职位和职责的专门领域内，或者王座法庭已经先前作出决定的特殊事情，或者至少需要其遵守权利与正义。

1266年，曼斯菲尔德勋爵在国王诉柯克案中宣布，令状要被精确而明白地运用到案件中。

马伯里先生已经被任命了，他的任命被总统所签署，并且被国务卿所封印。创造这个职位的法令授予官员一项权利去独立行使职权五年，这项任命是不可以被废止的；并且，这些官员的既定的法律权利被他的国家的法律所保护。国务卿的拒绝送达委任状、非法占有委任状的行为就不是正确的方式。

不愧是联邦党的好战友，马歇尔在判定前总统对马伯里的任命是否有效时，没有一丝犹豫。前总统签署委任状是“正确的”，前国务卿（马歇尔本人）封印是“正确的”，任命是有效的；马伯里的起诉是为自己“夺回被国务卿剥夺的权力”。而现国务卿麦迪逊拒绝送达委任状，是“非法占有委任状”；他不仅没有送达委任状，也没有解释为什么没有送达委任状。这种行为“就不是正确的方式”。案件事实和裁断到这里已经很明白，大法官的态度也清清楚楚。接下来怎么办？似乎就差最后一句话了：“本院可以下达职务执行令，要求杰斐逊政府履行法定义务。”然而，大法官好话说尽，最终拒绝了自己的同党要求向联邦政府发执行令的诉求。因为“通过建立美国司法机关的法令，授予最高法院向公共官员发出强制训令的权力，看起来是不为宪法所保障的”①。

也就是说，联邦最高法院要满足马伯里的诉求，向联邦政府发执行令，缺乏明确的宪法授权。这是明面上的说辞，很冠冕，绝对不会有错。马歇尔为什么这么判？识时务为俊杰。时务是什么？时务就是认清当时的现实：法院惹不起政府。同为联邦党中坚的汉密尔顿一直说，法

① 参见《马伯里诉麦迪逊》，载北京大学法学院司法研究中心编：《宪法的精神》，邓海平等译，中国方正出版社2003年版；另参见王锴所译的《马伯里诉麦迪逊案判决意见书》，译文有所改动。

院是最小危险部门。[①] 构成危险是需要能力的，能力越小，危害越小。所以当时在立法、行政、司法三个分支中，司法是最无害的。马歇尔在判词中对司法和法庭有一定义："法庭的职责仅仅是依照个人的权利作出决定，而不是去询问行政权或者行政官员如何履行他们享有决断力的职责。"这并非故作谦抑，贵自知之明。难以想象，法院如果拿不到司法审查权，今天它和国会、政府的关系会是什么样。

所以马歇尔撰写判决意见书，洋洋洒洒上万言，先拿出宪法的最高权威，再说前总统"正确"、原告"诉求合理"、法院应当"救济当事人的权利"，然后指出法院也没有更多办法，它依然无法向联邦政府发执行令。作出这样的判决，是无奈之举，也是明智之举。案件的判决结果实际已经被法院在三权中的格局提前锁死了。而这也正是大法官所明知的。

今天再来重读大法官的判词，或许大部分人依然很难看懂其审判逻辑；只是凭借后见之明，认定此案既为司法审查的标志性案件，那么就需要不断强化判词中的《司法法》第 13 条违宪，从而推导出这是马歇尔驳回马伯里诉求的依据。事实上，马歇尔在判决意见书中并没有特别在意《司法法》与宪法的可能冲突，因为是否冲突很大程度上取决于法官的解释；他明确作出的，只有两步：第一，确认马伯里诉求合法；第二，承认法院无法在本案中向政府发执行令。当然，在这些明明白白的、反复强调的意见当中，还包含了判决书中关于本案审理的一个前提，那就是强调法院保有对政府的审查权。

三、反制

强调法院保有对政府的审查权，正是附属在判决意见上作出的。马歇尔是如何做到的？如前所述，他判定法院不能向联邦政府发执行令，理由是马伯里提出执行令之诉，其依据的《司法法》的规定与《宪法》

---

① 参见［美］汉密尔顿、杰伊、麦迪逊：《联邦党人文集》，程逢如、在汉、舒逊译，商务印书馆 1980 年版。

第3条规定不一致。这部分是整篇判词最为关键的地方，也是马歇尔展示得有些含混的地方，当然也是后世解读时争议最多的地方。可以说，马伯里案的层层迷雾正笼罩于此。

后世对马歇尔判词中的这部分审判逻辑各有理解，有言说是因为《司法法》第13条关于初审管辖权的规定违宪，也有如前述认为《司法法》对于联邦最高法院作出执行令的规定违宪。马歇尔在判决意见书中确实对这两点都提到了，但他本人并没有再去细究，因为他的目的并不在分析哪一点违宪，而只在用这一点来证明，在裁决《宪法》与法律哪一个适用于同一案件时，法院享有最终的话语权（ultimate say）。也就是说，他在意的不是宪法与法律在什么地方规定不一致，而是哪个机关有权进行裁决。马歇尔的着眼点至关重要。只要法院能援引宪法来终结这一难题，说马伯里之诉不在联邦最高法院的初审管辖也好、向国务卿发执行令缺乏宪法授权也好，都证明了法院因适用宪法而对政府行为进行审查，司法审查因之而获得了生根的空间。

所以，这份判决到最后变成了法院和政府之间的一个默契。大法官成全了民主共和党政府的骄傲，没有向政府发强制令；但民主共和党政府在得到这个“受欢迎的”判决的同时，需要接受判决所包含的一个“默认前提”，就是要承认法院保有对政府的审查权，这可以说是对政府的引而不发的反制。法院可以在本案中不向政府发执行令，但法院作为宪法解释者，因而可以成为政府行为审查者的地位必须捍卫，这才是马歇尔真正想要保卫的，而非以一城一池的得失论成败。民主共和党人如果要接受联邦党人作出的这种政治妥协，认可联邦最高法院在本案中不能对麦迪逊发布强制令，那么就必须在法律上以接受它的审查作为交换。后世正是基于最后这一点，认定法院有司法审查权。

大法官的判词中，确实存在一些不甚清晰的裁判逻辑，但不应因此对大法官求全责备。因为这实际是党争的难题，本身就不是纯以法律逻辑说得清楚的。马歇尔的伟大，在于他运用法律的形式，解决了最棘手的政治问题，把司法的功能发挥到了极致。用马歇尔在判词中所表明的立场就是“每一项权利，当拥有它的时候，必须有一个救济，每一个损害都会得到它正确的赔偿”①。

在本案中，马歇尔似乎是牺牲了马伯里，但他阐明了法院解释和适用宪法的最终话语权。这就是伟大的法官，看上去甚至不够专业；但通过这样的判决，为法院赢得了一个获取更具超越性权力（transcendent power）的机会。② 法院因为掌握了司法审查权，一跃而成为可以掣肘立法、行政的权力分支，成为一个强有力的政治参与者。这样的格局在实践中逐渐清晰、定型，沃伦法官将其称为美国“宪法制度中不可或缺的特征”。今天回看马伯里案的判决与判词，更能发现其在这条制度之路上早早树立的旗帜。而法官判案，如何基于政治、法律和自身能力进行多重考量，③ 值得每一个法律人掩卷沉思。

（本文仅代表作者个人观点。特约编辑：周海荣）

① 参见［美］汉密尔顿、杰伊、麦迪逊：《联邦党人文集》，程逢如、在汉、舒逊译，商务印书馆 1980 年版。

② Edward S. Corwin, *Marbury v. Madison and Doctrine of Judicial Review*, 12 Michigan Law Review 7 (1914).

③ 参见张佳俊：《通往机构主义：司法尊让与美国司法—行政关系的重构》，载《美国研究》2021 年第 1 期。

预约与本约的区分

——以某仲裁涉案协议为例*

周海荣**

《民法典》第495条规定："当事人约定在将来一定期限内订立合同的认购书、订购书、预定书等，构成预约合同。当事人一方不履行预约合同约定的订立合同义务的，对方可以请求其承担预约合同的违约责任。"这是我国法律第一次正式对预约合同所作的规定，该规定的出台对完善我国的合同法制度具有重要意义。

事实上，我国关于预约合同的司法实践一直走在法律的前面。虽然此前《合同法》（已失效）对预约合同未作规定，但是为了应对案件中出现的新问题，最高人民法院在几个司法解释中对预约合同问题作了一些规定。如自2000年12月13日起生效施行的《最高人民法院关于适用〈中华人民共和国担保法〉若干问题的解释》（法释〔2000〕44号，

---

* 本文涉及的案例中的法律法规、司法解释等规定均以当时办案时间为准，案件办理时为现行有效。

** 广东晟典律师事务所律师，高级合伙人，法学博士。

已失效）第115条[①]及自2003年6月1日起生效施行的《最高人民法院关于审理商品房买卖合同纠纷案件适用法律若干问题的解释》（法释〔2003〕7号，已被修改）第4条[②]均对预约性定金所产生的法律责任处理作了规定，第5条[③]对与预约相对应的本约的内容要件作了规定。这几个文件中尽管未出现预约合同的概念，但是实际上处理了预约合同的纠纷。自2012年7月1日起施行的《最高人民法院关于审理买卖合同纠纷案件适用法律问题的解释》（法释〔2012〕8号，已被修改）第2条规定："当事人签订认购书、订购书、预订书、意向书、备忘录等预约合同，约定在将来一定期限内订立买卖合同，一方不履行订立买卖合同的义务，对方请求其承担预约合同违约责任或者要求解除预约合同并主张损害赔偿的，人民法院应予支持。"该文件中首次出现了预约合同的概念，这无疑是一项重大突破。但是，该文件所提及的预约合同仅限于买卖合同，这是该文件的短板。《民法典》第495条的规定是对近二十年来有关预约合同司法实践及理论研究的回应和总结，上述提及的三篇法规也随同《民法典》的颁布实施而被废止或修改，[④] 预约合同制度

① 2000年发布的《最高人民法院关于适用〈中华人民共和国担保法〉若干问题的解释》第115条规定："当事人约定以交付定金作为订立主合同担保的，给付定金的一方拒绝订立主合同的，无权要求返还定金；收受定金的一方拒绝订立合同的，应当双倍返还定金。"

② 2003年发布的《最高人民法院关于审理商品房买卖合同纠纷案件适用法律若干问题的解释》第4条规定："出卖人通过认购、订购、预订等方式向买受人收受定金作为订立商品房买卖合同担保的，如果因当事人一方原因未能订立商品房买卖合同，应当按照法律关于定金的规定处理；因不可归责于当事人双方的事由，导致商品房买卖合同未能订立的，出卖人应当将定金返还买受人。"

③ 2003年发布的《最高人民法院关于审理商品房买卖合同纠纷案件适用法律若干问题的解释》第5条规定："商品房的认购、订购、预订等协议具备《商品房销售管理办法》第十六条规定的商品房买卖合同的主要内容，并且出卖人已经按照约定收受购房款的，该协议应当认定为商品房买卖合同。"

④ 2000年发布的《最高人民法院关于适用〈中华人民共和国担保法〉若干问题的解释》被《最高人民法院关于废止部分司法解释及相关规范性文件的决定》（2020年12月29日发布；2021年1月1日起实施）废止，2003年发布的《最高人民法院关于审理商品房买卖合同纠纷案件适用法律若干问题的解释》和2012年发布的《最高人民法院关于审理买卖合同纠纷案件适用法律问题的解释》被《最高人民法院关于修改〈最高人民法院关于在民事审判工作中适用《中华人民共和国工会法》若干问题的解释〉等二十七件民事类司法解释的决定》（2020年12月29日发布；2021年1月1日起实施）修改。

正式迈入民法典时代。

笔者刚代理完成一起仲裁案件，其中涉及的核心争议就是案涉协议是否构成预约合同，双方当事人对此各执一词，立场完全相反。仲裁庭认真听取了双方的意见，并在裁决书中进行了必要的回应。现就该案的争议要点及裁决结果进行回顾，以期与读者交流。

一、案件的基本事实

本案的仲裁申请人是张 L 先生，被申请人是 N 互联网科技合伙企业，案由是股权转让合同纠纷。

北京 Z 科技有限公司，成立于2006 年2 月17 日，注册资本为8150 万元人民币。被申请人是一家成立于2015 年7 月21 日的公司，注册资本为2330 万元人民币。2015 年9 月17 日，被申请人从北京 Z 科技有限公司的两个股东手中以每股1. 23 元人民币的价格受让了该公司37. 5%的股权，成为该公司占出资比例最大的股东。

随后，因北京 Z 科技有限公司获得支付牌照，公司的潜在价值瞬间暴涨。在价格的诱惑下，被申请人急于出售部分股权。2015 年11 月27 日，申请人与被申请人签订了《股权转让协议》。根据该协议，申请人以1480 万元人民币的价格从被申请人处受让其持有的北京 Z 科技有限公司1%的股权（对应折算后股份数量为81. 5 万股，受让价格为每股18. 16 元人民币）。协议签订后，申请人依约向被申请人全款支付了对价。

2016 年4 月8 日，北京 Z 科技有限公司进行整体改制，并更名为 YLJK 信息股份有限公司（以下简称目标公司）。股改完成后，张 L 先生拥有目标公司的股份数量为81. 5 万股。

2017 年7 月10 日，目标公司在全国中小企业股份转让系统（以下简称新三板）进行挂牌。

2018 年3 月19 日，目标公司董事会发布两份公告。第一份公告为《YLJK 信息股份有限公司关于第一届董事会第十次会议决议公告》，目标公司董事会通过了终止挂牌的议案，并将议案提交给股东大会进行审议；第二份公告为《关于拟申请公司股票在全国中小企业股份转让系统终止挂牌异议股东权益保护措施的公告》。在该公告中，目标公司的实际控制人承诺，“实际控制人或其指定的第三方愿意对异议股东持有的公司股份进行收购，以保障其合法权益。回购价格不低于异议股东取得该部分股权时的成本价格，具体价格及回购方式以双方协商确定为准”。

2018 年 4 月 11 日，目标公司董事会发布了《关于拟申请公司股票在全国中小企业股份转让系统终止挂牌异议股东权益保护措施的公告》（更正公告），承诺者由“实际控制人”变更为“公司控股股东”，收购价格及其他条件不变。

同日，该董事会发布了《YLJK 信息股份有限公司控股股东同意对异议股东的股权进行回购的公告》。

同日，目标公司股东大会审议通过了《关于申请公司股票在全国中小企业股份转让系统终止挂牌的议案》以及《关于拟申请公司股票在全国中小企业股份转让系统终止挂牌的异议股东权益保护措施的议案》，目标公司股票自 2018 年 5 月 24 日终止挂牌交易，并对异议股东股权进行回购。目标公司董事会随即发布了《2017 年年度 YLJK 信息股份有限公司股东大会决议公告》。

在终止挂牌的议案中，申请人提出反对意见，不同意终止挂牌，并按照规定的程序提出了异议，目标公司亦收到了申请人提出的异议。

2018 年 4 月 12 日，作为目标公司控股股东的被申请人（甲方）与申请人（乙方）签订了《股份收购框架协议》。该框架协议的“鉴于条款”如下：（1）甲方持有目标公司 31.66% 的股份，系目标公司的控股股东。（2）乙方持有目标公司 815,000 股股份（占目标公司已发行股份总数的 1%）。（3）目标公司拟申请终止在全国中小企业股份转让系统挂牌，乙方作为目标公司股东，在相关议案的表决上未投“赞成票”，对目标公司终止挂牌一事持异议。（4）目标公司股东大会审议通过《关于拟申请公司股票在全国中小企业股份转让系统终止挂牌的异议股东权益保护措施的议案》。控股股东或其指定第三方愿意对异议股东持有的公司股份进行收购，以保障其合法权益。甲方作为目标公司控股股东，为保护乙方的权益，在双方平等协商的基础上，就甲方或其指定第三方收购乙方所持目标公司股份一事达成本协议；该框架协议的“实体条款”如下：第1条规定了标的股份，具体为“甲方拟收购的标的股份为乙方持有的目标公司815,000股份（占目标公司已发行股份总数的1%）”。第2条规定了转让价款、支付安排及股份交割，具体为“2.1　双方同意，甲方收购乙方所持有的股份的价格不低于乙方取得这部分股份的成本价格，最终价格双方后续协商确定。2.2　乙方同意，关于股份收购款的具体支付时间、支付条件及股份交割等事宜与甲方后续协商确定”。第3条规定了后续协商安排，具体为“本协议为甲方收购乙方所持的股份的框架协议。本协议签署后，双方应就此次股份收购事宜进一步协商并细化相关条款，签署补充协议，补充协议与本协议不一致的，以后续签署的补充协议为准”。第4条规定了“甲乙双方均需全面履行本协议约定的内容，任何一方不履行或不完全履行本协议约定或其附属、补充条款的约定均视为该方对另一方的违约，另一方有权要求违约方赔偿相应损失。赔偿责任包括但不限于直接损失和由此产生的诉讼费、仲裁费、律师费及因请求赔偿而发生的差旅费和调查费用等”。第5条规定了争议的解决，具体为“5.1　本协议的订立、生效、解释和履行适用中国现行的有关法律、法规。5.2　本协议项下发生的任何纠纷，双方应首先通过友好协商解决，如协商不成，应向深圳仲裁委员会提交仲裁解决”。第6条规定了其他事项，具体为“6.1　本协议中使用的标题仅作对内容的提示而不作为对条款的解释。6.2　本协议自下列条件全部成就之日起生效：6.2.1　双方签字盖章；6.2.2　目标公司申请终止挂牌取得全国中小企业股份转让系统的同意”。

2018年4月16日，被申请人向申请人出具《承诺函》，承诺按照整体估值人民币17亿元对申请人的全部股份进行回购，在扣减1亿元现金分红后，应按照16亿元进行回购，申请人持有1%的股份，即被申请人需向申请人支付1600元的回购股权款项。被申请人还承诺，若延期付款，将额外向申请人支付年化24%的资金成本。申请人得知目标公司的另一股东Y资产管理有限公司（及其管理的资管计划）已转让其所持有的公司股份并获得相应的对价。同日，目标公司法定代表人亦向申请人出具另一份《承诺函》，承诺在被申请人承诺整体估值17亿元的基础上，额外增加1亿元的估值标准对申请人所持股份进行相应补偿。本案案发的原因是被申请人一直未按照承诺函及协议进行回购，亦未向申请人支付回购款，故申请人向被申请人提出了仲裁申请。

二、被申请人的答辩意见认为涉案协议只是一份预约合同

针对申请人提出的仲裁请求，被申请人提出了仲裁答辩书。仲裁答辩书认为，从《股份收购框架协议》的约定来看，收购价格、支付时间、支付条件等核心要素均需双方后续进一步协商确定，该协议性质为预约合同，双方的真实意思是将来根据协商情况以期订立正式的合同。《股份收购框架协议》第2条明确约定，被申请人收购申请人所持股份的"最终价格双方后续协商确定""双方同意，关于股份收购的具体支付时间、支付条件及股份交割等事宜与甲方后续协商确定"；第3条约定"本协议为甲方收购乙方所持股份的框架协议。本协议签署后，双方应就此次股份收购事宜进一步协商并细化相关条款，签署补充协议，补充协议与本协议不一致的，以后续签署的补充协议为准。"

答辩书指出，从以上约定可以看出，申请人和被申请人就股份收购价格、支付条件、支付进度以及交割等关键要素均未达成合意，双方在《股份收购框架协议》中已经达成的合意是后续进一步协商以订立正式的股权转让合同，后续签订协议的效力优先于本协议，本《股份收购框架协议》的性质为预约合同。

答辩书认为，关于预约与本约之分，立法、司法实践以及民法理论界中均予以明确认可。从立法上看，《最高人民法院关于审理买卖合同纠纷案件适用法律问题的解释》（法释〔2012〕8号）第2条规定："当事人签订认购书、订购书、预订书、意向书、备忘录等预约合同，约定在将来一定期限内订立买卖合同，一方不履行订立买卖合同的义务，对方请求其承担预约合同违约责任或者要求解除预约合同并主张损害赔偿的，人民法院应予支持。"对此，民法理论界梁慧星教授认为：

“依据本条解释，预约合同双方当事人的权利，是请求对方履行订立买卖合同（本约）的义务，而非请求对方履行买卖合同本约之交货或者付款义务”[①]。此外，全国人民代表大会常务委员会于2018年9月5日发布《民法典各分编（草案）》，其中第二编“合同”第287条第1款规定：“当事人约定在将来订立合同的认购书、订购书、预订书、意向书等，构成预约合同。”从司法实践上看，各地法院均有大量关于预约合同的判决，最高人民法院公报案例中也曾发布多份关于预约合同的判例，如成都讯捷通讯连锁有限公司与四川蜀都实业有限责任公司、四川友利投资控股股份有限公司房屋买卖合同纠纷案[②]等。

三、申请人的反驳

针对被申请人的答辩书，本人作为申请人的代理律师在“代理词”中进行了必要的回应：

第一，根据《合同法》第2条的规定，合同是平等主体之间设立、变更、终止民事权利义务关系的协议。涉案《股份收购框架协议》已经在合同双方之间建立起了完整的民事权利义务关系。该协议具备了明确的合同标的、明确的标的物数量、明确的标的物价格，双方的主要权利义务一目了然，无须借助其他协议即可满足双方的合同目的。《最高人民法院关于适用〈中华人民共和国合同法〉若干问题的解释（二）》（法释〔2009〕5号）第1条规定：“当事人对合同是否成立存在争议，人民法院能够确定当事人名称或者姓名、标的和数量的，一般应当认定

① 梁慧星：《预约合同解释规则——买卖合同解释（法释〔2012〕8号）第二条解读》，载中国法学网，http://iolaw.cssn.cn/xbwyxx/201212/t20121217_4619567.shtml，最后访问日期：2020年10月1日。

② 来源于《中华人民共和国最高人民法院公报》2015年第1期（总第219期）。该案裁判摘要为：“判断当事人之间订立的合同系本约还是预约的根本标准应当是当事人的意思表示，也就是说，当事人是否有意在将来订立一个新的合同，以最终明确在双方之间形成某种法律关系的具体内容。对于当事人之间存在预约还是本约关系，不能仅孤立地以当事人之间签订的协议之约定为依据，而是应当综合审查相关协议的内容以及当事人嗣后为达成交易进行的磋商和有关的履行行为等事实，从中探寻当事人真实意思，并据此对当事人之间法律关系的性质作出准确界定。”

合同成立。但法律另有规定或者当事人另有约定的除外。对合同欠缺的前款规定以外的其他内容，当事人达不成协议的，人民法院依照合同法第六十一条、第六十二条、第一百二十五条等有关规定予以确定。”据此，可以认定涉案合同已经成立。

第二，《股份收购框架协议》本身已经明示其为本约而非预约。该协议第 3 条后半段约定：“本协议签署后，双方应就此次股份收购事宜进一步协商并细化相关条款，签署补充协议。补充协议与本协议不一致的，以后续签署的补充协议为准。”从以上陈述可以发现，当事人已经十分明确地将这份协议当作本约合同，而后续可能签署的协议只能算作补充协议。补充协议就是补充性质的协议，切勿把补充性质的协议当作本约。除了上述第三条的约定外，该“协议”第 4 条后半段还约定了：“甲乙双方均须全面履行本协议约定的内容，任何一方不履行本协议约定或其附属、补充条款的约定均视为该方对另一方的违约，另一方有权要求违约方赔偿相应损失。赔偿责任包括但不限于直接经济损失和由此产生的诉讼费、仲裁费、律师费及请求赔偿而发生的差旅费和调查费用等。”这条约定中所使用的定语“附属”一词更加清晰地将后续可能签署的补充协议当作附属条款，凸显了本协议的本约合同地位。

第三，预约合同的主要功能是赋予相关主体交易权利、提前锁定交易机会，以便利其后续交易主合同的签订。因此，预约的本质实为交易权利的交易。预约大多是采用简化合同格式或缩小交易规模的方式。从外观特征来看，预约一般从预约的措辞中可以明显看出双方必须要借助后续的本约才能完整地建立权利义务关系。在本案中，《股份收购框架协议》中的权利义务要素是完整的，双方权利是确定的。涉案协议的交易规模则并没有任何缩小。至于合同文本，尽管比较简单，但这是因为双方任同一公司股东有几年时间，比较知根知底，熟知目标公司的基本面，所以用不着烦琐的带有防御功能的合同条文。该协议第 6.1 条规定，本协议中使用的标题仅作对内容的提示而不作为对条款的解释。亦即，尽管协议名称中有框架的字眼，但是当协议的内容本身已经突破了框架的内涵，那么就不能再把协议理解为仅仅只是框架协议了。因此，把涉案协议说成是预约合同是毫无根据的。

第四，《股份收购框架协议》中的确出现了后续协商的约定，这部分内容并不能改变合同的性质。如关于收购价格，该协议所采用的表述是不低于乙方取得这部分股份的成本价格、最终价格双方协商确定。对于表述中的"不低于"，我们认为这是价格术语的一种，符合经济规律和经济学原理。尽管这种表述倾向于保护卖方的利益，但这也是买卖双方博弈和协商的结果，不违反交易自愿的原则。采用"成本价格"提法，主要是因为乙方取得这部分股份的成本价格是双方以前共同经历过的、双方都心知肚明的、已经定死无法更改的，因而可以不在协议中重复。这种表述实际上是对不低于表述的补充，并不否定前一种表述。"不低于"的表述已容纳了高于这个价格的可能性，究竟高到何处，需要双方下一步的协商。即便双方后来并未协商，价格也仍然可以确定，即与成本价一致。本协议中关于价格的表述均不违反法律和行政法规的规定，而且也能满足合同法关于权利义务确定性的要求，因而是合法有效的。

第五，关于实施收购的期限，《股份收购框架协议》虽无明确约定，但这对协议的履行并无阻碍作用，更不是一方不履行合同义务的借口。对于履行期限约定不明确的情况，《合同法》第62条第1款第4项规定："履行期限不明确的，债务人可以随时履行，债权人也可以随时要求履行，但应当给对方必要的准备时间。"在本案中，被收购方随时处于准备被收购的状态，任何时间都可以配合收购的实施。因此，收购的真正时间完全掌握在收购方手里。也就是说，只要收购方收购的意思是真实的，那么收购时间根本不会成为障碍。申请人认为，对于收购之事双方的意思表示已经达成一致，落实该意思表示是双方的合同义务。因此，协议上收购时间的缺漏不应被解释为可以取消收购方实施收购的义务。合同任何一方随时有权提出实施请求，提出请求之时就是合同权利义务落地之时。该协议没有使用收购期限的提法，而是代之以"股份收购款的具体支付时间"这样的提法。这样的提法实际更有利于提醒收购方明了其核心义务。

四、仲裁裁决书的意见

本案仲裁裁决书对双方陈述的观点进行了仔细的分析，该裁决书在仲裁庭意见的部分指出，仲裁庭注意到，双方对本案客观履行事实并不存在根本分歧，主要的争议点在于如何理解本案合同的性质、范围和请求等。

申请人认为本案合同具备了明确的合同标的、明确的标的物数量、明确的标的物价格，双方的主要权利义务一目了然，无须借助其他协议即可完全满足双方的合同目的。根据《最高人民法院关于适用〈中华人民共和国合同法〉若干问题的解释（二）》第1条规定，“当事人对合同是否成立存在争议，人民法院能够确定当事人名称或者姓名、标的和数量的，一般应当认定合同成立。但法律另有规定或者当事人另有约定的除外。对合同欠缺的前款规定以外的其他内容，当事人达不成协议的，人民法院依照合同法第六十一条、第六十二条、第一百二十五条等有关规定予以确定”。同时，申请人认为本案合同第3条后半段约定，“本协议签署后，双方应就此次股份收购事宜进一步协商并细化相关条款，签署补充协议。补充协议与本协议不一致的，以后续签署的补充协议为准”，可见当事人已经十分明确地将这份协议当作本约合同，而后续可能签署的协议只能算作补充协议。此外，申请人认为预约合同的主要功能是赋予相关主体交易权利，提前锁定交易机会，以便利其后续交易主合同的签订。因此，预约的本质实为交易权利的交易。预约大多是采用简化合同格式或者缩小交易规模的方式。从外观特征来看，预约一般从预约的措辞中可以明显看出双方必须借助后续的本约才能完整地建立权利义务关系。在本案中，本案合同的权利义务要素是完整的，双方权利义务是确定的。尽管说要继续协商主要是因为价格术语采用了“不低于”的提法，然而，这仅意味着双方在价格方面还存在继续往上走的可能性。即便在后续的协商中价格不能再往上走也不影响交易的成立。至于合同文本，尽管比较简单，但这是因为双方任同一公司股东有几年时间，比较知根知底，熟知目标公司的基本面，所以用不着烦琐的带有防御功能的合同条文。因此，把本案合同说成是预约合同是毫无根据的。

被申请人认为，尽管《合同法》对预约合同未作明文规定，但在一些复杂的商业实践中，当事人之间的契约缔结过程客观上存在如下三个不同阶段：不具有拘束力的磋商行为、缔结具有拘束力的预约、最终订立本约。与缔约磋商阶段仅受诚实信用原则约束不同，预约和本约在当事人之间均成立合同关系。根据民法基本原理和司法实践中的一贯认识，预约和本约的区分标准，应当根据当事人在合同中的意思表示加以确定。当事人的意思表示不明确或有争议时，应当通过考察合同内容是否包含合同成立的要素，以及合同内容是否确定到无须另行订立本约即可强制履行等因素加以确定。

被申请人认为，从本案合同的内容来看，已经明确约定需要就股权转让事宜另行签订合同。本案合同第 3 条中约定“本协议为甲方收购乙方所持标的股份的框架协议。本协议签署后，双方应就股份收购事宜进一步协商并细化相关条款，签署补充协议。补充协议与本协议不一致的，以后续签署的补充协议为准”。第 2 条对“最终价格”、“支付时间”、“支付条件”和“股份交割”等关键要素也明确约定需要双方后续协商确定。尽管不能简单以合同名称来判断合同属于预约还是本约，但合同名称本身也能表征双方当事人处于复杂交易的磋商性阶段。最重要的是，按照一般人的通常理解，上述条文的意思清楚明确、没有歧义，双方已明确了本协议的“框架”性质，并非最终可执行协议，需另行签署合同，且后续协议可覆盖本协议。无论从合同标题还是从主要内容看，申请人与被申请人双方明确本协议乃交易“框架”安排，合同标题与主要内容“名实相符”，双方需另签协议，这实际上已经明确了本案合同的预约合同性质被申请人在签署《股份回购框架协议》并交付给申请人之后，申请人向被申请人致函表示“请相关方尽快按照董事长此前承诺条件与本人签署正式股份回购协议”（申请人证据 9），可见，申请人对本案合同的理解同样是“非正式协议”不具有立即可执行的效力，否则，其没有必要要求相关方与其签署“正式协议”。

被申请人主张，从合同构成的要素看，本案合同对收购主体、支付条件、支付时间、支付价格等多项合同必备条款未明确具体内容，合同内容尚未确定到无须另行订立本约即可强制履行。本案合同第二页第二段约定“控股股东或其指定第三方”愿意对异议股东持有的公司股份进行收购，被申请人出具的承诺函第二段也明确被申请人“承诺对贵方持有的公司股份进行收购，或指定第三方对贵方持有的公司股份进行收购”。双方对于最终由被申请人抑或其指定第三方进行股份收购没有明确，合同是被申请人还是其指定的第三方对于合同主体要素来说具有重要区别，这涉及具体权利义务的承担主体，不同的主体收购股份，在其他条款完全一致的情况下，构成完全不同的合同。合同主体的不确定决定了本案合同只能是过程性文件，没有立即可执行的效力，合同双方具有进一步订立本约的合意。本案合同约定收购价格“不低于乙方取得这部分股份的成本价格，最终价格双方依后续协商情况确定”，“关于收购款的具体支付时间、支付条件及股份交割等事宜与甲方后续协商确定”。可见，双方在本案合同中对转让价格、支付条件等关键要素并没有明确约定如何执行，双方“唯一明确”的是上述条款需要进一步协商确定，也即需要进一步磋商或者订立一个新合同的内容。因此，本案合同内容尚未确定到无须另行订立本约即可强制履行。《承诺函》也明确收购价格与第三方整体收购价格挂钩，在第三方收购价格低于一定标准时，被申请人收购申请人股份的价格也会同比例调减，可见，双方对于具体收购价格并未最终确定。

被申请人主张，从合同订立的目的看，签署本案合同是为了目标公司顺利完成股转系统的终止挂牌，具有阶段性、过程性特点，而非真正订立股权转让的本约。对于本案合同的签订目的，被申请人在答辩书和庭审中详细阐述了“申请人成为异议股东”与摘牌以及上市公司整体收购 YLJK 这一交易之间的复杂关系和内在逻辑，即为了合理解释整体收购中“高买低卖”这一现象，决定拟高价退出的中小股东在股东大会上对终止挂牌议案统一投“弃权”票，并由被申请人与其签订高价股份收购框架协议作为“异议股东保护措施”，以此来减少监管机构对交易合理性甚至真实性的质疑。申请人成为异议股东实际上“异议是假，配合是真”，双方心知肚明。有必要强调的是，庭审中申请人也认可和强调其作为“异议股东被安排”这一事实，申请人代理律师表示申请人本意是要投反对票。“本意投反对票、实际却投弃权票”“异议股东是被安排”这些都充分说明，申请人并无立即达成股份收购交易的期待，本案合同也不符合申请人对正式股权转让合同这一本约合同的要求，相反该协议的目的只是配合摘牌和后续并购，而以一个约束力较弱的框架协议应对监管要求，其真实的交易安排尚待日后进一步签订合同来确定。本案合同的内容也能体现协议签订的目的。本案框架协议第6.2条规定，本协议自目标公司申请终止挂牌取得股转系统的同意之日起生效，同时鉴于部分第3条也规定“目标公司拟申请终止在全国中小企业股份转让系统挂牌”。显然，《股份回购框架协议》是直接为目标公司的终止挂牌工作服务的，这也是双方订立合同的直接目的，基于此，双方当事人非常清楚在当时的环境下无意也无法对股权转让的关键条款达成可供执行的本约，因此合同中明确约定了支付价款、时间、条件等方面均存在需要后续进一步协商的情形，并且需要订立新的合同。

被申请人主张，从合同订立的背景看，上市公司拟整体收购YLJK全体股份这一大的交易背景足以说明本案合同的预约合同性质。本次被申请人收购申请人股份是在第三方某上市公司拟整体收购公司全体股东股份的交易背景下进行的。被申请人本无收购申请人股份的意愿，为解决上市公司收购资金缺口的问题才设计了如下复杂交易安排：先由被申请人与申请人达成收购意向，在上市公司向被申请人支付部分收购资金之后，由被申请人以自身所得部分转让价款向申请人支付对价。被申请人收购申请人股份的交易只是整体收购交易的“过桥”环节，收购资金最终来源于上市公司。庭审中，被申请人已提交相关证据材料和证人证言，证明本案当事双方特别是申请人均清楚知悉这计划过程，申请人代理律师也认可整体交易背景和收购方案这一事实。被申请人收购申请人股份是上市公司整体收购的一个过桥环节，被申请人实质上也是转付上市公司支付的转让价款，本案合同签署时点上市公司并未与各方签署有约束力的文件，上市公司收购存在一定不确定性，其收购价格等关键要素也未确定，在这个背景下，本案合同的众多关键要素自然也无法完全事先确定，双方只能达成一个在整体交易进程推进中签署有执行效力合同的合意。综上，本案合同的性质为预约合同。

五、仲裁庭意见

仲裁庭考察了双方的上述分歧，认为上述双方意见之中，存在尽管表述不同，但实际上相同的认识，具体包括：

第一，本案合同项下的交易背景与目标公司摘牌紧密相关。双方均认为本案合同的签订背景和双方作为股东的目标公司在股转系统的摘牌行为紧密相关，在摘牌过程之中，申请人向目标公司发出了书面异议函，被申请人作为控股股东承诺对异议股东股份进行收购，申请人就相关股东大会决议事项投出了弃权票，在此过程之中，申请人和被申请人签订了本案合同，并且被申请人向申请人出具了《承诺函》。在本案合同项下的交易中，双方认可：本案合同文本和《承诺函》系属于同一交易中的连续性文件；双方的意思表示，应当结合两份文件予以解释。双方的分歧点在于两份文件在具体签订过程中的细节顺序和逻辑关系。

第二，双方尽管结论不同，但均认可预约合同和本约合同的区分应当根据合同中约定的具体交易条件来加以判断这一大前提，也均认可本案项下的分歧属于合同条款的解释问题，并且这种解释应当根据双方在缔约过程中的意思表示加以确定。

对双方上述认可的事实层面和判断依据层面，仲裁庭予以尊重。就双方的具体分歧，仲裁庭认定如下：

第一，由于本案的交易背景具有双重特性，即本案合同约定的交易标的属于申请人所持有的目标公司股权，交易时间则处于目标公司摘牌过程之中。作为持有 1% 股权的申请人依据法定程序进行表决，并与作为控股股东的被申请人在履行相关的程序过程中产生了本案合同、《承诺函》等界定下的本案交易。

仲裁庭认为，被申请人所主张的本案合同交易目的为“目标公司顺利完成股转系统的终止挂牌”不能成立，属于将交易背景、动机等和交易目的混淆的表述。由于本案交易发生在特定时点，导致了本案合同约定的交易和整体的目标公司摘牌行为之间存在重叠。或者说，本案合同构成了目标公司摘牌行为的一部分，不意味着本案合同不具有整体交易之中的个别的、具体的交易目的，同时，股东行使投票权属于股东的法定权利行使方式，在公司发生重大变更的时候，申请人依据《公司法》享有法律上的异议股东的赎回请求权，而由于本案合同的存在，申请人放弃了这一权利的行使，而取得了本案合同约定的交易。这就意味着，本案合同并不必然是 YLJK 摘牌行为的固有步骤或者组成部分，换言之，由于本案合同的存在，导致目标公司摘牌行为采取了不同的方式。因此，这种交易背景并不能必然成为本案的合同目的。

同时，仲裁庭注意到，双方在本案合同之中存在明确的表述，在本案合同的鉴于条款的第 3 条以及第 4 条之中，双方表述了这一事实，“目标公司拟申请终止在全国中小企业股份转让系统挂牌，乙方作为目标公司股东，在相关议案的表决上未投赞成票，对终止目标公司挂牌一事持异议”；“目标公司股东大会审议通过《关于拟申请公司股票在全国中小企业股份转让系统终止挂牌的异议股东权益保护措施的议案》，控股股东或其指定第三方愿意对异议股东持有的公司股份进行收购，以保障其合法权益”。鉴于该条款在合同文本之中一般被认为属于“陈述与保证”条款，属于对合同之中已经发生的事实的确认和未来交易的保证，此表述符合类似合同表述的习惯。仲裁庭注意到，同样依据合同文本的一般表述，“甲方作为目标公司控股股东，为保护乙方的权益，在双方平等协商的基础上，就甲方或其指定第三方收购乙方所持目标公司股份一事达成本协议如下”，仲裁庭认为上述表述按照合同文本的解释原则，以及在合同下文中统率合同权利义务的表述位置，清楚地界定了“甲方或其指定第三方收购乙方所持目标公司股份一事”属于本案合同约定的交易目的。上述文字表述，结合本案合同中的第 1 条标的股份、第 2 条转让价款、支付安排及股份交割的具体权利义务约定，是相互映照、配合的。同样，这和双方所表述的交易背景也是符合的，双方在一个连续性的交易之中，就其中的一部分交易作为整体交易的不同走向，进行了单独约定，应当以该合同所界定的交易目的作为合同目的。

第二，本案合同明确了本案交易的哪些交易条件，应当基于本案合同进程之中双方所形成的意思表示，并结合本案合同文本和《承诺函》以及相关事实一并确定。双方对本案合同中的关键条款存在不同的解释。

就本案合同的收购主体是否明确，仲裁庭注意到本案合同中的表述为“甲方或其指定第三方”，被申请人出具的《承诺函》明确被申请人“承诺对贵方持有的公司股份进行收购，或指定第三方对贵方持有的公司股份进行收购”，仲裁庭认为在本案合同和《承诺函》之中的表述逻辑结构是相同的，即收购义务方为被申请人，或者其指定的第三方，被申请人和第三方之间尽管未能形成实际的法律关系，但应当理解为委托代理关系，而被申请人为主义务人，应受本案合同项下的权利义务约束。被申请人主张主体约定不清楚，仲裁庭不予认可。这种约定在商业交易之中是常见的情形，属于可以明确的义务主体，而如果存在第三人，也仅仅是具体履行方式的变化，仍受到本案合同项下由双方设定的交易条件的约束。

就本案合同的收购价格是否明确，仲裁庭注意到本案合同的第 2 条 2.1 的表述为“不低于乙方取得这部分股份的成本价格，最终价格依双方后续协商情况确定”，《承诺函》中的表述为“收购价格为：按照公司整体估值 17 亿元进行收购，其中应该扣减已经进行的 1 亿元现金分红”。申请人认为本案合同之中已经有了底线价格；被申请人认为结合 2.2 条，“关于收购款的具体支付时间、支付条件及股份交割等事宜与甲方后续协商确定”，属于对转让价格、支付条件等关键要素没有明确约定如何执行的情况。仲裁庭认为，依据本案合同的约定，“乙方取得这部分股份的成本价格”是可以明确的，而《承诺函》中则明确了计算依据。对于合同价格，按照我国的司法实践和商业惯例，合同双方可以以计算公式、标准等多种方式予以表述，只要能够“确定”价格，就可以认为属于明确的约定。本案合同采用了“成本价格”，《承诺函》

中的表述，均有明确的计算依据。同时，在商事交易之中，合同各方就不同的情形不断进行调整也是正常的商业实践。因此，从本案合同到《承诺函》，双方调整了计算依据，这种调整产生的效果是：可以根据明确的标准并结合本案合同的交易，确定交易价格。因此，仲裁庭认为本案合同项下的交易价格，已经得到明确。

就合同约定的交易标的数量，在本案合同第 1 条之中有明确的表述，“甲方拟收购标的股份为乙方持有的目标公司 81.5 万股股份（占目标公司已发行股份总数的 1%）”，在《承诺函》中，再次表述为被申请人“承诺对贵方持有的公司股份进行收购”，双方对此也并无异议。

被申请人认为本案合同之中对支付条件、支付时间等并未约定，申请人也确认收购期限并未约定。仲裁庭注意到，本案合同 2.2 中的表述为“乙方同意，关于股份收购款的具体支付时间、支付条件及股份交割等事宜与甲方后续协商确定”，表明双方对履行期限、方式并未确定，应当属于履行期限约定不明的情形。申请人认为可以依据本案合同的这一条约定直接适用法律规定，仲裁庭对此不予认可。仲裁庭认为应当结合《承诺函》的具体约定是否清晰，是否构成了对本案合同的进一步约束来予以明确。

第三，基于上述分析，由于双方均使用了预约合同和本约合同的表述来予以定性，仲裁庭认为有必要就此问题作出解释。在我国的司法实践中，不存在明确规则界定预约和本约概念的内涵外延。两者之间之所以称为预约和本约，系由于持续性交易的需要而形成了不同的合同文本，导致有必要区分不同的交易标的和目的，预约的交易标的是签订本约，而本约的交易标的是双方需要完成的真正交易，两者的标的存在不同，因此也决定了合同性质和目的的不同。预约合同也是独立成立的合同，但是其取得的强制执行效力的对象，是签订本约合同，如果不能签订本约合同则需要承担预约合同上的违约责任。而本约合同成立之后，取得的强制执行效力的对象，是约定的交易条件下的实际履行。因此区分两者的标准，应当是合同中的约定交易条件是否可以确定以及是否可以提供实际履行的法律救济。

在本案合同之中，尽管名为股份收购，实际上所对应的交易仍然属于买卖合同，只是由于交易标的属于股份，本案合同才采用了不同的表述。依据我国的司法实践，在买卖合同项下，双方对交易标的、价格予以了明确约定，并且不存在不可强制的情形，合同即告成立。申请人所援引的《最高人民法院关于适用〈中华人民共和国合同法〉若干问题的解释（二）》第1条规定反映了这一司法实践。与本案交易类似的是股东优先购买权的规则，《最高人民法院关于适用〈中华人民共和国公司法〉若干问题的规定（四）》第18条也对此予以明确，即规定："人民法院在判断是否符合公司法第七十一条第三款及本规定所称的'同等条件'时，应当考虑转让股权的数量、价格、支付方式及期限等因素。"因此，结合上述规定，以及本案合同和《承诺函》的约定，仲裁庭认为本案合同就收购主体、数量、价格已经得到明确，本案合同已经有效成立，申请人主张实际履行的交易条件可以确定。因此，即便按照双方当事人采用的预约和本约的划分标准，也可以明确本案合同属于本约而非预约。

基于上述理由，仲裁庭裁决支持申请人提出的仲裁请求。

六、结语

《民法典》对于什么是预约合同只规定了一个简单的含义，就是预约合同是当事人约定在将来一定期限内订立合同，即约定在将来做某事。只要符合这个条件，就构成预约。可见，预约的条件是很容易满足的。相对而言，本约的条件就比较严格。因此，如果在订立本约的时候出现约定不明的情形，以至于无法成立本约的时候就有可能给预约的成立留下空间。在本案中，双方的争议在于案件中的事实究竟属于本约还是预约，双方的观点均有一定的根据。这就需要仲裁庭加以斟酌和辨别。本案给如何区分本约和预约提供了一个非常好的范例。

预约与本约两者具有天然的联系，但两者的法律后果相差很大，即对预约的违约责任肯定会小于对本约的违约责任。于是预约问题才会成为双方争议的焦点。违约方在明知无法否认违约的情况下主动选择承认预约违约看似“防守”而实际是在“进攻”，即将对本约的违约责任改变成对预约的违约责任，这样就可以大大减轻违约责任的后果。对于预约和本约的关系，所谓越相近则越需要加以区分。尽管在商务合同实践中，预约往往是本约的前提，但是，由于预约的成立却往往意味着对本约的否定。职是之故，在司法实践中对预约的认定与否常常会在当事人之间发生“激战”。“激战”的核心往往体现在对预约边界的管控上。王利明教授认为“除了订立本约合同之外，预约合同不能形成其他的具体的债权债务关系，否则，预约合同的性质可能就会发生变化”①，对预约和本约的区分不能仅仅依据合同使用的文字或名称，应当依据预约的特性来判断。笔者认为，预约的唯一目的是订立本约合同，一旦预约中出现了本约中的权利内容，那么即便形式上此约定形式为预约，也有可能被认定为本约。在本案中，仲裁庭恰恰就是根据这一点认为：“本案合同就收购主体、数量、价格已经得到明确，本案合同已经有效成立，申请人主张实际履行的交易条件可以确定”，于是支持了申请人的本约主张。当然，这种在预约中出现的本约内容必须符合本约的要求。预约就是预约，如果非要塞进去其他内容，那么就很可能会把预约变成本约，恰似画蛇添足。如果预约的纯度已经超出了预约的本意，那么立法就不能放任不管，否则就会失去预约立法的初衷。立法的智慧在于法律能得到最大程度的遵守，为此需要将容易出现的违法漏洞尽量堵上，《民法典》第495条的寥寥数语突出了违约责任的规定，其智慧正在于此。

（本文仅代表作者个人观点。特约编辑：陈金凤）

---

① 王利明：《预约合同若干问题研究——我国司法解释相关规定述评》，载《法商研究》2014年第1期。

影视剧投资制作、发行播出之“排雷”指南

黄荣楠[*]　祁　筠[**]　刘佳迪[***]

根据国家电影局在2021年1月1日发布的数据，2020年中国电影总票房达204.17亿元，而此前一直占据世界电影市场榜首的北美票房仅为20.89亿美元。虽然受全球新冠肺炎疫情影响，世界电影票房均有大幅下降，但中国电影票房异军突起成为全球第一，而且2020年票房前10名影片均为国产影片。在为中国电影欣喜之余，我们还应该看到，现在一部影视剧的投资少则数千万元，多则数亿元甚至十余亿元。而且影视剧投资制作是一个复杂的流程，通常包括获得原始知识产权（IP）的改编权和摄制权授权（仅针对改编作品）、孵化和创作剧本、前期筹备（包括签约主创人员与其他演职人员、选景搭景等）、拍摄、后期制作等。上述任何环节都可能出现纠纷，一旦发生纠纷，投资方将可能遭受重大损失。

影视剧产业中除了前端的投资制作，后端的发行播出也是重要的一环。影视剧能否发行、在什么档期发行、在哪家院线或平台发行，决定了影视剧的票房、版权收益、投资方能否收回投资成本和获得预期利润。然而，这个环节也往往是影视剧从制作到播出全部环节中最容易出现风险的环节。这个环节一旦出现问题，不仅可能导致制作阶段投入的

---

* 君合律师事务所上海分所合伙人，华东政法大学国际法学博士。

** 君合律师事务所上海分所顾问，上海交通大学法学硕士。

*** 君合律师事务所上海分所合伙人，复旦大学法学硕士。

心血白费、完成的影视剧无法播出，更可能引发进一步的争议，导致投资方无法收回成本。

本文根据我们近十年对电影和电视行业的观察以及提供法律服务的经验，盘点了影视剧投资制作中可能出现的四大“雷区”，以及可能阻碍影视剧发行播出的五大“雷区”，并提供了相应“排雷”指南，以供业内参考。

一、投资制作“排雷”指南

（一）改编权与摄制权授权不清之“雷”

近年来，大 IP 剧的投拍一直是影视剧投资的热点。网络大热的小说纷纷被搬上屏幕，如《九层妖塔》《山河令》《陈情令》《花千骨》等。根据原著小说改编影视剧的第一步就是获得原著小说的改编权和摄制权。但是，因改编权和摄制权授权合同产生的纠纷并不鲜见，其主要原因在于合同的授权条款不明确。

1. 改编权与摄制权授权范围纠纷

考虑到一部影视剧从孵化到制作完成通常需花费数年，因此原权利人给予的改编权与摄制权的授权期限短则 3 ~ 5 年，长则 8 ~ 10 年。随着技术发展和作品类型的多样化，过去签署的改编权和摄制权的授权范围是否涵盖新出现的影视剧形式，是实践中常见的问题。早几年，大家经常会讨论，网络剧是否包含在电视剧授权中，网络电影是否包含在电影授权中；近年来，大家又在讨论互动剧是包含在电视剧或网络剧授权中还是包含在游戏授权中，“剧本杀”“密室”是否包含在游戏授权中。

第三次修正关于 2020 年 11 月 11 日发布的《著作权法》对作品类型作了开放式的规定，并且将原《著作权法》中的“电影和类电影作品”改为“视听作品”，却未对视听作品的概念进行定义。我们理解立法者的本意是不想限定视听作品的外延，从而可以涵盖未来多样化的作品类型。因此，可以预见如果改编权和摄制权授权范围约定不明确，则可能会引发更多争议。

2. 改编权和摄制权授权期限纠纷

《金大班》《何以笙箫默》《英雄志》《迷雾围城》等影视剧改编过程中都出现过涉及改编权和摄制权授权期限的争议，并引发行业内的热议。授权合同双方通常会对改编完成的时间节点存在不同的理解。例如，改编者可能会主张剧本创作完成即视为改编完成，影视剧的摄制不受制于改编权的授权期限；或者，主张只要在授权期限内完成摄制立项公示或开机就可继续拍摄，无论拍摄是否会超过授权期限。

我们认为，在授权合同无明确约定的情况下，割裂改编权和摄制权，认为电视剧改编完成的期限是完成剧本创作，并无法律依据。在电视剧《人生若如初相见》著作权权属、侵权纠纷案件中，一审法院认为："摄制电影的整个过程，实际是对改编权和摄制权两个权利的行使，其包含了拍摄电影所涉及的一系列利用作品的行为，所以在影视行业中一般是对改编权和摄制权一并授权，业内将其统称为影视改编权，这种授权的核心在于摄制权，改编权仅是为实现摄制目的而必然包括的权利。从上述许可协议的订立目的看，被告紫晶泉公司通过支付使用费的方式获得涉案小说的改编权、摄制权，其目的就是将涉案小说拍成影视剧。这意味着协议所约定的改编权、摄制权控制着拍摄影视剧所涉及的一系列利用案涉小说的行为，如将小说改编成电视剧剧本、根据该电视剧剧本进行拍摄等行为。故七被告需要在协议约定的期限内完成改编剧本、拍摄电视剧等所有影视剧制作行为。"① 可见，在发生争议后，法院首先是看双方签署的合同约定，如合同未作约定的，则会参考行业惯例。

3. "排雷"指南

在起草改编权和摄制权授权范围条款时，需要对改编作品的范围进

① 参见北京市东城区人民法院（2016）京0101民初6846号民事判决书［该判决书后被北京知识产权法院（2017）京73民终2219号民事裁定书撤销，并发回北京市东城区人民法院重审，原因是作出该裁定书的二审查明，一审原告起诉的被告之一完美时空（北京）影视文化有限公司并非涉案电视剧的著作权人，其作为被告的主体不适格，一审判决未查清涉案电视剧的权属问题，遗漏当事人，违反了法定程序］。

行明确，采用“列举＋兜底”方式，将相关类别的现存和将来可能出现的作品形式包含在授权范围中。同时，应当在授权期限条款中明确约定授权期限届满时应当完成的具体行为，如剧本创作完成、拍摄立项公示、开机、关机、取得发行或公映许可证等，以避免出现争议。

（二）联合投资协议约定不明之“雷”

由于影视剧通常投资巨大，因此多数影视剧都是由几方联合投资。有的影视剧还存在多层投资结构，即初始投资方还可以在其投资额度内引入第三方投资方。如果缔约前未充分了解影视剧的主投和主创公司资质、项目备案情况、不同投资方之间优先回收收益的安排、主创人员奖励安排等，都可能导致签署投资合同后发生纠纷。特别在多层投资结构下，部分投资者的投资权益来源于其他人的转让，因投资权益层次多，使得处于投资交易链条中下游的投资者难以及时跟进项目进展，无法准确掌握该影视剧制作、发行等实际情况，也增加了由于不信任而引发的纠纷。

1. 制作中发生的纠纷

通常，在联合投资合同中，会约定一方作为制作方，负责影视剧的拍摄制作，其他投资方将其投资款支付至制作方的指定账户。在制作过程中，如果制作方未按照摄制预算和进度进行摄制，而其他投资方对于制作过程及资金使用缺乏相应的管理和监督能力，就很容易发生纠纷。例如，2018年5月某投资方单方宣布终止对某网剧的投资，该投资方披露原因是“承制方花光6000多万元投资仅拍不到7集素材”和“欠费欠薪导致工作人员滞留泰国”等严重预算失控问题。[①]

① 参见《影视行业再现纠纷：一剧组拍7集竟花光投资，钱究竟去哪儿了?》，载搜狐网，https：//www. sohu. com/a/233501417_ 351788，最后访问日期：2021年6月3日。转引自庞李洁：《制作方拍7集花光优酷6382万、工作人员滞留泰国2个月没见1分钱，〈套路〉剧组“套路”太深!》，载微信公众号“镜像娱乐”，https：//mp. weixin. qq. com/s/nIkhp_ uR2R－EeRuPU2QHPA，最后访问日期：2021年6月3日。

2. 因收入分配发生的纠纷

（1）固定回报纠纷。在影视剧投资合同中比较常见的一类纠纷为固定回报的投资纠纷，通常是跟投方投入一笔资金，并约定在某个期限届满之时，无论影视剧发行情况如何，主投、主控方均应当按照固定比例向跟投方支付回报。近年来，此类案例[①]被多数法院认定为借贷，并认可合同的有效性。因此，在签署此类固定回报的投资合同时，可考虑直接明确双方的借贷关系，以避免被认定为联营而需要共担风险。

（2）分配基数约定不明导致的纠纷。在联合投资合同中，投资方通常会约定收益分配方式。如合同条款约定不明，或者未就后续达成一致的事项签署补充协议，均可能导致相应的法律纠纷。在 2013 年贺岁档电影《西游降魔篇》合作创作合同纠纷案[②]中，原告、被告双方的主要争议焦点在于涉及票房分红的补充协议是否签署，以及双方进行票房分红的条件和计算基数是票房数还是被告收入数。在该案中，法院直接以原告、被告双方对于涉案补充协议均未签字、盖章，不具备成立要件为由未支持原告的主张。由此可见，各投资方之间应当签署书面协议，明确分配条件和分配计算基数，以避免发生纠纷。

3. “排雷”指南

在投资一部影视剧时，首先需要进行项目尽调，了解项目及主投、主控方情况。一般而言，建议至少核查如下事项：（1）摄制方是否获得了原始 IP 版权方改编权和摄制权授权，以及是否在授权期限内；（2）对于跟投方而言，需要了解签约对方是否有权转让份额，即签约对方是否获得了从剧本备案公示中的报备机构到签约对方的完整“授权链”文件，是否有权引入第三方投资方，是否需要获得其他联合投资方同意等；（3）了解项目基本情况，包括主创人员、主要演员、制作预算、制作计划、剧本等，以初步识别潜在的影视剧投资风险；（4）了解制作公司资信状况以及既往项目经验等履约能力。

① 参见浙江省杭州市中级人民法院（2020）浙 01 民终 140 号民事判决书。

② 参见北京市第三中级人民法院（2014）三中民（知）初字第 13217 号民事判决书。

各投资方应签署一份权利义务明晰的投资合同。对于不负责制作的投资方而言，应当要求享有制作和资金监管权利。具体而言，投资合同需要包含：制作预算和制作进度表；制作费用应当进入共管账户，超过一定额度的资金支出应当经过各投资方批准；制作费用超支和结余的处理方案；制作方应对影视剧的制作质量、不侵权、主创无不当言行等作出承诺。同时，投资合同还应当约定违约责任及合同终止条款，以确保发生纠纷后守约方可以根据合同约定获得相应的赔偿。

（三）主创人员和演员聘用之“雷”

一部影视剧的成功，离不开编剧、导演等主创人员和演员的重要贡献。但实践中，投资方与主创人员、演员的纠纷也屡见不鲜。

1. 投资方与导演的纠纷

投资方与导演的纠纷中，较为常见的是拍摄过程中因对影视剧拍摄决定权约定不清而引发的纠纷。我国目前的影视剧创作主要采用导演中心制，在影视剧摄制的全过程中，建立以导演为核心的创作班子。在摄制组内，导演掌握艺术创作领导权和指挥权，拥有很强的话语权。导演主要关注影视剧的艺术性，而投资方在艺术价值以外还会关注投资的直接市场回报。因此，在制作过程中对于影视剧的质量以及投资金额的把控，投资方与导演可能会产生冲突。一旦发生冲突，双方纠纷如何解决，将取决于导演聘用合同的具体约定。

在某电影导演与制片方聘用合同纠纷案①中，法院认为，有关影视作品创作的最终决定权特别是终剪权（最终剪辑权）的归属问题，应当首先依合同约定加以确定，即合同明确约定导演享有终剪权或者投资方享有终剪权的，均应当从其约定。只有在合同约定不明时，才考虑以行业惯例加以确定。在该案中，双方在合同当中明确约定“导演甲作为该片总导演，对该片的艺术创作具有最终的决定权”。而影视剧的艺术创作包括前期筹备、中期拍摄及后期制作过程，故除非合同明确约定将

① 参见江苏省高级人民法院（2014）苏知民终字第0185号民事判决书。

终剪权排除在外，否则总导演对艺术创作的最终决定权应当包括终剪权。

由法院的观点可知，当导演和投资方就影视剧最终决定权产生争议时，首先应根据合同确定最终决定权的归属。当合同对此并无明确约定之时，才着眼于行业惯例。

2. 投资方与演员的纠纷

部分演员的高片酬已成为社会热议，虽然行政主管部门已颁布了“限薪令”，但阴阳合同的出现又使得“限薪令”形同虚设。而更令投资方头痛的是，一部分演员的不当言行甚至触碰违法犯罪的红线，直接导致其主演的影视剧播出遥遥无期，故已出现投资方一纸诉状将某劣迹男演员诉至法院[①]（被称为国内首起“劣迹艺人”索赔案）。此外，还出现了因“限薪令”导致演员酬劳发生争议，[②] 或因演员“代理公司”不具有签约资质导致的纠纷，[③] 等等。投资方与演员之间的纠纷可谓层出不穷。

3. “排雷”指南

在签署主创人和演员聘用合同时，从投资方角度而言，应当注意：

首先，应当调查拟签约主创人员和演员的经纪关系，以确认代表主创人员和演员签约的经纪公司是否具备签约的资质，从而避免因经纪纠纷而导致影视剧的拍摄受到影响。

其次，对主创人员和演员的背景进行初步尽调，以确认其是否存在影响影视剧摄制和发行的不当言行，包括但不限于不当言论、违反法律法规政策和公序良俗的言行（如吸毒、嫖娼、婚外情、逃税等）。

最后，合同履行细节应当约定明确。在起草与主创人员，包括编剧、导演的聘用合同时，应当明确约定对创作作品的验收标准及发生意

---

① 参见卢扬、杨雅：《唐德影视起诉〈赢天下〉主演高云翔案在京开庭》，载新浪财经，http：//finance. sina. com. cn/stock/relnews/cn/2019 - 10 - 09/doc - iicezuev0969861. shtml，最后访问日期：2021 年 6 月 3 日。

② 参见北京知识产权法院（2020）京 73 民终 2919 号民事判决书。

③ 参见四川省成都市青羊区人民法院（2020）川 0105 民初 5566 号民事判决书。

见分歧时最终决定权的归属。就演员聘用合同而言，包含聘用期限、每日工作时间、离开剧组的审批流程等详细要求。同时，聘用合同还应当约定出现不当言行、延误拍摄等情形的违约责任及投资方终止合同的条款。

另外，在代理公司签约的情形下，应当由主创人员和演员本人出具授权书等相关文件。

（四）影视剧内容之“雷”

1. 影视剧侵权纠纷

影视剧的内容一旦被认定为侵权，将有可能被法院判决禁止发行，从而给投资方造成重大损失。著作权侵权的认定原则是“接触＋实质性相似”。一般而言，如果原权利作品已经公开发表，则法院会认定被诉侵权方有“接触”渠道。因此，是否构成侵权，关键是看被诉侵权作品是否与原作品构成实质性相似。此类纠纷中，法院通常会对原告举证的相似之处进行逐一比对。在某知名作家诉某知名编剧及制片方著作权侵权纠纷案①中，法院认为，原小说和剧本的人物设置及人物关系与其特定情节存在不可分割的关系。原小说和剧本有九个情节相同，包含时间、地点、事件起因、经过发展、结果等细节，对整个故事情节起到了重要作用。基于特定素材的选择以及特定的排列组合形成情节串联整体，这种情节串联整体在前后衔接、逻辑顺序上已经紧密贯穿为完整的个性化表达。这些人物设置及人物关系、情节、情节串联整体均属于原告的独创性表达，应受著作权法保护。

除整体侵权外，影视剧中的素材，如音乐、图片、字体、道具等单个元素也可能侵权。

2. 影视剧内容不当引发的纠纷

因影视剧内容不当所引发的纠纷十分常见。

在某动画片涉嫌侵犯公民的生命权、健康权、身体权纠纷案中，一

---

① 参见北京市高级人民法院（2015）高民（知）终字第1039号民事判决书。

个未成年人模仿该动画片中情节导致其他未成年人被严重烧伤，受害方监护人起诉了侵害方以及该动画片出品方，一审法院判决出品方承担部分责任，该案最终在二审中以和解结案。①

以历史人物为原型的影视剧引发的纠纷。在新闻报道中，我们经常会看到某些历史人物的后人以影视剧情节与事实不符，侵犯历史人物名誉权为由提起诉讼的案件。②

违背传统文化价值观引发的纠纷。例如，在某涉及道家文化的电影公映时，道教协会权益保护委员会主任谴责该片严重违背传统的文化价值观，丑化了道教和道士的形象。③

此外，也存在因涉及暴力、色情等违法违规内容，被主管部门要求下线整改的可能。④

3. “排雷”指南

影视剧的制作应当严格遵守法律法规和政策的要求。对于影视剧中使用第三方作品的情形，应当注意获得相关权利方的授权。如果无法确定某一使用情形是否需要获得授权，或者无法确定是否存在侵权风险，可咨询公司法务部和请外部律师协助进行判断。

如影视剧内容尤其是针对未成年人的内容出现危险动作，建议以适当方式提示“危险动作，请勿模仿”。

在制作以历史人物尤其是近现代人物为原型的影视剧时，建议摄制前与其后人沟通，在必要时可以聘请其后人作为剧本顾问，以避免发生

---

① 参见《三男童模仿〈喜羊羊与灰太狼〉玩“烤羊”游戏，烧伤两个，制作方是否有责任?》，载搜狐网，https：//www. sohu. com/a/197041978_ 100011177，最后访问日期：2021年6月3日。

② 参见韩玲：《霍家后人起诉影片〈霍元甲〉侵犯名誉权》，载北京法院网，http：//bjgy. chinacourt. gov. cn/article/detail/2006/03/id/839234. shtml，最后访问日期：2021年6月3日。

③ 参见《道教界严正谴责陈凯歌：〈道士下山〉丑化道教》，载搜狐新闻网，http：//news. sohu. com/20150719/n417072282. shtml，最后访问日期：2021年6月14日。

④ 参见徐颢哲：《网络大电影不再漏网 60 多部热门大电影集中被下架》，载人民网，http：//culture. people. com. cn/n1/2016/1108/c22219 – 28843047. html，最后访问日期：2021年6月20日。

纠纷。

应在相关合同中约定不侵权的承诺。例如，在编剧聘用合同中，编剧应当作出剧本为原创不侵权的承诺。在联合摄制或委托制作合同中，制作方应当作出影视剧不侵权、不存在违反法律法规及政策和公序良俗的承诺。同时，上述合同中还应当约定出现纠纷后编剧和制作方应当承担的违约责任。

二、发行播出“排雷”指南

（一）宣发争议之“雷”

1. 宣发争议的类型

电影、电视剧取得上映许可证或发行许可证前后的宣传营销和发行工作（业内简称宣发）对于影视剧的顺利上映和播出非常重要。好莱坞影片的宣发资金投入可能占到影片投资总额的30%～50%，中国大部分电影的宣发资金投入占投资总额的比例也很大。例如，2018年春节档上映的某国产电影，宣发成本1.5亿元，宣发成本占投资成本27%左右。[①]

相较于电视剧和网络电影，院线电影的宣传营销工作更为重要，营销的成功与否往往决定了院线电影票房的高低，而票房则决定了投资方能否收回投资成本、取得预期利润。电视剧和网络电影的发行方往往是投资方之一，院线电影的发行方往往与制作方（本文中亦指制片方）独立。因此，院线电影的发行更为复杂。通常而言，制作方在电影获得公映许可证之前就会与发行方签署发行协议，将宣传营销及发行代理工作委托一家或多家发行方。合同中会就宣发费用预算及支出、发行代理费的计算及支付、发行收益计算及分配等作出约定。实践中，也有不少电影采取保底发行方式，即由发行方向制片方支付保底发行收益，并就

---

① 参见《〈唐人街探案2〉正式收回5.5亿成本！〈红海行动〉再度刷新纪录》，载https：//baijiahao.baidu.com/s？id=1593027180900695789&wfr=spider&for=pc，最后访问日期：2021年6月4日。

影片票房超过保底发行收益及扣除成本的部分按照约定比例提成。

据笔者观察，电影宣发阶段易发生的对影片发行可能产生重大负面影响的常见争议类型如表1所示。

表1　电影宣发阶段的常见争议及其负面影响

主要争议事项	重大负面影响
发行合同签署后，影片因未通过审查而无法取得公映许可证	无法发行
影片迟延上映，发行方要求解除合同、停止影片营销宣传工作	迟延发行，发行不达预期
发行方的宣传营销工作无法令制片方满意，制片方在影片上映前临时更换发行机构	临时变更发行方，导致发行宣传计划被打乱
影片因各方无法控制之原因不能在院线如期播出，制片方只好采取补救措施、更换播出平台（例如，新冠肺炎疫情期间一些影片将院线发行调整为网络发行）	需变更播出平台，可能导致违反原发行播出合同的约定

2. “排雷”指南

针对上述宣发阶段可能出现的雷区，有如下“排雷”建议：

（1）针对无法获得发行许可证之情形。此时，发行方不存在过错，制片方应妥善处理与发行方之间的合同，协商减少损失方案，避免进入诉讼而遭受进一步损失；需要重点考虑合同如何解除或变更、宣发费用结算、发行方已支付保底金的处理、发行代理费的支付及发行方损失承担问题。

（2）针对影片迟延上映，发行方提出解除合同之情形。需要考虑发行方解除合同的依据是否充分、主张的损害赔偿是否合理，应尽量协商变更合同并继续履行的方案，如适当调整发行代理费的比例等；如无法协商，则考虑减损措施，包括更换发行方，但已经投入的宣发物料仍继续使用，同时，考虑控制后期的发行节奏与成本。

（3）针对发行方违约，制片方拟更换发行方之情形。建议解除合同前先委托律师对合同解除风险及解除方案出具专业意见，先发函解除原发行合同，再与新的发行方签署发行合同（以避免在与原发行方解除合同前签署新的发行合同而导致在原发行合同项下违约）；同时，合同解除函件发出后，应及时变更票房收款主体，确保影片票房能够被制片方通过有效合同控制。

（4）针对需变更播出平台之情形。建议制片方可向发行方及原平台方告知无法按照原约定方式发行的客观原因，分析是否适用不可抗力之免责情形或情势变更，友好协商变更播出平台的补充协议，明确权责，包括调整合同约定的发行代理费的金额或计算方式等。

（二）版权瑕疵之“雷”

1. 版权瑕疵的情形

版权瑕疵可能呈现多种情形，主要包括上游 IP 权属及授权争议，以及投入制作的 IP 遭遇侵权争议。版权瑕疵危机与影视剧的内容直接相关，往往在影视剧宣传发行阶段或是影视剧播出后才逐渐浮出水面。

（1）上游 IP 权属及授权争议。基于小说改编的影视剧剧本未取得小说作者的完整授权，是上游 IP 权属及授权产生争议的常见原因。很多电影、电视剧的剧本都是基于小说改编，影视剧制作方应当获得小说创作者的授权，具体包括将小说改编为电影或电视剧剧本的授权以及摄制为电影或电视剧的授权。然而，实践中可能出现如下影响影视剧顺利发行的 IP 权属争议：

首先，授权主体认知错误，未获得适当授权。较为常见的情况包括：原作品由多个主体共享著作权，而影视剧出品方未能获得全部著作权人的许可即将小说改编、摄制为影视剧；上游授权方获得的授权范围不充分。

其次，影视剧制作方超范围行使权利。例如，仅约定小说可改编为电视剧而未包含电影，制作方将其改编为电影；或者，上游合同的授权范围约定不明，导致制作方获得的授权并不充分。又如，仅约定电影改编权而并未明确电影是否包含网络大电影。《诛仙》系列网络大电影就陷入类似的侵权争议。[①] 再如，《匆匆那年：好久不见》影视剧纠纷案也是因为制片方对于合同约定的改编作品范围认知有误，进而导致法院认定制片方构成侵权，要求其在停止使用侵权内容之前不得通过信息网络播出案涉影视剧。[②]

最后，授权超期。例如，《人生若如初相见》电视剧纠纷案，一审法院认为被授权方“跨期拍摄”行为侵犯小说作者的摄制权，但基于著作权法利益平衡的基本原则，驳回了原告关于禁播电视剧的诉讼请求。[③] 尽管如此，上述纠纷仍然给该剧投资方造成了损失。

（2）投入制作的IP遭遇侵权争议。最为典型的案例可能是《梅花烙》案。2014年，小说作者发现某电视剧及剧本侵害其创作的剧本《梅花烙》及同名小说《梅花烙》的改编权，故起诉投资方及编剧，要求停止侵权并赔偿损失。法院经过审理认为，该电视剧侵害了《梅花烙》的改编权，并判令各出品方停止侵权（停止播出该电视剧）并赔偿损失。[④]

版权瑕疵对影视剧发行和播出可能带来的极端负面后果是影视剧的拍摄、发行、播出被叫停，制片方可能会收到权利主体的维权函件、法院的行为禁令，甚至法院会判决停止或暂停拍摄、发行、播出。以上任何一种情形，对于投资方都是致命打击。

2. “排雷”指南

（1）针对收到维权函件之情形。建议制片方首先应当要求维权主体提供权属证明，对授权文件原件全面核查，同时对上游授权方提供的

① 参见《萧鼎发文：未授权任何第三方改编〈诛仙〉网络大电影》，载中国娱乐网，http://www.yule.com.cnhtml201703/31227.html，最后访问日期：2021年6月4日。

② 参见北京市海淀区人民法院（2016）京0108民初4553号民事判决书、北京知识产权法院（2017）京73民终2113号民事判决书。

③ 该案被授权方获得原小说的改编拍摄授权为5年，但其在授权合同终止前3天才开始拍摄，小说创作者认为电视剧出品方构成侵权，故起诉要求停止拍摄、播出该电视剧并赔偿损失等。北京市东城区人民法院就该案作出（2016）京0101民初6846号民事判决书，但该案后被北京市知识产权法院以（2017）京73民终2219号民事裁定书裁定发回重审，因而一审判决并未生效。此后，各方达成和解。

④ 参见北京市第三中级人民法院（2014）三中民初字第07916号民事判决书。

授权文件原件进一步比对。如维权主张成立，则需要考虑与权利方协商，争取取得补充授权，完善授权链；如维权主张不成立，则应积极回应，避免错误的权利主体滥用法律手段对影视剧的发行和播出造成不当阻碍。

（2）针对收到行为禁令之情形。一旦收到法院的行为禁令裁定，应立即委托律师研究受理法院出具禁令的法律依据及制片方可能面临的法律风险，并在有事实及法律依据的前提下针对禁令裁定提出复议并做好听证准备，还应与申请人协商提供适当担保解除保全等，以促成影视剧继续制作发行。就应对诉讼禁令而发生的相关诉讼成本、律师费、担保费等，应当通知上游授权方并保留要求其赔偿的权利。

（3）针对收到法院停止摄制、发行的生效判决之情形。如生效判决要求制片方停止影视剧发行和播出，则制片方应当依照判决执行，停止发行和播出。该情形下，就制片方遭受的损失，应当及时向存在过错的上游授权主体主张权利，积极采取行动，避免损失最终由制片方自行承担；同时，也可以考虑与权利主体协商合理的和解方案，争取补正授权的瑕疵，使得影视剧继续播出，以减小制片方的损失，而就此产生的额外成本，同样可以要求存在过错的上游授权方承担。

（三）政策变更之“雷”

1. 政策变更的情形

影视剧从制作到发行播出原本就是一个漫长的过程，而在此过程中的行业新政又使影视剧的发行面临重大变数。这些新政可能表现为政策禁令和政策变更。

（1）政策禁令。以《如懿传》电视剧为例，制片方最初与电视台签署的合同为“先台后网”，并定于在两家卫视黄金时段播出。然而，在原定的播出日期之前，该电视剧始终无法在原定的卫视频道播出，据业内人士猜测，系受“限古令”之影响。该情形下，制片方为减小损失，故调整为“先网后台”播出方案，最终电视剧在线上平台播出，数月之后才在两家卫视非黄金时段播出。①

（2）政策变更。除政策禁令外，一些政策的调整尽管可能不至于导致影视剧无法发行，但对于影视剧的发行收益可能造成负面影响。例如，2015 年原国家新闻出版广电总局实施的“一剧两星”政策，将电视剧原本能够同时在四个卫视频道首轮发行的政策调整为同一部电视剧首轮最多只能在两个卫视黄金时段播出，导致在此前已经投资制作完毕但尚未发行的电视剧的发行收益减少。②

2. “排雷”指南

（1）合同框架下免除责任。建议首先看能否在合同框架下确定免除责任。一旦发生政策变更或政策禁令等情形，建议首先查证联合投资合同、摄制合同中是否将上述情形约定为不可抗力情形予以免责。笔者在帮助客户起草或修改合同时，通常会建议客户在合同中将约定免责的范围予以扩充，将政策变更和政策禁令等一并纳入约定免责范围。在合同有明确约定情形下，如一方认为已经构成约定免责之情形，导致己方无法履行相应义务甚至导致影视剧无法发行时，应当及时告知合同相对方并提供证据，在确定继续履行会导致无法实现合同目的时，则及时提出解除合同。

（2）法律框架下变更或解除合同。在合同无明确约定情形下，建议考虑是否可以在法律框架下变更或解除合同。在法律框架下，发生不可归责于合同双方当事人过错的情形，导致合同履行条件发生重大变化，致使合同履行之基础动摇或丧失，若继续履行合同将显失公平，法

---

① 参见《〈如懿传〉上星播出　卫视押宝爆款网剧曲线救国》，载中国青年网，https：//baijiahao. baidu. com/s？id = 1621001841318731347&wfr = spider&for = pc，最后访问日期：2021 年 6 月 4 日。

② 参见何佳穗：《“一剧两星”致片方收入约减少三成　部分剧停拍》，载人民网，http：//media. pepeop. com. cn/n/2014/0611/c14677 – 25136261. html，最后访问日期：2021 年 6 月 4 日。

律允许合同当事人依据情势变更原则解除或变更合同。[①] 但是，司法实践中，法院对于情势变更原则的适用极为严格，需要充分考察情势变更情形与合同无法按原约定履行之间的因果关系、继续履行原合同是否将显失公平等。以“一剧两星”政策变更为例，笔者查到两个准许适用情势变更原则变更合同的案例。[②] 因此，在缺少明确的合同约定免责条款以及无法适用法定不可抗力免责情形下，如继续履行合同确实将显失公平，主张适用情势变更原则解除或变更合同，仍然是一条值得尝试的路径。

（四）演员失德之“雷”

1. 演员失德的表现形式

演员失德危机对影视剧发行和播出往往带来致命的负面影响。例如，投资金额超过人民币5亿元的电视剧《巴清传》原定于2018年播出，但由于男一号涉嫌性侵，导致播出暂缓；此后，制片方使用“抠图”方式以其他演员替代涉嫌性侵的演员。然而，一波未平一波又起，该剧女一号又被曝因“阴阳合同”事件而被处以巨额罚款，导致该剧播出又被暂缓。[③] 此外，多位涉黄、涉毒的劣迹艺人以及涉嫌婚外恋、学历造假等负面新闻的演员等主演或参演的影视剧均面临无法发行的局面，制片方为此不得不“抠图”或替换演员补拍相应的镜头以减小损失。

---

① 参见《民法典》第533条规定：“合同成立后，合同的基础条件发生了当事人在订立合同时无法预见的、不属于商业风险的重大变化，继续履行合同对于当事人一方明显不公平的，受不利影响的当事人可以与对方重新协商；在合理期限内协商不成的，当事人可以请求人民法院或者仲裁机构变更或者解除合同。人民法院或者仲裁机构应当结合案件的实际情况，根据公平原则变更或者解除合同。”

② 参见陕西省高级人民法院（2019）陕民再16号民事判决书、陕西省高级人民法院（2016）陕民终692号民事判决书。

③ 参见《花6000万“技术撤换”范冰冰、高云翔〈巴清传〉到底能播吗?》，载虎嗅网，https://www.huxiu.com/article/320790.html，最后访问日期：2021年6月4日。转引自猫叔：《花6000万更换主演，唐德影视能否救回投资5.8亿的〈赢天下〉?》，载微信公众号“猫影文娱”，https://mp.weixin.qq.com/s/jN8oPf6h4LGeUhdz4yl－DQ，最后访问日期：2021年6月4日。

2. “排雷”指南

（1）制作过程中发生演员失德危机。该情形下，制片方应当依据合同中的相应条款立即解除与演员之间的聘用合同，并协商处理方案、损失承担方案；同时，立即更换演员，对于已经拍摄部分进行补拍，以最大限度降低影视剧将来无法发行播出的风险。

（2）制作完成后发生演员失德危机。此时发生类似危机，可能导致已经制作完成的影视剧无法获得发行许可证或公映许可证；在已经获得许可证情形下，也可能导致无播出平台愿意采购或采购后无法播出。该情形下，可以考虑的方案包括：采取技术手段对已经制作完成的内容进行重新剪辑，删除涉事演员的镜头；如该演员为戏份较多的主要演员而无法通过重新剪辑方式完成，利用“抠图”技术可能是更为合适的方案。对于重新剪辑、“抠图”产生的相应成本、损失可以考虑要求相关艺人退还报酬、承担损失。

（五）片源泄露之“雷”

1. 片源泄露

影视剧发行前因为各种原因导致片源泄露，同样会使得影视剧的发行面临严重负面影响。例如，《人民的名义》电视剧在热播期间，55集的高清视频片源均遭到泄露。[①] 又如，另一部电视剧在热播期间也遭遇片源泄露，导致收视率下降。[②] 盗版片源传播迅速，难以遏制，正版的播出渠道收视率或多或少地会受到一定影响。

2. “排雷”指南

片源泄露危机多为第三方侵权行为导致。发生片源泄露危机时，制片方应当首先查证资源泄露的源头，并在获得初步证据的情形下及时报

① 参见《〈人民的名义〉片源遭泄露！盗版猖狂谁来遏制?》，载搜狐网，https：//www. sohu. com/a/135176252_ 586389，最后访问日期：2021年6月4日。

② 参见《〈亲爱的热爱的〉全集资源泄露，收视率下降，杨紫发文太心酸》，载https：//baijiahao. baidu. com/s? id = 1639906645401837790&wfr = spider&for = pc，最后访问日期：2021年6月4日。

案，要求警方采取措施禁止进一步传播，同时，应通过律师函的方式要求传播主体、平台停止继续传播侵权内容。同时，对于泄露片源的主体，制片方应当立即采取维权措施，要求泄露主体承担民事侵权责任，甚至刑事责任。

三、结语

影视剧行业是一个高投入、高风险、高回报、专业性较强的行业，同时，影视剧行业的合同履行也会存在种种不确定因素，以至于业内有共识：备案不见得能拍，拍了不见得能拍完，拍完不见得能制作完，制作完不见得能发行，能发行不见得能播出，能播出不见得能火，能火不见得能回款。这足见影视剧投资制作和发行播出过程中的风险之高、法律问题之复杂。

参与影视剧投资制作和发行播出，应当审慎决策，增强法律风险防范意识。除商业决策外，投资方可以引入法律专业人士参与项目尽调、风险评估和合同起草及审阅，甚至参与对影视剧内容的最终审核，从源头上尽量避免影视剧投资制作和发行播出中可能出现的法律风险和纠纷。另外，投资者在投资、制作、审批、发行等重要阶段，应注意留存证据，提高维权能力，以应对可能出现的法律纠纷。

作为影视娱乐行业的专业律师，在发生上述危机事件之时，需要以专业经验，为制片方和投资方提供支持，以尽早化解危机，顺利助推影视剧的发行及播出。

（本文仅代表作者个人观点。特约编辑：姬德华）

私募基金投资中的“名股实债”及其法律风险

范向阳[*]　何　幸[**]

“名股实债”，顾名思义是指以股权投资之名行债权投资之实，曾经一度广泛存在于私募股权基金的投资实践中。“名股实债”的投资形式之所以颇受青睐，有三个方面的原因：对融资方而言，无外乎是通过该类交易安排实现规避监管、避免占用授信额度、降低项目公司资产负债率等目的；对投资方而言，则源于对稳健收益的需求；对私募机构而言，则既有规避“禁止刚性兑付”监管规则的原因，也有满足投资人实际需求的考虑。

但是，由于私募机构并无放贷资质，而且面临监管部门越来越严格的债权投资限制和行政监管，更重要的是，随着司法机关对所谓“职业放贷人”打击力度的加大，私募股权投资机构“名股实债”投资相较以往面临更多的法律风险。基于此，笔者认为有必要结合当前的司法实践和监管动向，对“名股实债”投资可能面临的相关问题进行分析，供私募基金从业人员借鉴和参考。

一、“名股实债”的判断标准

一般而言，私募基金常见的“名股实债”交易安排包含“一进”

[*] 北京市中闻律师事务所合伙人。

[**] 北京市中闻律师事务所专职律师。

与“一出”两个阶段：投资方需与融资方签订股权转让或增资扩股协议，谓之“一进”；双方约定融资方需要回购投资方股权并按照固定本息支付回购款，谓之“一出”。这种“股权或股权收益权转让＋回购”的交易安排是最典型的私募基金“名股实债”安排，本文将主要围绕此种典型交易模式展开讨论。

尽管现行法律法规并未确定“名股实债”的构成要件，但司法实践中对此已经有倾向性的裁判标准。[①] 一般而言，人民法院在对“名股实债”的情况进行认定时，往往会以交易合同中存在类似“固定收益承诺”和“到期无条件回购”的条款作为核心要件，[②] 同时，是否有规避监管目的、[③] 固定收益率的高低、[④] 投资方是否实际参与公司管理[⑤]等也是人民法院认定是否构成“名股实债”的考量因素。

（一）关于固定收益承诺

所谓固定收益承诺，一般是指交易合同中会对投资方的资金收益回报以固定数额或者固定收益率的方式进行约定，且资金收益回报情况与融资方的经营业绩没有任何直接关系。

固定收益的表现形式主要包括：（1）固定收益金额，即交易合同中会明确约定具体金额作为投资方的收益；（2）固定收益率，即交易合同中会明确约定计算投资方收益的具体利率标准；（3）固定收益计算公式，即投资方与融资方就收益回报参照各种系数约定具体的计算公

---

① 参见最高人民法院（2016）最高法民终435号民事判决书、最高人民法院（2017）最高法民申4274号民事判决书、陕西省西安市中级人民法院（2017）陕01民终2800号民事判决书、吉林省高级人民法院（2017）吉民终383号民事判决书、四川省高级人民法院（2015）川民终字第1135号民事判决书、安徽省合肥市中级人民法院（2017）皖01民终5354号民事判决书、江苏省徐州市云龙区人民法院（2017）苏0303民初6529号民事判决书。

② 参见最高人民法院（2019）最高法民申3206号民事裁定书、最高人民法院（2018）最高法民再154号民事判决书。

③ 参见最高人民法院（2019）最高法民终355号民事判决书。

④ 参见最高人民法院（2019）最高法民终355号民事判决书。

⑤ 参见最高人民法院（2019）最高法民申3206号民事裁定书、最高人民法院（2019）最高法民终1532号民事裁定书、最高人民法院（2019）最高法民终793号民事判决书。

式。或许前述表现形式会与交易合同中的表述有所不同，但其最终结果均体现为投资方的资金收益回报明确具体，且不会受约定标准之外其他因素的影响。

人民法院之所以将固定收益承诺作为认定“名股实债”的核心标准之一，在于一般股权投资的终极目标并非取得固定的收益，而是通过参与或者控制某一目标公司的经营活动实现其利益的最大化，因而股权投资方与融资方实际上是作为利益共同体而存在的，这便要求股权投资方与融资方的合作应以“共担风险、共负盈亏、共享收益”为基本原则。但是，“名股实债”交易安排中关于固定收益承诺的约定，明显与“共担风险、共负盈亏、共享收益”的基本精神相违背，也即此种交易行为不符合股权投资的基本特征，因此，固定收益承诺的约定自然成为人民法院审查是否构成“名股实债”时首要的关注点。

（二）关于到期无条件回购

所谓到期无条件回购，实际上也是以股权投资为“参照物”来判断“名股实债”交易安排的另外一个重点。

目前，正常的股权投资一般不会对股权回购进行约定，或者是采用“对赌条款”的方式来对股权回购作出交易安排，而采用“对赌条款”方式约定股权回购，回购条件一般与目标公司未来的经营效益（或业绩）有着十分密切的关系，“对赌条款”回购条件的成就因受目标公司的经营状况或者投资人关注的其他重要因素的影响而存在不确定性。

相较而言，“名股实债”交易安排下的投资方作为融资方的债权人，虽然会因融资方的经营状况与其债权实现有一定关联而关注融资方的经营情况，但债权投资方更加关注的是其债权本金及收益收回的期限，因而“名股实债”交易合同中必然会设定到期无条件回购条款，用以保证投资本金及收益的及时收回。

此处的无条件回购包括形式上的无条件回购与实质上的无条件回购。形式上的无条件回购，是指在交易合同中明确约定融资方应在某个时间节点无条件地对投资方持有的股权以一定的价格（投资本金＋投资回报）进行回购；而实质上的无条件回购，则是指交易合同中虽然约定了股权回购的成就条件，但是该回购条件实际并不存在不确定性，是必然会发生的，融资方对此亦心知肚明。由此可知，对于无条件回购的判断仍需结合具体个案情况确定。

（三）关于认定“名股实债”的其他主要考量因素

1. 是否存在规避监管的目的

金融市场的稳定与国计民生息息相关，这也是近几年来基金监管部门对私募基金的投资、交易等行为逐步加强监管的重要原因。鉴于此，人民法院在审理相关案件时，往往会通过审查交易模式是否存在规避行业监管的情况，进一步探究交易各方的真实交易目的，并据此对案件性质、交易合同的效力以及法律适用等问题作出判断。

2. 收益率的高低程度

投资人进行债权投资的目的即在于获取可观的投资收益，而投资收益情况又直接取决于投资收益率的高低。如此，若投资人在交易合同中约定的投资收益率较高，则人民法院必然会对其交易行为与一般的借贷行为进行比较，因而收益率的高低对于人民法院审查真实交易目的，并据此判断是否构成“名股实债”具有重要的参考价值。

3. 是否参与目标公司的经营管理

基于股权投资与债权投资的目的不同，股权投资人与债权投资人自然对于目标公司的经营业绩关注程度不同。在一般情况下，股权投资人会通过直接参与目标公司的经营管理来实现其利益最大化。

相较而言，债权投资人则不会“多此一举”，因为无论目标公司的经营状况如何，债权投资人都只是享有固定的投资收益，不存在参与目标公司经营管理的直接动力。

虽然司法实践中亦存在部分股权投资人游离于经营管理之外的情况，但实际上其行为与“名股实债”情况下债权投资人弃绝管理还是有着本质的区别,[①] 故而是否参与目标公司的经营管理对于判断投资行为是债权投资还是股权投资有着重要的意义。

4. 是否履行公司股权变更登记手续

对于以参与或控制公司经营管理为目标的股权投资人而言，取得“名正言顺”的股东资格是实现其投资目标的基本前提，而根据我国《公司法》第32条第3款的规定,[②] 在股东发生变化后，应当向公司登记机关办理变更登记手续，否则不能产生对抗第三人的法律效果。

虽然目前存在较多隐名股东的情形，但是，对于隐名股东的认定标准在司法实践层面并不统一，而对将名义上的股权登记人视为法律意义上的股东却并无异议。

与此相反，“名股实债”交易下的债权投资人，对于是否履行股权登记变更手续并不像股权投资人那样关注，原因在于债权投资人与融资方之间的交易合意中实际并不存在股权转让的真实意思，故而股权变更登记手续对于交易双方而言也就没有真实的履行意义，而且变更与否均不会影响债权投资人的实体利益。

因此，人民法院在审查类似案件时，亦会根据股权变更登记履行情况对交易双方的交易目的综合分析，以确定是否属于“名股实债”。

综上所述，人民法院对“名股实债”问题的判断是综合性的，即探究当事人真实投资目的是持股还是借贷，而非将某些条件的满足绝对化。因此，即便具备保本返息承诺、无条件回购这两个核心要件，也尚不足以构成“名股实债”。

比较典型的案例可以参考（2019）最高法民终355号民事判决书。在该案中，虽然增资协议中存在固定收益和逐年退出的约定，但人民法院认为应当结合合同签订时的背景、目的、条款内容及交易模式、履行情况综合判断，法院最终基于以下四点理由未认定构成“名股实债”:

---

① 区别即在于一个是目标公司的“主人”，另一个则是目标公司的债权人。

② 《公司法》第32条第3款规定：“公司应当将股东的姓名或者名称向公司登记机关登记；登记事项发生变更的，应当办理变更登记。未经登记或者变更登记的，不得对抗第三人。”

一是投资模式符合商业惯例，不属于规避监管的情形；二是投资方取得了股东资格并享有表决权，在一定程度上参与管理；三是固定收益、逐年退出及股权回购等条款不影响交易目的和投资模式；四是固定收益较低（仅有年化利率1.2%），明显不属于借贷利息。

人民法院进行综合性审查和判断的原因，可能在于“名股实债”虽然存在名实不符的问题，但是该种融资方式本身并无实质危害性，反而具有解决融资问题的正向价值，因此，法院似乎不太愿意确立绝对标准，而是更倾向于尊重各方意思，结合具体情况权衡投、融资双方以及特殊情况下第三人的利益，避免实质不公平的情况发生。比较典型的案例可参见浙江省湖州市吴兴区人民法院（2016）浙0502民初1671号民事判决书。在该案中，法院不支持投资人申报债权的诉求，其中，破产清算中债权人利益的平衡是法院的重点考虑因素。

同样的观点在最高人民法院民二庭法官会议纪要中也有所反映：“名股实债并无统一的交易模式，实践中，应根据当事人的投资目的、实际权利义务等因素综合认定其性质。”

二、“名股实债”的效力问题

民事法律行为的效力问题影响到交易各方实体权利的认定、法律规范的适用以及行为无效后的责任分担等关系裁判结果的问题，是人民法院在处理民商事争议案件时首先关注的问题，讨论“名股实债”交易时亦是如此。需要说明的是，“名股实债”交易中实际存在两个层面的行为，即“名股交易”行为与“实债交易”行为，其效力问题亦应分别讨论。

（一）“名股交易”的效力

对“名股交易”的效力问题之分析，还是应回归到《民法典》的规定上来。《民法典》第143条规定：“具备下列条件的民事法律行为有效：（一）行为人具有相应的民事行为能力；（二）意思表示真实；（三）不违反法律、行政法规的强制性规定，不违背公序良俗。”由该条规定可知，只有在意思表示真实的情况下，民事法律行为才产生效力。《民法典》第 146 条第 1 款规定："行为人与相对人以虚假的意思表示实施的民事法律行为无效。"[①] 而"名股交易"实际上就是投、融资双方的虚假意思表示，根据上述法律规定，应当认定"名股交易"属于无效法律行为，对于交易双方并不能产生约束效力。

实际上，司法实践中对于"名股交易"的效力问题已形成了较为统一的观点。例如，《最高人民法院民事审判第二庭第 5 次法官会议纪要》就认为："一旦确定投资人的真实意思是取得固定收益而非成为真正股东，则往往存在名为股权转让（或增资扩股）实为借贷的问题，构成虚伪意思表示中的隐藏行为。此时存在两个行为，名义上的股权转让（或增资扩股）属于虚伪意思表示，根据《民法总则》第 146 条第 1 款有关'行为人与相对人以虚假的意思表示实施的民事法律行为无效'的规定，该行为无效。"

（二）"实债交易"的效力

司法实践对"实债交易"行为效力的认定及审查力度，实际上随着法律法规对企业间借贷行为效力态度的变化而经历了相应的转变过程，具体表现为以下三个阶段。

1. 借贷无效及严格审查阶段

2015 年《最高人民法院关于审理民间借贷案件适用法律若干问题的规定》[②]（以下简称《民间借贷司法解释》）实施前，企业间借贷行为在法律上被绝对禁止，主要体现在 1991 年最高人民法院发布的《关于人民法院审理借贷案件的若干意见》（已失效）、1996 年中国人民银行发布的《贷款通则》、1998 年国务院发布的《非法金融机构和非法金融业务活动取缔办法》（已失效）等法律规定中。

司法机关在此问题上的态度也与监管部门一脉相承，1990 年最高

---

① 自 2021 年 1 月 1 日起生效的《民法典》第 146 条与《民法总则》（已失效）第 146 条的规定相同。

② 该文件目前已被修改。

人民法院印发的《关于审理联营合同纠纷案件若干问题的解答》（已失效）第 4 条第 2 项明确规定："企业法人、事业法人作为联营一方向联营体投资，但不参加共同经营，也不承担联营的风险责任，不论盈亏均按期收回本息，或者按期收取固定利润的，是明为联营，实为借贷，违反了有关金融法规，应当确认合同无效。……"

其后，2005 年最高人民法院公布的《关于审理涉及国有土地使用权合同纠纷案件适用法律问题的解释》第 26 条[①]规定："合作开发房地产合同约定提供资金的当事人不承担经营风险，只收取固定数额货币的，应当认定为借款合同。"

根据前述司法解释的规定，类似保底条款或固定收益约定，司法实践偏好于认定其属于借贷类债权，相关行为效力应根据企业间借贷的行为效力判定。

在此背景下，大量企业间借贷的行为被人民法院认定为无效行为，其裁判依据为《合同法》（已失效）第 52 条第 3 项"以合法形式掩盖非法目的"[②] 的行为无效。[③]

正是基于此时期企业间借贷行为应为无效的普遍认识，人民法院倾向于严格审查交易各方的真实意思，并据此对涉案的法律关系作出符合当时规则和司法政策的认定。

2. 借贷原则上有效及适度审查阶段

自 2015 年 9 月 1 日起施行的《民间借贷司法解释》[④] 第 1 条第 1 款规定："本规定所称的民间借贷，是指自然人、法人、其他组织之间及

① 经 2020 年 12 月 23 日最高人民法院审判委员会第 1823 次会议通过的《最高人民法院关于修改〈最高人民法院关于在民事审判工作中适用《中华人民共和国工会法》若干问题的解释〉等二十七件民事类司法解释的决定》修正，该条调整为第 23 条。

② 《民法典》删除了该表述，但在第 146 条中规定："行为人与相对人以虚假的意思表示实施的民事法律行为无效……"

③ 参见最高人民法院（2010）民提字第 110 号民事判决书、上海市第二中级人民法院（2013）沪二中民四（商）终字第 1261 号民事判决书、河南省高级人民法院（2014）豫法民二终字第 7 号民事判决书。

④ 该司法解释于 2020 年 12 月 29 日进行了第二次修正，并自 2021 年 1 月 1 日起生效，引用的为 2015 年的条文规定。

其相互之间进行资金融通的行为。”该条规定明确将法人及其他组织纳入了民间借贷的主体范畴，使企业之间为生产经营目的而进行的借贷行为合法化。同时，该司法解释对民间借贷合同无效的情形亦通过“负面清单”[①] 的形式，突出企业间借贷行为有效的一般认定原则，改变了此前对企业间借贷的严控和排斥态度。

在“实债交易”的认定与否不再是决定交易行为效力问题的关键性因素的形势下，人民法院对于“名股”是否构成“实债”的审查力度也有所缓和，不再如以前严格。

审查力度的适度放缓主要表现为两方面：一是鲜有再依据原《合同法》第 52 条第 3 项认定交易双方“名股实债”行为无效的案例。二是对金融领域常见的“股权或股权收益权转让 + 回购”的交易安排，人民法院在认定“名股实债”时持审慎态度，多会尊重当事人约定的文本意义，乃至不少案例[②]根本不再讨论股债之争而直接认可其效力。

当然，实践中也存在一些较为特殊的情况。例如，一元转股、存在明显的借款外观等情形，人民法院会倾向于认定构成“名股实债”,[③] 但是亦不再轻易认定其为无效行为。

3. 限缩借贷有效的范围及加强审查阶段

2020 年，最高人民法院对《民间借贷司法解释》进行了修订，在原来认定民间借贷合同无效情形的基础之上，增加了“职业放贷无效”

① 2015 年《民间借贷司法解释》第 14 条规定：“具有下列情形之一，人民法院应当认定民间借贷合同无效：（一）套取金融机构信贷资金又高利转贷给借款人，且借款人事先知道或者应当知道的；（二）以向其他企业借贷或者向本单位职工集资取得的资金又转贷给借款人牟利，且借款人事先知道或者应当知道的；（三）出借人事先知道或者应当知道借款人借款用于违法犯罪活动仍然提供借款的；（四）违背社会公序良俗的；（五）其他违反法律、行政法规效力性强制性规定的。”

② 参见北京市高级人民法院（2019）京民终 236 号民事判决书。

③ 参见重庆市高级人民法院（2014）渝高法民初字第 00010 号民事判决书。

的规定。①

其实，对于职业放贷的效力问题，2019 年《全国法院民商事审判工作会议纪要》（以下简称《九民会纪要》）第 53 条就作出了相同的裁判指引。②

在此情况下，民间借贷合同无效的情形相对扩大，即“实债交易”被认定有效的范围转向限缩的趋势。

与此同时，地方各级人民法院遵循上述审判指导意见及司法解释的精神，通过制定职业放贷人认定标准③或者制作职业放贷人名录的方式来为类似案件的审理提供标尺。如此，从趋势上看，在审查私募投资交易行为是否涉及职业放贷的问题上，司法实践存在强化对“名股实债”行为审查力度的可能。

需要指出，实践中曾有一段时期，相关法院将对赌回购也纳入“名股实债”范围，不过，自从最高人民法院在“海富”案中确立投资机构与目标公司股东的对赌有效的裁判规则后，对赌回购已经被司法实践普遍认可，尤其是在《九民会纪要》明确对赌回购约定有效的背景下，对投资者与目标公司股东乃至目标公司之间的对赌回购应为股权投资，应该不会再有争议。究其原因在于：第一，对赌回购与“名股实债”类回购在回购触发机制上不同，前者是有条件的，而后者是无条件的。

---

① 2020 年第二次修正的《民间借贷司法解释》第 13 条规定：“具有下列情形之一的，人民法院应当认定民间借贷合同无效：（一）套取金融机构贷款转贷的；（二）以向其他营利法人借贷、向本单位职工集资，或者以向公众非法吸收存款等方式取得的资金转贷的；（三）未依法取得放贷资格的出借人，以营利为目的向社会不特定对象提供借款的；（四）出借人事先知道或者应当知道借款人借款用于违法犯罪活动仍然提供借款的；（五）违反法律、行政法规强制性规定的；（六）违背公序良俗的。”

② 《九民会纪要》第 53 条规定：“未依法取得放贷资格的以民间借贷为业的法人，以及以民间借贷为业的非法人组织或者自然人从事的民间借贷行为，应当依法认定无效。同一出借人在一定期间内多次反复从事有偿民间借贷行为的，一般可以认定为是职业放贷人。民间借贷比较活跃的地方的高级人民法院或者经其授权的中级人民法院，可以根据本地区的实际情况制定具体的认定标准。”

③ 综合天津、浙江、江苏、河南等地法院的规定，认定职业放贷人的具体标准包括：出借人在一定期间内放贷次数、同一原告或关联原告提起民间借贷案件数量、借贷合同约定的格式化程度以及出借人是否公开推介、宣传或明示出借意愿、借款金额和利息等。不同地区的法院对同一原告在一定期间内提起民间借贷案件数量的标准有所不同。

第二，对赌回购与“名股实债”类回购的本质区别在于，投资机构究竟是为了获得固定收益（“名股实债”），还是在无法满足正常退出情况下的估值调整（对赌）。

正因如此，在符合一般民事法律行为构成要件的情况下，私募股权投资机构与目标公司和股东之间的对赌条款应为有效，这不应再有疑问。当然，依据《九民会纪要》，与公司对赌能否请求履行要根据其是否符合法定的减资程序进而具体判断得到司法裁判支持的可能性。

三、私募基金“名股实债”投资在严格监管环境下面临的民刑法律风险

在私募基金监管日益趋严的情况下,无论是私募机构自身抑或是相关从业人员，都有必要防患于未然，这就需要了解“名股实债”交易在当前环境下可能存在的法律风险，并据此有针对性地完善相关交易结构，实现交易的合法合规。

私募基金“名股实债”投资面临的法律风险应当说既有行政的，也有民事的和刑事的，限于篇幅，本文的探讨主要集中于民事法律风险和刑事法律风险两类。

（一）民事法律风险

就过往司法实践而言，私募基金所涉“名股实债”问题，与其他民事主体相比较，在司法审查方面并没有体现出被特殊对待的情况。不少法院也曾直接表明将“股权或股权收益权转让 + 回购”的交易安排视为私募基金正常投资方式的观点，并不会轻易适用民间借贷的有关规则否认其行为效力。

但是近两年司法和行业监管动向的发展，尤其是行业监管对债权投资的限制趋严以及司法裁判意见的逐步明确，可能会联动影响司法实践对于“名股实债”的审查力度，使未来“名股实债”类投资增加了新的变量。

1. 行政监管趋严可能影响“名股实债”的效力

从私募基金发展的过程来看，监管部门对其进行债权投资（包括“名股实债”）的行为明显是在加强控制，具体表现为：2017 年 10 月 1 日后，从事私募债权投资基金业务的管理人暂停登记。2018 年 1 月 12 日，中国证券投资基金业协会发布《私募投资基金备案须知》（已失效）明确底层标的不得为借贷性质的资产或其收（受）益权，不得通过委托贷款、信托贷款等方式直接或间接从事借贷活动。2019 年 12 月 23 日，中国证券投资基金业协会发布《私募投资基金备案须知》，明确禁止私募投资基金设置无条件刚性回购安排。2020 年 12 月 30 日，中国证券监督管理委员会发布《关于加强私募投资基金监管的若干规定》，也明确禁止“名股实债”，并原则禁止债权投资。

在监管部门加大对私募基金行业的监管力度的情势下，法院很可能对“股权转让 + 回购”类的“名股实债”交易进行严格的穿透性审查。这不仅仅是因为规避监管目的是法院在审查涉及“名股实债”案件时会参考的因素之一，更重要的是，违反监管规则，使得“名股实债”问题所导致的后果不仅可能影响实际的收益利息的上限（是否适用民间借贷利率保护上限），还会涉及合同效力问题，而合同效力问题的审查往往属于法院重点关注且不能绕开的问题。

综合来看，法院基于违反“名股实债”监管规则而认定交易行为无效的可能路径有以下两种：第一，因违反证监会部门规章，可能被法院认定涉嫌危害金融安全从而构成违背公序良俗，最终导致合同无效。第二，鉴于私募基金都需要先备案后投资，如果私募基金在没有备案情况下违规进行“名股实债”投资，也就等于违反了《证券投资基金法》关于私募基金投资必须备案的规定，可能涉嫌违反强制性法律规定而无效。

2. 新的裁判规则可能影响“名股实债”的效力

《九民会纪要》对于金融领域信托公司投资中类似的股权回购安排给出了较为具体的意见，即“要以其实际构成的法律关系确定其效力，并在此基础上依法确定各方的权利义务”。

同时，最高人民法院对于类似信托公司的回购交易进行分析时指出："当事人所追求的效果意思，是判断法律关系性质的决定性因素。……回购交易中的出让方负有在一定期间经过之后以固定价格买回协议标的物的义务，回购方对于是否买回并无选择的权利。因此，从合同双方当事人所追求的效果意思来看，卖出回购一方所追求的是获得融通资金，买入返售一方所追求的是获得固定的本息回报。当事人之间的基本法律关系符合《合同法》第196条①的规定，依法应当认定为借款合同。"②

上述司法意见虽并非直接针对私募基金投资，但是已经能反映出人民法院对于以信托投资为代表的投融资领域中此类刚性兑付回购安排的明确裁判意见。此种意见是否具有辐射效应，是否会直接影响到司法实践对整个投融资领域股权回购之"名股实债"交易的实质审查力度，不能不说具有相当大的可能性，如此，则"名股实债"交易"遁形"的可能性将大大降低。

需要说明的是，上述裁判规则仅仅是针对信托公司的相关交易行为而言，但由于信托公司本身自有放贷资质，该"名股实债"的意见实际并不会对信托公司等金融机构的交易效力产生实质影响。但对于没有放贷资质且债权投资面临严格限制的私募基金而言，其交易行为效力认定的结果可能会完全不同。

3. "名股实债"交易无效的民事法律后果

无论是基于行政监管还是裁判规则认定"名股实债"交易无效，在民事法律范畴之内，均应按照一般的合同无效来进行处理，对于投资人可能产生如下不利后果：第一，合同无效后，双方当事人取得的财产应予以返还，可能会致使交易行为提前终止，将影响投资人的长期收益。第二，合同无效后，相关固定收益约定亦不再具有约束力，投资人无法按照约定取得较高的投资收益，只能依据实际损失或者全国银行间

① 现为《民法典》第667条。

② 最高人民法院民事审判第二庭编著：《〈全国法院民商事审判工作会议纪要〉理解与适用》，人民法院出版社2019年版，第471页。

同业拆借中心公布的贷款市场报价利率主张资金占用费。第三，对于因合同无效造成的其他损失，人民法院可能会结合交易各方的过错情况来进行分配，造成投资人出现经济损失。总之，“名股实债”如果被认定无效，投资人可能存在投资目标无法实现并产生经济损失的风险。

（二）刑事法律风险

在行业监管对私募基金债权投资不断趋紧的同时，2019 年 7 月 23 日最高人民法院、最高人民检察院、公安部、司法部联合发布的《关于办理非法放贷刑事案件若干问题的意见》（以下简称《非法放贷意见》），对私募基金行业的影响也不容忽视。《非法放贷意见》对非法放贷行为构成非法经营罪及具体定罪量刑标准进行了详细规定。

1. 非法放贷构成非法经营罪的要件

《非法放贷意见》第 1 条第 1 款①对非法放贷构成非法经营罪的要件作出了规定，主要包括以下五个方面：第一，不具有放贷资质，即未经监管部门批准或超越经营范围进行放贷。第二，具有经常性，即 2 年内向不特定多人（包括单位和个人）以借款或其他名义出借资金 10 次以上。第三，向社会不特定对象发放贷款，即向亲友、朋友、单位内部成员等具有亲属关系或关联关系以外的不特定主体发放贷款。第四，情节严重，即从非法放贷数额、违法所得数额、非法放贷对象的数量等方面考量，该行为具有严重的社会危害性。第五，以营利为目的，即有获取经济利益的主观目的。

可以发现，当前民间借贷关系中放贷人的放贷行为实际上很容易符合全部入罪要件的构成，而作为实质借贷行为的“名股实债”交易也必然会被划入《非法放贷意见》的规范范畴之内，可能存在的刑事风险也就不言而喻了。

---

① 《非法放贷意见》第 1 条第 1 款规定：“违反国家规定，未经监管部门批准，或者超越经营范围，以营利为目的，经常性地向社会不特定对象发放贷款，扰乱金融市场秩序，情节严重的，依照刑法第二百二十五条第（四）项的规定，以非法经营罪定罪处罚。”

2. “名股实债”行为是否入罪的分析

如上文分析，虽然近年来私募基金债权投资已经受到严格的限制，但在《非法放贷意见》实施之前，即便私募基金违规进行债权投资，法律后果多停留在民事责任和行政责任层面，刑事责任则集中在募集端的非法集资案件范围。随着《非法放贷意见》的实施，私募基金违规债权投资如果满足特定要件则存在构成非法经营罪的可能。

同时，我国《刑法》奉行双罚制，私募基金、管理人及直接涉及放贷的从业人员，都可能成为犯罪主体，而对于这一刑事责任风险，恐怕很多私募基金管理人都始料未及。

但从《非法放贷意见》实施后的实践情况来看，其打击范围似乎均是指向借贷关系中直接、明确的放贷行为，而鲜有涉及具有一定隐蔽性的“名股实债”交易。

笔者猜测，之所以会有这样的结果，其原因可能在于：第一，“名股实债”本身具有隐蔽性，其在民商事争议的个案司法审查中尚存争议，很难期待公、检、法机关在认定非法放贷时对此类交易进行全面且实质的审查。第二，非法放贷入刑需要满足向不特定对象放贷，而司法实践中为了避免打击面过广，对于不特定对象的范围有所限制，如亲友、单位内部成员、同事、老乡、有借贷之外合作历史的交易伙伴等一般均被排除在不特定对象范围之外。私募基金所进行的“名股实债”投资，往往是以“股东身份”针对特定的目标公司进行“投资”，其放贷对象的特定性，往往不符合《非法放贷意见》所规定的“向社会不特定对象发放贷款”之入罪要件。

如此一来，似乎私募基金违规进行的“名股实债”投资，距离非法放贷入罪尚有一定距离。但是，也应注意到，鉴于监管层面对于“名股实债”的明令禁止、对债权投资监管的日趋收紧，以及由此可能加强的司法实质审查力度，对于这种与直接借贷交易实质无异的“名股实债”，司法实践将其与直接借款行为进行区别对待的态度可能会有所改变。因此，游离于监管之外的违规“名股实债”投资业务或者其他债权投资业务的入罪风险恐怕将会大为增加。

另外，《非法放贷意见》除了对于打击范围有所控制外，在溯及力方面也将其适用范围限制在2019年10月21日之后的非法放贷行为。① 如此一来，在2019年10月21日之前的存量"名股实债"交易，将不会面临被追责的风险。但是，对于此类存量业务，相关投资人也应注意不能再进行展期，否则如果展期发生在2019年10月21日之后，则可能会被认定为《非法放贷意见》实施后的行为而存在入罪风险。

（本文仅代表作者个人观点。特约编辑：周晓蕾）

① 《非法放贷意见》第8条规定，本意见自2019年10月21日起施行。对于本意见施行前发生的非法放贷行为，依照最高人民法院《关于准确理解和适用刑法中"国家规定"的有关问题的通知》（法发〔2011〕155号）的规定办理。

由“向合同签署地仲裁”引发的仲裁协议效力探讨

刘新宇[*]　葛　舒[**]

仲裁，作为解决纠纷的重要手段之一，也是我国多元化纠纷解决机制和社会治理体系的重要组成部分。2019 年，全国 253 家仲裁委员会共受理仲裁案件 486,955 件，全国仲裁案件标的总额为 7598 亿元，比 2018 年增加 648 亿元，受理案件数量和标的额再创历史新高。[①] 随着仲裁案件数量的增多，仲裁协议的效力争议也越发突出。仲裁协议是仲裁机构取得仲裁管辖权的依据，也是仲裁制度得以存在的法律基础。仲裁协议是否存在、是否有效，关系到仲裁程序开启的先决条件是否满足，以及仲裁裁决是否有效且能否被承认与执行，是实践中当事人争议的焦点。因此，探讨仲裁协议效力的实务问题意义重大。实践中，仲裁协议的各项构成要素均可能对仲裁协议的效力造成影响。笔者将结合所在团队代理的一起仲裁案件，简要探讨由“向合同签署地仲裁”引发的仲裁协议效力问题。

一、如何理解系争合同约定的“向合同签署地仲裁”

在笔者所在团队代理的这起仲裁案件（以下简称系争案件）中，

---

* 北京市中伦（上海）律师事务所合伙人，上海交通大学法学博士。

** 北京市中伦（上海）律师事务所律师，华东政法大学法学学士和金融学学士。

① 参见中国国际经济贸易仲裁委员会发布的《中国国际商事仲裁年度报告（2019 - 2020）》。

系争合同约定“若因本合同发生任何纠纷或争议，双方应友好协商，协商不成，双方均应向合同签署地仲裁”，同时明确约定合同签署地为某省某市某区。如何理解“向合同签署地仲裁”，成为确认该仲裁协议效力的关键。

从字面文义理解，“向合同签署地仲裁”似有向合同签署地仲裁委员会申请仲裁之意，也有在合同签署地进行仲裁之意。前者可以认为是系争双方通过约定由合同签署地的仲裁委员会管辖的方式，来锁定特定的仲裁委员会。实践中还有很多类似的约定表述，如“由甲方所在地仲裁委员会管辖”“由申请人所在地仲裁委员会管辖”等。后者可以认为是系争双方约定了仲裁地点，而并未就仲裁机构的选定达成一致。虽然这两者所表达的含义看似相近，但实质上却有所不同，不同的理解也将可能导致仲裁协议效力不同。

为了探究“向合同签署地仲裁”的真意，通过在中国裁判文书网、无讼网上检索关键词“向合同签署地（签订地）仲裁”“在合同签署地（签订地）仲裁”（截至 2021 年 3 月 9 日），我们得到的结果如表 1 所示。

表 1　检索结果

仲裁地	中国裁判文书网	无讼
向合同签署地仲裁	检索到 2 篇裁判文书，均为“向合同签署地仲裁机构申请仲裁”的表述	检索到 0 篇裁判文书
向合同签订地仲裁	检索到 45 篇裁判文书，均为“向合同签订地仲裁机构提起仲裁”“向合同签订地仲裁部门提起仲裁”等类似表述	检索到 37 篇裁判文书，均为“向合同签订地仲裁机构申请仲裁”“向合同签订地仲裁部门仲裁”等类似表述
在合同签署地仲裁	检索到 1 篇裁判文书，表述为“在合同签署地仲裁解决”	检索到 0 篇裁判文书

续表

仲裁地	中国裁判文书网	无讼
在合同签订地仲裁	检索到12篇裁判文书，剔除“在合同签订地仲裁机构仲裁”“在合同签订地仲裁部门进行仲裁”等类似表述4篇，其余8篇的表述为“在合同签订地仲裁”“在合同签订地仲裁解决”或“仲裁地为合同签订地”	检索到12篇裁判文书，剔除“在合同签订地仲裁机构仲裁”“在合同签订地仲裁部门进行仲裁”等类似表述4篇，其余8篇的表述为“在合同签订地仲裁”“在合同签订地仲裁解决”或“仲裁地为合同签订地”

结合中文的语言表达习惯，“向”为介词时，表示动作的方向、对象，如“向前”“向谁投诉”；在描述地点时多用介词“在”，如“在北京市”。因此，将“向合同签署地仲裁”理解为向合同签署地的仲裁机构申请仲裁，感觉更为符合中文的语言表达习惯。那么，在前述讨论的约定向合同签署地仲裁委员会仲裁（约定了某地的仲裁机构）和约定在合同签署地仲裁（约定了仲裁地）这两种不同的理解下，仲裁条款效力如何？后文将分别讨论。

二、约定向合同签署地仲裁机构仲裁，应如何认定仲裁协议效力

（一）司法实践的演变

1994年《仲裁法》规定，仲裁协议应当包括双方请求仲裁的意思表示、约定的仲裁事项以及选定的仲裁委员会。对于向合同签署地仲裁机构仲裁是否属于“选定的仲裁委员会”并无明确规定。1998年《最高人民法院关于石家庄东方城市广场有限公司与香港拓能有限公司管辖异议一案法院是否有管辖权问题的批复》（法经〔1998〕287号）中明示：“本案双方当事人在租赁经营合同中的约定：租赁双方因执行本合同发生争议，……任何一方均可向甲方（石家庄东方城市广场有限公司）所在地仲裁机关申请仲裁。该合同中虽未写明仲裁委员会的名称，仅约定仲裁机构为‘甲方所在地仲裁机关’，但鉴于在当地只有一个仲裁委员会，即石家庄仲裁委员会，故该约定应认定是明确的，该仲裁条

款合法有效。当事人因履行该合同发生纠纷，应提交仲裁解决，人民法院对本案不享有管辖权。”该批复为20世纪90年代末实践中处理这类问题提供了指导意见。

2006年，最高人民法院发布了《最高人民法院关于适用〈中华人民共和国仲裁法〉若干问题的解释》（以下简称《仲裁法司法解释》，已被修改），正式明确了仲裁协议效力的判断标准。《仲裁法司法解释》第6条规定：“仲裁协议约定由某地的仲裁机构仲裁且该地仅有一个仲裁机构的，该仲裁机构视为约定的仲裁机构。该地有两个以上仲裁机构的，当事人可以协议选择其中的一个仲裁机构申请仲裁；当事人不能就仲裁机构选择达成一致的，仲裁协议无效。”因此，约定向合同签署地仲裁机构仲裁的仲裁条款是否有效，需要根据合同签署地是否指向唯一明确的仲裁机构判断。

（二）合同签署地的确定

《最高人民法院关于适用〈中华人民共和国合同法〉若干问题的解释（二）》（以下简称《合同法司法解释二》，已失效）第4条规定：“采用书面形式订立合同，合同约定的签订地与实际签字或者盖章地点不符的，人民法院应当认定约定的签订地为合同签订地；合同没有约定签订地，双方当事人签字或者盖章不在同一地点的，人民法院应当认定最后签字或者盖章的地点为合同签订地。”根据该规定，如果合同约定了签订地，则以约定签订地为合同签订地；如果双方未书面约定合同签订地，往往会就合同签订地在何处发生争议，由此还可能引发仲裁条款效力不定的问题。

在大世科技（上海）有限公司（以下简称大世科技公司）、科立视材料科技有限公司（以下简称科立视公司）申请确认仲裁协议效力一案［（2020）闽01民特31号］中，合同双方当事人就合同签订地发生了争议。大世科技公司与科立视公司签订的《合约书》中并未约定合同签订地，但根据2016年6月29日科立视公司员工陈某萍发给大世科技公司员工唐某内容为“如无异议请先盖章给我”的电子邮件，唐某于2016年7月1日回复称“收到，我们申请用印后再寄给你”，以及2016年7月19日科立视公司通过顺丰快递把合同寄给大世科技公司等事实，法院认为，案涉《合约书》的最后盖章地点为科立视公司所在地福州市，案涉仲裁条款有效，福州仲裁委员会依法享有管辖权。

在柏斯旺国际有限公司和张某申请确认仲裁协议效力一案［（2018）苏02民特26号］中，系争合同未约定签订地点，双方主张的签订地点不一致，“张某主张在无锡签订，但无证据证明；徐某平主张在安徽省签订，但具体地点记不清楚了”。在此情况下，法院认为，由于双方当事人对合同签订地陈述不一且均无证据予以证明，故该约定属于对仲裁委员会约定不明确。双方当事人亦无法就选定仲裁委员会达成补充协议。据此，法院最终确认仲裁协议无效。由此可见，在无书面约定合同签署地的情况下，证明实际合同签署地的证据即为最终判断仲裁协议是否有效的关键。

值得注意的是，自《民法典》生效后，《合同法司法解释二》等一些司法解释均已失效，新规尚未出台。虽然《最高人民法院关于适用〈中华人民共和国民法典〉时间效力的若干规定》第1条第2款规定，“民法典施行前的法律事实引起的民事纠纷案件，适用当时的法律、司法解释的规定，但是法律、司法解释另有规定的除外”，但是建议最高人民法院尽快出台新的司法解释，为此后司法审判中如何认定合同签署地提供法律依据。

（三）如何理解合同签署地

实践中，当事人对合同签署地的约定五花八门，譬如合同签署地为某地级市、某县、某乡镇、某市某区。而《仲裁法》第10条第1款规定：“仲裁委员会可以在直辖市和省、自治区人民政府所在地的市设立，也可以根据需要在其他设区的市设立，不按行政区划层层设立。”显而易见，县、乡镇或市辖区是无权设立仲裁委员会的。因此，当合同签署地约定为县、乡镇、市辖区或其他不能设立仲裁委员会的行政区划时，合同签署地是否能向上一级扩大理解？在司法实践中对此也存在不同理解。

支持扩大理解的观点认为，根据《仲裁法》第10条第1款的规定，仲裁条款若仅约定了乡镇、县或区仲裁委员会时，依据仲裁协议的有效解释原则，若扩大理解合同签署地可以使仲裁协议有效，则可以向上一级扩大理解合同签署地的行政区划，即推定当事人订立合同时应该是想在该乡镇、县或区所属的设区的市一级的仲裁委员会仲裁。请参考如下案例：

（1）在艾能赛克机械设备（江苏）有限公司与江苏铁锚玻璃股份有限公司买卖合同管辖权纠纷一案［（2019）苏06民辖终129号］中，系争合同约定“本合同在履行过程中发生争议，由当事人双方协商解决；如协商不成，当事人双方同意由合同签约所在地仲裁委员会仲裁”。合同明确签订地点为“海安”。江苏省南通市中级人民法院认为：双方就合同争议已达成由仲裁解决的意思表示，双方又约定由合同签约地“海安”的仲裁委员会仲裁，而海安所属地区仅南通仲裁委员会一个仲裁机构，南通仲裁委员会即视为约定的仲裁机构，故双方达成的仲裁协议应属有效。

（2）在深圳市亿金城实业有限公司与惠州市富烨投资有限公司申请确认仲裁协议效力一案［（2017）粤03民初1348号］中，广东省深圳市中级人民法院认为：本案中双方当事人约定由合同签订地仲裁机构仲裁，并约定合同签订地在深圳市某区，但根据《仲裁法》第10条的规定，仲裁机构仅在市级以上才设立，故合同签订地应限定至市级。而深圳市同时有两家仲裁机构，当事人也未能就仲裁机构选择达成一致，故双方之间的仲裁协议因约定不明而无效。

（3）在蒲城绿源房地产有限公司与陕西省蒲城县国土资源局建设用地使用权出让合同纠纷之管辖权异议一案［（2015）民一终字第351号］中，一审法院陕西省高级人民法院认为：绿源公司和蒲城县国土局住所地均在蒲城县境内，但该县并无仲裁机构。现蒲城县国土局认为蒲城县在渭南市辖区域内，故约定的仲裁机构应推定为渭南仲裁委员会，而绿源公司认为合同约定的“当地”就是指蒲城县，不能作扩大解释。

双方就此意见分歧，不能达成一致，此后双方又未达成补充协议。在双方就仲裁条款约定不明的情况下，不得随意扩大解释，因该县域没有仲裁委员会即推定到省辖区的仲裁机构，显然不是当事人的本意。二审法院最高人民法院认为：双方当事人签订的《国有建设用地使用权出让合同》中约定争议解决方式为“提交当地仲裁委员会仲裁”，该约定体现了当事人将争议交付仲裁解决的合意，符合《仲裁法》第 16 条的规定，是有效的仲裁条款。双方当事人均系法人单位，在选择争议解决方式时应当对当地仲裁委员会的设立情况明知。虽然双方均在陕西省蒲城县辖区内，但没有事实和法律依据将“当地”局限理解为双方所属的县辖区内。双方共同所属的渭南市只有一个渭南仲裁委员会，根据《仲裁法司法解释》第 6 条的规定，本案双方当事人约定“当地”仲裁委员会仲裁，应视为约定由渭南仲裁委员会仲裁。

反对扩大理解的观点认为，根据《仲裁法》第 14 条的规定，仲裁机构不是按照行政区划层层设立，没有隶属关系；双方当事人没有明确约定时，不应作扩大解释，否则会影响当事人的意思自治。请参考如下案例：

（1）在福州市长乐区交通运输局、吉林省长城路桥建工有限责任公司建设工程施工合同纠纷一案［（2020）闽民终 1306 号］中，二审法院福建省高级人民法院认为：《仲裁法司法解释》第 6 条中的“该地”应当仅指双方约定的辖区范围内，不应作扩大理解。本案当事人约定的“长乐市仲裁委员会”不存在，且福建省福州市长乐区未设有其他仲裁机构，应当视为当事人对仲裁委员会约定不明确，该仲裁条款无效。仲裁机构不是按照行政区划层层设立，没有行政区划上的隶属关系。福建省福州市中级人民法院认为福州市长乐区隶属于福州市，将双方当事人约定的“长乐市仲裁委员会”扩大至上一级行政辖区仲裁委员会，没有法律依据。

（2）在北京天润和创科技股份有限公司与上海某仪表有限公司申请确认仲裁协议效力一案［（2017）京 03 民特 405 号］中，北京市第三中级人民法院认为：系争仲裁条款约定“在需方所在地仲裁委仲裁”，而需方所在地为北京市朝阳区，核心问题即为《仲裁法司法解释》第6条中“该地”究竟应理解为北京市还是北京市朝阳区。因北京市有两个以上的仲裁机构，对“该地”不同的认定对案件的处理结果有决定性影响。而双方在签订合同时达成仲裁条款，即表明双方均有意向将可能发生的争议提交仲裁机构解决，在对仲裁条款审查时，不宜轻易否定仲裁条款的效力，这是尊重当事人意思自治的需要。在本案中，应将需方所在地限定至北京市朝阳区，而北京市朝阳区只有北京仲裁委员会一家仲裁机构，按照双方仲裁条款及《仲裁法司法解释》，北京仲裁委员会可以视为约定的仲裁机构，仲裁条款有效。

（3）在福建省某建筑工程公司与林某及福建省某科技有限公司建设工程施工合同纠纷一案［（2014）闽民终字第950号］中，福建省高级人民法院认为：诉争合同中约定“本责任书在履行过程中发生争议的，由双方进行协调，协调不成的由公司所在地经济仲裁机构仲裁，不服仲裁的向人民法院起诉，纠纷起诉案件由公司所在地人民法院管辖”。鉴于公司所在地永泰县无经济仲裁机构，故该仲裁协议条款未选定明确的仲裁机构，属对仲裁委员会约定不明确的情形，应为无效。福州市仲裁委员会并非公司所在地永泰县当地的仲裁机构，上诉人关于仲裁协议条款实际约定福州市仲裁委员会的上诉理由不能成立。

（4）在中铁七局集团第一工程有限公司与广西丛欣实业有限公司、中铁七局一公司柳南Ⅰ标项目部买卖合同纠纷一案［（2013）桂民申字第959号］中，广西壮族自治区高级人民法院认为：由于双方在合同中约定提交甲方所在地仲裁委员会仲裁，合同也明确甲方为中铁七局一公司柳南Ⅰ标项目部，单位地址为柳州市柳江县进德镇，而柳江县进德镇并未设有仲裁委员会，按照《仲裁法司法解释》第3条“仲裁协议约定的仲裁机构名称不准确，但能够确定具体的仲裁机构的，应当认定选定了仲裁机构”的规定，依据双方的约定不能确定具体的仲裁机构，原审裁定以本案仲裁协议条款对仲裁委员会约定不明确认定仲裁协议无效并无不当。

对合同签署地是否应作扩大解释，建议最高人民法院通过司法解释进一步加以明确，以统一裁判规则。

三、约定“仲裁地”是否等于约定由“仲裁地的仲裁机构”仲裁

综观《仲裁法》80 个条款，无一个条款对仲裁地进行规定。2006 年最高人民法院发布的《仲裁法司法解释》中仅在第 16 条使用了“仲裁地”这一概念。在 2017 年最高人民法院发布的《最高人民法院关于审理仲裁司法审查案件若干问题的规定》中，也仅在第 14 条与第 15 条提到了仲裁地。从国际商事仲裁的角度，仲裁地是确定准据法以及承认、执行或撤销仲裁裁决的重要依据。一方面，在涉外仲裁中，仲裁地有相较于国内仲裁更加重要的意义；另一方面，在国内仲裁中，仲裁地似乎时刻与仲裁机构关联在一起。但是必须注意的是，“仲裁地”与“仲裁机构所在地”向来是两个独立的概念，本着尊重当事人真实意思表示的原则，司法实践中不宜随意将两者混同。

根据《仲裁法》第 18 条的规定，仲裁协议应当包含明确且唯一的仲裁委员会，否则仲裁协议无效。换言之，仅在仲裁条款中约定地点，而未选定仲裁机构的仲裁条款无效。最高人民法院通过司法解释和批复对此问题的裁判规则作了进一步的说明。在《最高人民法院关于仅选择仲裁地点而对仲裁机构没有约定的仲裁条款效力问题的函》（法函〔1997〕36 号）中，最高人民法院明确规定：“本案合同仲裁条款中双方当事人仅约定仲裁地点，而对仲裁机构没有约定。发生纠纷后，双方当事人就仲裁机构达不成补充协议，应依据《中华人民共和国仲裁法》第十八条之规定，认定本案所涉仲裁协议无效……”

《仲裁法司法解释》第 6 条规定：“仲裁协议约定由某地的仲裁机构仲裁且该地仅有一个仲裁机构的，该仲裁机构视为约定的仲裁机构。该地有两个以上仲裁机构的，当事人可以协议选择其中的一个仲裁机构申请仲裁；当事人不能就仲裁机构选择达成一致的，仲裁协议无效。”而《最高人民法院关于对唐山市博鳌煤业有限责任公司、盛美证券私人有限公司与青岛新永安实业有限公司买卖合同纠纷一案中仲裁条款效力问题的请示的复函》（〔2011〕民四他字第 3 号）中明确指出，仅约定

仲裁地点，但未约定具体的仲裁机构的仲裁条款无效。最高人民法院认为，系争合同虽然约定以仲裁的方式解决合同争议，并约定了仲裁地点，但未约定具体的仲裁机构。根据当时的《仲裁法》第16条、第18条的规定，有效的仲裁条款必须选定明确的仲裁机构。因此，应当认定涉案仲裁条款无效。

由此可见，最高人民法院在进行司法解释和具体审判实践中，对“仲裁地”和“仲裁机构”这两个不同的概念向来是分开认定和讨论的，不宜认为约定了“仲裁地”即等于约定由“仲裁地的仲裁机构”仲裁。退一步而言，假设约定了“仲裁地”等于约定由“仲裁地的仲裁机构”仲裁，则《仲裁法司法解释》第6条的表述应改为“若当事人约定仲裁地，且当地仅有一个仲裁机构的，该仲裁机构视为约定的仲裁机构”。

我们认为，若当事人仅约定仲裁地，而非仲裁机构所在地，法院不应将当事人双方约定的仲裁地曲解为仲裁机构所在地，即得出约定“仲裁地”等于约定由“仲裁地的仲裁机构”仲裁的意思。法院在司法审判中应当恪守法律法规、司法解释的规定，尊重当事人的真实意思表示，不应随意混淆“仲裁地”和“仲裁机构所在地”的概念。

随着我国仲裁实践的发展，在确认仲裁协议效力方面，有不断放宽对仲裁协议成立及有效的审查标准之趋势。但我们应当注意，支持仲裁的发展不等于可以滥用自由裁量权以突破法律法规的规定以及当事人的真意。在支持仲裁行业发展的同时，也应当适度规制法院在审查仲裁协议效力中的自由裁量权，以使仲裁这一重要的纠纷解决手段得以稳步发展。

（本文仅代表作者个人观点。特约编辑：杨敏）

“米兔”运动[*]应回归法律轨道

刘 辉[**]

“我们相信所有受害者”是“米兔”（MeToo）运动的口号之一。有媒体朋友在讨论“米兔”运动在中国的走向时呼吁：除了报道者更需要行动者。他们号召受害者讲出来，坚持公开讲述是唯一出路。作为一名法律人，笔者深为震撼。

媒体人呼吁大家讲出来，法律人呼吁大家信法律。其实两者并不冲突，讲出来和信法律可以连接起来。用舆论唤醒众人，坚守法治流程，推动多方建立有效机制，帮助更多人免受伤害。

一、“米兔”运动带来的是一场无证指控

“米兔”运动自发起以来，立即在性骚扰和性侵事件多发的美国引起强烈反响，并波及全世界。2018 年 7 月，“米兔”在我国像一颗炸弹扔进人群般突然炸响，网络不断爆出知名人士性骚扰或性侵丑闻，连环

---

* “米兔”运动（美国反性骚扰运动）是女星艾丽莎·米兰诺（Alyssa Milano）等人于 2017 年 10 月曝光美国金牌制作人哈维·韦恩斯坦（Harvey Weinstein）性侵多名女星丑闻后发起的运动，呼吁所有曾遭受性侵犯女性挺身而出说出惨痛经历，并在社交媒体发文中附上标签，借此唤起社会关注。

** 广东晟典律师事务所律师，高级合伙人。

式爆炸让人目不暇接。在“米兔”浪潮下，被曝光的知名人士，几乎无力招架，有的选择沉默，有的选择反击，但不少的反击者最终落荒而逃。

二、选择法律手段是受害者维权的最适当途径

（一）法律规制的局限是“米兔”运动兴起的主要原因

“米兔”运动的深层次原因有三个方面：首先，男性利用自己的性别优势（包括但不限于身体、生理等）对女性进行骚扰、侵犯，一直是性别不平等的突出表现，令女性深感屈辱和愤怒。其次，对弱者的同情，对正义的伸张，是人的天性。痛彻心扉、刻骨铭心的发帖控诉，很容易触发人内心深处的同情心和愤怒感。最后，作为人类伸张正义和解决争议的法律并不是万能的。法律有局限性，不能伸张所有的正义，不能公平解决所有的纷争。“米兔”运动采取网络发帖的方式给得不到法律支持的受害者提供一个倾诉屈辱、伸张正义的机会。这种运动在某种程度上弥补了法律的不足。

现实生活中会有这样的情况发生：受害人被性骚扰或性侵后，选择了立即报警，但仍然没有得到法律的公正处理。原因主要有三点：其一，证据不足。因为性骚扰和性侵案件具有隐蔽性、证据难固定的特点，受害人报警后，警方没有获得足够的证据证明确实有性骚扰或性侵行为发生，若此时嫌疑人否认，而又没有其他证据印证，孤证不能定案，证据的不足导致受害人的指控不能成立。其二，司法被干预。“作恶者”可能因为特殊身份干扰司法，导致性骚扰或性侵案件无法得到查处。其三，立法不完善。关于强奸的立法已经比较完善了，但是性骚扰的立法还不完善。2005 年修正的《妇女权益保障法》第一次提到“性骚扰”这一法律术语，规定禁止对妇女实施性骚扰。2012 年公布的《女职工劳动保护特别规定》也有“在劳动场所，用人单位应当预防和制止对女职工的性骚扰”的规定。2020 年《民法典》对性骚扰作出明确法律界定，《民法典》第 1010 条规定：“违背他人意愿，以言语、文

字、图像、肢体行为等方式对他人实施性骚扰的，受害人有权依法请求行为人承担民事责任。机关、企业、学校等单位应当采取合理的预防、受理投诉、调查处置等措施，防止和制止利用职权、从属关系等实施性骚扰。”

（二）选择法律手段是风险最小的维权途径

法律是实现正义最好的方式。很多时候，要实现正义，首先要追寻真相，没有真相就无法实现正义。但是，事物发展的本身规律决定了真相和人的认知很难完全达到一致，法律事实和客观事实永远难以高度统一。人类一直走在追寻真相的路上，有时候找到了，有时候暂时找不到，有的也许永远找不到。因为缺乏经验没有保存证据，因为时间流逝证据消失了，因为科技条件无法固定证据，等等，有些事情确实无法找到真相，人类追求正义的愿望可能落空，但这是我们必须承认和面对的现实。

退一步而言，谁能保证所有被“检举揭发”的男性没有被冤枉？即使被害人所陈述的都是事实，受害后不去报警进行司法维权而是借助网络进行舆论维权，这种做法是否值得鼓励？是否在解决一个问题的同时又在制造新的社会问题呢？“米兔”运动有关研究者发表的文章显示，估计有百分之十的男性被陷害了，他们没有经过申辩、双方证人质证、出示相关物证以及独立的第三方裁决等程序，就被印上“坏人”的标签。

法律确实有局限，但这绝不应该是人们转而选择社会运动的理由，因为社会运动的局限性更大，风险更高。这是人类几千年历史已经证明了的，不需要我们再去证明。我们需要做的是如何把“米兔”运动引导到法律的轨道上来，让更多的受害者依靠法律保护自己，而不是依靠局限性更大和风险更高的“米兔”运动。

作为一名刑事律师，笔者给“米兔”运动受害者的建议是：首先，遭遇性骚扰或性侵发生后应该立即报警。受害者事后的沉默是对恶的纵容，可能令其他女性继续受害。由于种种原因导致没有及时报警，却在证据灭失后通过网络进行“检举揭发”，是非常令人遗憾的做法。这种做法，让司法失去支持被害人的证据，让公众无法识别事情真相，让社会陷于混乱和撕裂。其次，受害人要妥善保留相关证据。这是还原真相和伸张正义最重要的法律依据。在一开始的时候，舆论往往会同情和支持第一个发声的“受害人”，但最终结果还是要落到可靠的事实和证据之上，双方甚至还将走上法庭，而法庭更注重事实和证据。如果没有保留相关证据，受害人可能不但不能伸张正义，反而可能会将自己置于新的道德和法律风险之中，形成第二次或者第三次伤害。再次，如果遭遇性骚扰或性侵时有第三者在场，建议受害人当场呵斥作恶者，让在场人成为重要证人。比如，在饭局或者交通工具上女性被性骚扰，最好是第一时间就喊出来，让周边人成为证人。最后，遭遇性骚扰或性侵，在司法优先的基础上可以寻求多渠道帮助。当事人可以向对方单位、相关组织反映情况，寻求帮助。在司法不公时，当事人可以进行投诉或控告，可以整合相关材料寻求舆论监督，避免遭遇舆论反噬。

三、法治是“米兔”运动最大的公约数

人类历史的发展规律和经验告诉我们，法律是维护自身权益最有利的方式。法律不是万能的，有其局限性，但这些局限不应该成为人们不再相信法律的理由。因为这些局限是客观存在的，人们必须理性地接受和容忍，除此之外，别无他途。

与此同时，我们还需要明白一个道理：由于证据缺陷而放纵了可能的犯罪，是信仰法律必须付出的代价。这样有可能放纵一个可能的坏人，但保护了无数的好人不被冤枉。只有具备足够的证据、遵循法定的程序才能最大限度保护受害者、打击作恶者，而不是通过运动等方式。

在“米兔”运动中，法治是最大公约数。笔者支持受害者通过法律保护自己，也赞同被冤枉的被爆料者，作为新的受害人，从“作恶者”变成“受害人”，依法维护自己的合法权益，拿起法律的武器起诉发帖人和网络平台名誉侵权，情节严重的，可以提起刑事自诉。

综上所述，“米兔”运动发起的初衷是善意的，是积极的，意在推动社会积极改变现状。但是，笔者认为靠网络运动式维权不是最恰当的选择，只有法律才是每一个人追求公平和正义最牢靠的方式。

（本文仅代表作者个人观点。特约编辑：张自柱）

土地整备利益统筹中行政征收适用问题探析

钟　维*

一、土地整备利益统筹的概念

土地整备利益统筹的概念是在实践中不断总结和升华的。根据《深圳市土地整备利益统筹项目管理办法》（深规土规〔2018〕6 号）第 3 条的规定，“利益统筹项目按照政府主导、社区主体、社会参与的原则，综合考虑项目范围内未完善征（转）地补偿手续用地和原农村集体经济组织继受单位合法用地，通过规划、土地、资金、产权等统筹手段，完成整备范围内土地确权，一揽子解决历史遗留问题，实现政府、原农村集体经济组织继受单位及相关权益人多方共赢，促进社区转型发展”。

从搬迁补偿安置的角度来说，土地整备利益统筹是一种土地一、二级联动开发的模式，是以社区作为主体，拆除项目范围内的建筑（构筑）物，在留用地范围内进行房地产开发。

二、实施行政征收的前提条件

房屋行政征收方面，深圳市范围内行政征收适用的现行规定主要有《国有土地上房屋征收与补偿条例》（国务院令第 590 号，以下简称 590 号令）和《深圳市房屋征收与补偿实施办法（试行）》（深圳市人民政府令第 342 号）。根据 590 号令的规定，启动房屋征收，需要符合以下

* 广东晟典律师事务所律师，合伙人。

前提条件：一是项目符合公共利益需要；二是符合国民经济和社会发展规划、土地利用总体规划、城乡规划和专项规划，保障性安居工程建设、旧城区改建，应当纳入市、县级国民经济和社会发展年度计划，即符合“四规划一计划”。

就土地整备利益统筹项目而言，启动行政征收前，需要县（区）级发改部门将项目纳入国民经济和社会发展年度计划，报县（区）级人大会议审批，人大会议审批通过后，视为已经符合国民经济和社会发展规划与国民经济和社会发展年度计划。在土地整备利益统筹项目的专项规划审批通过之后，视为取得了规土部门的规划选址和土地预审相关文件。因此，土地整备利益统筹项目一般能够符合“四规划一计划”这一条件。

由于土地整备利益统筹项目范围内既包括经营性用地，也包括非经营性用地，是否符合公共利益需要，则存在争议。

三、实施行政征收的可行性

2020 年 12 月 30 日，深圳市第六届人民代表大会常务委员会第四十六次会议通过《深圳经济特区城市更新条例》（深圳市第六届人民代表大会常务委员会公告第 228 号，以下简称 228 号公告）。228 号公告第 36 条规定，旧住宅区已签订搬迁补偿协议的专有部分面积和物业权利人人数占比均不低于 95%，且经区人民政府调解未能达成一致的，为了维护和增进社会公共利益，推进城市规划的实施，区人民政府可以依照法律、行政法规及该条例相关规定对未签约部分房屋实施征收。城中村合法住宅、住宅类历史违建部分，已签订搬迁补偿协议的物业权利人人数占比不低于 95% 的，可以参照上述规定由区人民政府对未签约住宅类房屋依法实施征收。简言之，在城市更新[①]项目中，已经签约的物业权利人人数和物业面积达到一定比例，就可以认定该项目的实施已经符合不特定多数人的利益，即符合公共利益，可以对未签约的业主的房

① 本文中的城市更新特指拆除重建类城市更新。

屋实施强制征收。实践中，深圳市罗湖区木头龙城市更新项目、珠海东桥国有土地上点状房屋征收项目均遵循此逻辑。

笔者认为，穿透种种表象，土地整备利益统筹与城市更新本质上是一致的，都是存量用地的二次开发。

（一）从参与主体及其作用来看

无论是城市更新项目还是土地整备利益统筹项目，参与的主体均为物业权利人（被搬迁人）、开发主体和政府。

城市更新项目中的物业权利人（被搬迁人）对应的是土地整备利益统筹项目中的物业权利人（被搬迁人）。物业权利人（被搬迁人）的作用是在房屋拆除之后能够提供宝贵的土地资源。

城市更新项目中的开发主体（开发商）对应的是土地整备利益统筹项目中的开发主体（村股份合作公司及其合作单位即开发商）。开发主体的作用是支付搬迁补偿中的所有费用、交付回迁安置房和开发建设等。

城市更新项目中政府统筹对应的是土地整备利益统筹项目中政府主导。政府的作用是在某些事项上行使行政许可、行政确认等行政权力和作出某种行政行为。虽然城市更新和土地整备利益统筹在审批流程上和审批主体上有些差异，但行政机关的行为都属于行使行政权力的范畴。

（二）从实施目的及效果来看

城市更新与土地整备利益统筹都是通过土地贡献和配建公共设施的方式，拓展土地利用空间，促进国土空间增质提效，落实城市规划。

虽然城市更新更强调的是完善城市功能，改善人居环境，推进土地、能源、资源的节约集约利用，促进经济和社会可持续发展，而土地整备利益统筹项目侧重的是优化产业结构和布局，通过资源腾挪和空间整合落实城市规划，但两者在本质上均是政府对容积率较低的区域，完成对物业权利人的拆赔，满足开发主体的合理利润后，实现对公共基础设施和配套设施的建设。

（三）从实施过程来看

纵观整个项目实施过程，城市更新与土地整备利益统筹的关键事项均为项目立项、专项规划审批和完成搬迁补偿。

（四）从适用对象来看

根据《深圳市城市更新办法》（深圳市人民政府令第290号）的规定，城市更新的适用对象包括旧工业区、旧商业区、旧住宅区、城中村及旧屋村等特定城市建成区。而土地整备利益统筹的适用对象除了特定城市建成区外，还包括空地、山林地等未建成区。因此，土地整备利益统筹的适用对象更为广泛。

综上所述，城市更新与土地整备利益统筹具有高度的一致性，如果城市更新项目中能够适用行政征收，那么土地整备利益统筹项目中也应当允许行政征收制度存在。土地整备利益统筹项目在满足“四规划一计划”的前提下，当物业权利人签约人数和物业面积达到一定比例时，可以认定该土地整备利益统筹项目符合公共利益，征收部门可依法对未签约的物业权利人的房屋实施行政征收。

四、两种特殊类型的土地整备利益统筹项目的行政征收适用问题

（一）规划区是否适用行政征收

深圳某区高铁新城项目将建设城站一体的综合枢纽。项目分为场站区和规划区，场站区范围主要建设高铁站，规划区主要建设办公、商业楼宇。毋庸置疑，对场站区（建设公共交通设施）范围内的房屋实施行政征收，符合公共利益的要求。但是规划区的建设，是基于对土地的综合利用和开发，以经济效益为核心的以公共交通为导向开发的，对规划区范围内的房屋实施行政征收，是否符合公共利益则存在争议。

笔者认为，在项目满足“四规划一计划”和签约率达到一定比例的前提下，可以对规划区范围内的房屋实施行政征收。理由如下：

第一，从政策法规来看，《深圳市人民政府关于推进土地整备工作的若干意见》（深府〔2011〕102号）规定，土地整备工作立足于实现公共利益和城市整体利益的需要，在实现城市整体利益的基础上保护各方当事人的长远利益和发展权益。由此可见，土地整备制度设计的初衷是符合公共利益的要求的。

第二，从实施主体来看，土地整备的主体是政府，其中实施主体是区人民政府，实施部门是区土地整备局，实施单位是街道办事处。土地整备项目的资金全部由市级或区级财政支出。政府不同于一般的企业，并非以营利为目的，因此，很难讲政府在规划区实施土地整备不具有公共利益性。

第三，从实施方式来看，政府通过利益共享的方式，制订搬迁补偿方案，而利益共享正是土地整备利益统筹的核心。政府在规划区通过利益共享的方式，与规划区范围内一定比例的物业权利人签订搬迁补偿协议之后，不配合签约的物业权利人势必会影响项目的建设和已签约人的利益，这与城市更新当中实施行政征收的情形并无二致。

（二）“先整备后统筹”的项目，在先整备阶段是否适用行政征收

深圳某区土地整备利益统筹项目已经立项，为响应落实较大面积产业空间，在土地整备利益统筹项目范围内划定一部分区域，对该区域内的房屋进行“先整备后统筹”：以利益统筹项目为框架，在统筹编制项目实施方案的同时，先行审批项目资金方案（资金概算方案或货币补偿总额），并申请相应资金用于开展项目提前土地整备，相应资金后续在利益统筹项目大账中结算，从而实现先整备先供地的目标。

“先整备后统筹”区域内的签约率达到95%以后，能否对未签约的物业权利人的房屋实施行政征收，存在争议。笔者认为，即使“先整备后统筹”区域内的签约率达到95%以后，也不能对未签约的物业权利人的房屋实施行政征收，理由如下：

第一，从实施目的来看，实施“先整备后统筹”是为了建设科技园区。将房屋拆除、土地收储后，再通过招拍挂或划拨的形式出让，大

部分土地是属于经营性用地。在实施“先整备后统筹”时，并不明确会有什么项目落地，因此，无法判断该项目是否具有公共利益性。

第二，从规划条件来看，根据590号令的规定，实施行政征收需要项目符合土地利用总体规划、城乡规划和专项规划。因此，在专项规划没有通过审批的情况下，不能实施行政征收。

第三，从实施结果来看，对“先整备后统筹”范围内的房屋进行拆除，土地全部由政府收储，并不影响物业回迁。因此，部分物业权利人不签约，不会对已经签约的物业权利人产生直接不利影响。

（本文仅代表作者个人观点。特约编辑：徐路路）

刑事视野下场外配资行为的法律定性

廖文剑[*]

近年来，随着证券市场的发展，投资者投资热情持续高涨，参与程度逐步加深，一些投机者为获取高额回报铤而走险，场外配资活动有增加之势，证券市场风险陡增。在实务界，认定场外配资属于非法行为当属无疑，但该行为是否构成犯罪、构成何种犯罪却存在争议。本文试从刑事视角对场外配资行为的法律定性进行分析。

一、场外配资的概念及法律定性

所谓配资，指的是配资公司在投资者原有资金的基础上按照一定比例垫付资金给投资者使用。在证券投资领域，配资分场内和场外两种。其中，场内配资是指投资者向证券公司借钱或者股票进行投资的行为，即通常所说融资融券；而场外配资则是指投资者通过证券公司以外的配资公司或者个人对个人（P2P）等网络配资平台借钱进行投资的行为。我国《证券公司融资融券业务管理办法》第3条明确规定："证券公司开展融资融券业务，必须经中国证券监督管理委员会（以下简称证监会）批准。未经证监会批准，任何证券公司不得向客户融资、融券，也不得为客户与客户、客户与他人之间的融资融券活动提供任何便利和服

* 广东晟典律师事务所律师，西南政法大学法学学士。

务。”《证券法》第 120 条[①]亦明确规定，只有经国务院证券监督管理机构核准并取得经营证券业务许可证的证券公司才能从事证券融资融券业务。除证券公司外，任何单位和个人不得从事证券承销、证券保荐、证券经纪和证券融资融券业务。由此可见，融资融券在我国属于特许经营业务，从事融资融券业务的主体只能是证券公司。换言之，我国法律禁止任何单位和个人从事场外配资活动。

在场外配资场合，游离于监管之外的配资公司或者平台将其自有资金或者以较低成本所融资金出借给投资者，并赚取相应利息收入。这种配资方式固然可以为投资者提供更高的配资比例（杠杆），放大投资收益率，但由于其规避了监管部门对资金来源、投资标的、杠杆比例等诸多方面的限制，因而会给投资者带来更大的投资风险，加剧证券市场的非理性波动，扰乱正常的证券市场秩序。正因如此，证监会将场外配资认定为非法证券活动，并对其保持严厉打击态势。例如，广东证监局持续在其官网上公布不具备经营证券期货业务资质的机构名单（截至 2022 年 7 月，已经公布 39 批次），目的就是提醒广大投资者提高风险防范意识，远离场外配资等违法活动。

场外配资本质上是民间借贷，出资方与投资者之间签订配资合同，以资金占用换取利息收益。关于场外配资合同的效力，2019 年最高人

① 《证券法》第 120 条规定：“经国务院证券监督管理机构核准，取得经营证券业务许可证，证券公司可以经营下列部分或者全部证券业务：（一）证券经纪；（二）证券投资咨询；（三）与证券交易、证券投资活动有关的财务顾问；（四）证券承销与保荐；（五）证券融资融券；（六）证券做市交易；（七）证券自营；（八）其他证券业务。国务院证券监督管理机构应当自受理前款规定事项申请之日起三个月内，依照法定条件和程序进行审查，作出核准或者不予核准的决定，并通知申请人；不予核准的，应当说明理由。证券公司经营证券资产管理业务的，应当符合《中华人民共和国证券投资基金法》等法律、行政法规的规定。除证券公司外，任何单位和个人不得从事证券承销、证券保荐、证券经纪和证券融资融券业务。证券公司从事证券融资融券业务，应当采取措施，严格防范和控制风险，不得违反规定向客户出借资金或者证券。”

民法院印发的《全国法院民商事审判工作会议纪要》[①] 明确指出场外配资合同违反了特许经营规定，属于《合同法》（已失效）第52条第5项“违反法律、行政法规的强制性规定”的情形，认定场外配资合同无效。2019年印发的《最高人民法院关于为设立科创板并试点注册制改革提供司法保障的若干意见》[②] 对股票市场中场外配资合同的效力同样认定为无效。由此可见，场外配资在民事法律领域内的违法性毋庸置疑，但民事违法性并不等同于刑事违法性，基于刑法的补充性原则，只有对具有严重社会危害性的行为，才需要适用刑法加以规制。目前，将场外配资活动纳入刑事法律评价范畴已成为社会共识，并在司法实践中得到体现，但纳入刑事法律评价范畴的场外配资行为可能涉及何种犯罪，仍需要进一步厘清。

二、场外配资行为在刑事实务中的性质认定

证券市场的繁荣离不开资金。场外配资可以带动大量资金进入市场，带涨证券市场行情，表面上助推了市场的繁荣，但实际上场外配资的高杠杆引发资金的高度不稳定以及投资活动的极高风险，极易触发强制平仓而退场，引发市场异常波动，甚至导致市场崩盘。可见，场外配资的社会危害性绝不限于损害投资者利益，更体现在对证券市场秩序的

---

① 《全国法院民商事审判工作会议纪要》第30条第2款规定：“人民法院在审理合同纠纷案件时，要依据《民法总则》第153条第1款和合同法司法解释（二）第14条的规定慎重判断‘强制性规定’的性质，特别是要在考量强制性规定所保护的法益类型、违法行为的法律后果以及交易安全保护等因素的基础上认定其性质，并在裁判文书中充分说明理由。下列强制性规定，应当认定为‘效力性强制性规定’：强制性规定涉及金融安全、市场秩序、国家宏观政策等公序良俗的；交易标的禁止买卖的，如禁止人体器官、毒品、枪支等买卖；违反特许经营规定的，如场外配资合同；交易方式严重违法的，如违反招投标等竞争性缔约方式订立的合同；交易场所违法的，如在批准的交易场所之外进行期货交易。关于经营范围、交易时间、交易数量等行政管理性质的强制性规定，一般应当认定为‘管理性强制性规定’。”

② 《最高人民法院关于为设立科创板并试点注册制改革提供司法保障的若干意见》（已被修改）第12条规定：“依法审理股票配资合同纠纷，明确股票违规信用交易的民事责任。股票信用交易作为证券市场的重要交易方式和证券经营机构的重要业务，依法属于国家特许经营的金融业务。对于未取得特许经营许可的互联网配资平台、民间配资公司等法人机构与投资者签订的股票配资合同，应当认定合同无效。对于配资公司或交易软件运营商利用交易软件实施的变相经纪业务，亦应认定合同无效。”

破坏上。结合我国司法实践，场外配资行为可能涉及如下罪名。

（一）非法经营罪

《期货交易管理条例》[①] 及《证券法》均对场外配资行为作出了禁止性规定，其中，《证券法》明确将融资融券业务规定为特许经营行为，将开展该业务的主体规定为需要经国务院证券监督管理机构核准并取得经营证券业务许可证的证券公司。而场外配资的公司或平台显然不具备上述资质。根据我国《刑法》第225条第3项[②]之规定，违反国家规定，未经国家有关主管部门批准非法经营证券、期货、保险业务的，或者非法从事资金支付结算业务的，构成非法经营罪。因此，司法实践中对场外配资行为多以非法经营罪定罪处罚。例如，上海市浦东新区人民法院审理的卞某、余某某等非法经营案[③]中，被告人卞某作为三松资产公司的实际控制人，雇用被告人余某某作为销售一组组长、被告人范某某作为销售一组业务员，为非法股票交易平台领观、汇创开发客户，以提供配资吸引客户在两个平台上注册进行炒股，非法经营股票业务，获取利息、手续费、返佣等。经审计，2019年11月至2020年8月，三松资产公司累计吸引81名自然人下载领观、汇创平台App注册，充值金额2,524,904.46元，提现金额829,434.30元，差额1,695,470.16元。为证实上述指控，公诉机关当庭宣读并出示同案关系人供述、投资人证言、审计报告、案发经过等证据。又如，广东省中山市第一人民法院审

① 《期货交易管理条例》第4条规定："期货交易应当在依照本条例第六条第一款规定设立的期货交易所、国务院批准的或者国务院期货监督管理机构批准的其他期货交易场所进行。禁止在前款规定的期货交易场所之外进行期货交易。"

② 《刑法》第225条规定："违反国家规定，有下列非法经营行为之一，扰乱市场秩序，情节严重的，处五年以下有期徒刑或者拘役，并处或者单处违法所得一倍以上五倍以下罚金；情节特别严重的，处五年以上有期徒刑，并处违法所得一倍以上五倍以下罚金或者没收财产：（一）未经许可经营法律、行政法规规定的专营、专卖物品或者其他限制买卖的物品的；（二）买卖进出口许可证、进出口原产地证明以及其他法律、行政法规规定的经营许可证或者批准文件的；（三）未经国家有关主管部门批准非法经营证券、期货、保险业务的，或者非法从事资金支付结算业务的；（四）其他严重扰乱市场秩序的非法经营行为。"

③ 参见上海市浦东新区人民法院（2021）沪0115刑初383号刑事判决书。

理的周某林非法经营案[①]中，被告人周某林自2020年1月起在未取得国家有关主管部门经营许可的情形下，在中山市石岐区通过“金豹子”资产管理软件，向郭某、林某、张某等10名客户按1:5或更高的比例场外配资进行股票交易，并收取1%～2%不等的月息，至被抓获期间共配资达人民币284.5万元。同年4月20日，公安人员在上述地点将被告人周某林抓获，并缴获电脑主机6台、银行卡14张、手机4部、营业执照1份、借款协议书4份、资产管理系统操作手册1本。上述案件被告人最终均被法院认定为构成非法经营罪。

在场外配资活动中，由于配资公司或平台并不具备开展融资融券业务的法定资质，其配资活动必然违反国家规定，如此是否意味着场外配资活动都将无可争议地构成非法经营罪呢？笔者认为不然。

众所周知，我国《刑法》中的非法经营罪，本身就因入罪门槛低而被称为“口袋罪”，若不对其法律条文进行严格解释，则可能导致处罚范围不当扩大。具体到场外配资行为，笔者认为，认定场外配资行为是否构成非法经营罪，除了需要审查配资行为是否有“违反国家规定”“未经国家有关部门批准”的情形之外，还应严格审查配资方是否具有“经营”行为。换言之，若配资方实际上并未实施“经营”证券业务（如接受证券交易委托、查询证券交易信息、进行证券和资金交易结算清算和强制平仓等证券交易服务等）的行为，仅依据配资协议出借资金，交易行为由投资者自主完成，配资方基于双方所签协议获取利息等收入，即便配资方缺乏相关资质，也不应认定其构成非法经营罪。湖北省通山县人民法院审理的周某非法经营案[②]印证了上述观点。在该案中，周某系黄冈沃富资产管理有限公司法定代表人，2014年12月至2015年5月，其在未取得期货经营许可，也未取得其他期货公司授权经营的情况下，利用在深圳创天汇新资产管理有限公司开立的期货交易主账户（该主账户为正常期货交易的个人账户）以及众期金融资产管

① 参见广东省中山市第一人民法院（2021）粤2071刑初141号刑事判决书。

② 参见湖北省通山县人民法院（2019）鄂1224刑初38号刑事判决书。

理平台交易软件，使用主账户在美乐雅期货有限公司开立杨某、伍某的期货交易个人账户，在长江期货有限公司开立陈某、张某、贾某的期货交易个人账户，提供给通山籍客户李某、宋某等人在众期金融资产管理平台进行股指期货交易。同时，周某为客户使用的个人账户提供配资，为客户的个人账户进行风险控制，提供技术支持等，并收取配资月利息（利率为1.2%～1.5%）和股指期货交易手续费等进行谋利。经湖北正方经济鉴证司法鉴定所鉴定，被告人周某在上述期间收到李某通过其个人农行、邮政储蓄银行账户及乐某有通过农行账户的转账汇款共计50.4万元，收到宋某2通过其个人建行账户的转账汇款共计4万元。法院经审理后认为，被告人周某出借资金并提供真实的期货交易账户给客户进行期货交易，客户自主完成交易行为，周某依据协议收取利息、交易手续费等进行谋利，该配资行为合法，周某的行为不构成犯罪。

（二）诈骗罪

上文已述，配资公司或者平台缺乏法定资质从事配资活动可能构成非法经营罪。这一讨论的前提是配资公司或者平台的配资行为以及后续的证券交易行为均为真实。而实践中不乏配资公司或平台通过虚构合法资质的方式吸引投资者，并利用虚假交易平台诱骗投资者配资进行证券交易的情况。实践中，此类行为可能构成诈骗罪。

诈骗罪是指以非法占有为目的，用虚构事实或者隐瞒真相的方法，骗取数额较大的公私财物的行为。[①] 其基本犯罪构成是行为人实施欺骗行为，使被害人产生错误认识并基于此而处分财产，致使行为人取得财产而被害人遭受财产损失。在配资公司利用虚假交易平台诱骗投资者进行证券交易的场合，由于配资公司虚构了事实，投资者误以为自己是在真实的交易平台交易，并基于该认识错误在上述虚假平台上入金配资交

① 《刑法》第266条规定："诈骗公私财物，数额较大的，处三年以下有期徒刑、拘役或者管制，并处或者单处罚金；数额巨大或者有其他严重情节的，处三年以上十年以下有期徒刑，并处罚金；数额特别巨大或者有其他特别严重情节的，处十年以上有期徒刑或者无期徒刑，并处罚金或者没收财产。本法另有规定的，依照规定。"

易，导致财物损失，配资公司的行为方式符合诈骗罪的犯罪构成。例如，苏某华、朱某强诈骗案①中，被告人所在辰灿公司在无任何金融许可证情况下，以经营线下配资炒股为掩护，采取虚构该公司系证监会批复的合法机构、可以操作布局强势股等手段骗取被害人信任，吸引被害人在该公司提供的虚假股票交易平台入金配资炒股。审理法院认为，本案中被害人用于炒股的资金并未进入正规股票交易市场，被告人利用虚假股票交易平台诱骗被害人配资炒股，本质上是一种诈骗犯罪行为。

由此可见，交易平台是否虚假，是认定配资行为是否构成诈骗的关键所在。但是否只要交易平台为虚假，就一律认定构成诈骗罪，仍有进一步探讨的空间。本文认为，在此情形下，还应进一步对该虚假交易平台（虚拟盘）的数据来源以及配资方是否可以更改平台数据、操纵和控制交易行情等方面进行查证，以查明被害人的损失与行为人的欺骗行为（提供虚假的交易平台）之间是否存在刑法上的因果关系。若配资方使用的虚拟盘中交易数据完全虚假，配资方可以在后台更改数据，控制平台行情的走向，决定投资者的盈亏，配资方构成诈骗罪应无争议。若配资方使用的虚拟盘中数据虽未与真实证券市场直接联通，但套用了证券市场的实时交易数据，配资方无法通过后台更改数据，也无法操纵和控制平台行情，此时，虽然交易平台属虚假平台，但投资者的投资盈亏仍然依附于真实的市场行情，而非配资方的人为操控，投资人的损失与配资方提供虚假交易平台之间并不存在因果关系，故不宜认定配资方构成诈骗罪。需要指出的是，配资方此时虽然不构成诈骗罪，但其未经批准非法经营证券业务，仍可能构成非法经营罪。另外，配资方此时与投资者之间是否属于对赌，配资方的行为是否涉嫌开设赌场罪，亦有进一步探讨空间。

（三）其他罪名

非法经营罪和诈骗罪是实践中场外配资活动较常涉及的两个罪名，

---

① 参见河南省南阳市中级人民法院（2020）豫13刑终803号刑事判决书。

结合配资活动的具体环节，还可能触犯其他罪名。

1. 集资诈骗罪或非法吸收公众存款罪

从配资公司或平台的资金来源看，配资公司或平台从事配资业务，需要具备雄厚的资金实力，若配资资金并非配资方自有资金，而是配资方巧立名目，向社会不特定人员募集而来，则配资方的募集资金行为可能涉嫌非法集资，构成集资诈骗罪或非法吸收公众存款罪。例如，在浙江省台州市中级人民法院审理的陈某聪集资诈骗案①中，被告人陈某聪在经营公司连续亏损的情况下，明知自己无能力归还他人本金及利息，仍虚构公司经营状况良好的假象，编造替人还贷、投资、P2P 等虚假理由，以高息为诱饵，以“元宝街”和“泰诚贷”等 P2P 平台名义向社会不特定对象非法集资，并将集资款用于支付前期借款的本息及股票配资等，致使集资款不能返还。至案发时，共造成借款 5.2 亿余元无法返还。法院最终认定陈某聪以非法占有为目的，使用诈骗方法非法集资，构成集资诈骗罪。需要指出的是，在该案中，若在案证据无法证明被告人具有非法占有之目的，则其未经许可公开向社会不特定人员募集资金的行为仍可构成非法吸收公众存款罪。

2. 侵犯公民个人信息罪

实践中，在配资公司或平台发展客户（投资者）环节，配资公司或平台常以拨打电话及微信联系等方式招揽客户。而这些电话号码、微信账号等信息往往都是配资公司或平台通过购买等方式非法获取的。根据《最高人民法院、最高人民检察院关于办理侵犯公民个人信息刑事案件适用法律若干问题的解释》第 1 条的规定②，手机号码、微信账号均属于公民个人信息保护的范畴。因此，配资公司或平台通过购买等方式非法获取公民个人信息的行为可能涉嫌侵犯公民个人信息罪。例如，在

---

① 参见浙江省台州市中级人民法院（2018）浙 10 刑初 25 号刑事判决书。

② 《最高人民法院、最高人民检察院关于办理侵犯公民个人信息刑事案件适用法律若干问题的解释》（法释〔2017〕10 号）第 1 条规定：“刑法第二百五十三条之一规定的‘公民个人信息’，是指以电子或者其他方式记录的能够单独或者与其他信息结合识别特定自然人身份或者反映特定自然人活动情况的各种信息，包括姓名、身份证件号码、通信通讯联系方式、住址、账号密码、财产状况、行踪轨迹等。”

福建省福州市晋安区人民法院审理的方某贵非法经营、侵犯公民个人信息案[①]中，被告人方某贵在2018年10月至2019年1月，多次向同案人江某以每条信息0.5元的价格购买公民个人信息（含姓名、手机号、QQ号、微信号等信息）共计1.6万条以上，用于股票推荐、配资炒股等业务经营。法院最终认定方某贵上述行为构成侵犯公民个人信息罪，对其判处有期徒刑一年，并处罚金人民币2万元。

3. 合同诈骗罪

从签订、履行配资合同过程看，有的配资公司以开展配资为名，通过恶意平仓等方式，行非法占有投资者资金之实，则可能构成合同诈骗罪。例如，在浙江省杭州市中级人民法院审理的赵某、侯某海合同诈骗案[②]中，被告人赵某因股票配资业务产生巨额负债，仍伙同被告人侯某海与被害人杨某达成配资协议（1500万元配资3000万元）。2018年7月12日，被害人杨某交付保证金1500万元至侯某海账户后，取得由出资方提供的内有4500万元资金的股票账户。当月30日、31日，赵某在上述股票账户处于盈利状态的情况下，擅自强行平仓并更改账户密码，将平仓时的保证金及盈利共计15,768,417.41元扣除前期业务欠款所剩900余万元转至侯某海账户，随后分赃。两被告人将上述款项用于还债、消费等，并在被害人发现账户异常、资金转移后编造事由进行推脱。法院据此认定赵某、侯某海上述行为构成合同诈骗罪。

三、结语

当前，在国家法律政策联合规制之下，仍有场外配资机构不断变换手法、巧立名目，借助新型技术手段或个人账户，以“投资顾问”“虚拟买卖”“我出资，你炒股”等方式宣传诱导投资者参与违法证券活动，严重损害投资者合法权益，破坏正常的证券市场秩序。为维护资本市场秩序、有效发挥资本市场枢纽功能，应对包括场外配资在内的证券

---

① 参见福建省神州市晋安区人民法院（2019）闽0111刑初903号刑事判决书。

② 参见浙江省杭州市中级人民法院（2019）浙01刑初117号刑事判决书。

违法活动进行严厉打击。《证券法》的修订为国家从刑事法律层面打击场外配资行为提供了有力抓手，而2021年7月6日中共中央办公厅、国务院办公厅印发的《关于依法从严打击证券违法活动的意见》① 对从严打击证券违法行为提出了更为明确的要求，其中便包括要依法坚决打击规模化、体系化场外配资活动。

具体到刑事法律层面，场外配资行为正被逐步纳入刑事法律的评价范畴，对其法律定性的讨论也在不断细化和深入。运用刑事手段对场外配资行为进行打击，可以有效遏制场外配资活动的蔓延。但在从严打击思路之下，仍应坚持刑法的谦抑性原则，仅对具有严重社会危害性且符合具体犯罪构成要件的场外配资行为动用刑法加以规制，防止打击面的不当扩大。另外，由于刑法界对场外配资行为的定性尚存争议，如何实现认定标准及裁判尺度的统一，仍需在司法实践中进一步探索。

从律师辩护的角度看，场外配资行为在刑事法律定性方面的争议，一定程度上为律师辩护提供了空间。在具体辩护活动中，辩护律师首先应关注该场外配资行为是否具有刑罚当罚性，是否确有运用刑事法律进行评价之必要。在犯罪认定场合，辩护律师则应紧紧围绕罪刑法定原则，严格审查该场外配资行为在具体罪名上的构成要件，并对事实认定过程中的证据材料进行细致分析，审查其是否达到证据确实、充分的证明标准。

（本文仅代表作者个人观点。特约编辑：张悦文）

---

① 《关于依法从严打击证券违法活动的意见》第16条规定："依法严厉打击非法证券活动。加强市场监管、公安等部门与中国证监会的协同配合，完善跨部门协作机制，坚决取缔非法证券经营机构，坚决清理非法证券业务，坚决打击非法证券投资咨询等活动。加强场外配资监测，依法坚决打击规模化、体系化场外配资活动。严格核查证券投资资金来源合法性，严控杠杆率。加强涉地方交易场所案件的行政处置与司法审判工作衔接，有效防范区域性金融风险。"

资本不足状态下公司法人人格否认的实务认定规则

——王某与腾龙公司、季某某、蒋某某等人委托理财合同纠纷案

姚　军*

【裁判要旨】

如果股东没有向公司注入任何资本，或者实缴资本与其从事的行业风险严重不匹配，则表明股东利用公司人格经营事业的诚意欠缺。这种转嫁风险给外部债权人的做法，本身就构成对股东有限责任的滥用，并成为否认公司法人人格的一个重要理由。资本不足中的“资本”系指实缴资本，应以公司开始营业时为准。资本不足一般并不单独成为否认公司人格的充分理由，审判实务中尚需结合股东滥权等其他因素综合判断。

【基本案情】

安徽腾龙创富金融信息服务有限公司（以下简称腾龙公司）于2015年8月12日办理设立登记手续，注册资本500万元，法定代表人为蒋某某。两名股东季某某和蒋某某持股比例均为50%，认缴出资均

* 安徽省肥西县人民法院法官，福州大学法学院研究生。

为250万元，认缴出资期限均为2035年8月31日，实缴出资额均为0元。

2016年3月14日，王某与腾龙公司签订《托管协议书》，约定：王某委托腾龙公司从事期货投资代理业务，收益由双方按一定比例分成。以王某名义在A期货公司设立账号，初始账户金额为280万元。如亏损金额达到20%，腾龙公司应立即停止操作，亏损部分由王某承担；亏损超过20%的部分，由腾龙公司承担。腾龙公司每季度收取王某1%的账户管理费。

2016年3月14日，王某通过其个人账户向腾龙公司支付管理费2.8万元，并向其在A期货公司设立的账户转账支付280万元。之后，蒋某某通过该期货交易账户进行操作，获得收益42万元。2016年4月21日，王某按照约定将收益款的30%（12.6万元）支付到腾龙公司时任法定代表人蒋某某的个人账户上。最终，经蒋某某操作，王某亏损1,669,957.97元，亏损率为59.6%，超过20%。王某提供的录音显示，季某某于2016年9月8日表示愿意承担相关责任。

后腾龙公司原股东季某某和蒋某某在认缴期限未届至，且各自承诺认缴的250万元未实际出资到位的情况下，将公司股权以几万元价格转让给牛某和王某某。王某某对《托管协议书》不知情，牛某和王某某接手公司后并未实际经营。2017年1月4日，工商部门对腾龙公司股东进行了变更登记，法定代表人为牛某，注册资本为500万元，股东牛某和王某某分别持股50%，各自认缴出资250万元，认缴出资期限为2035年8月31日，实缴出资额均为0元。

【裁判结果】

安徽省肥西县人民法院认为，《证券法》第171条并非效力性强制规范，《托管协议书》系双方当事人真实意思表示，未违反法律、行政法规的效力性强制性规定，合法有效。腾龙公司在操作过程中，对趋势把握失误，致王某投资受损，且在亏损达到20%时没有立即停止操作，违反了合同约定，应当向王某承担违约损害赔偿责任。根据双方约定，出现投资失利，亏损金额超过总投资资金的20%时，也即超过56万元（280万元×20%）的部分，由腾龙公司承担；对于未超出部分，由王某承担。因此，腾龙公司应向王某支付的投资损失赔偿款为总损失额1,669,957.97元扣除56万元，也即1,109,957.97元，同时还应支付资金占用期间的逾期付款违约金。

2017年7月5日，安徽省肥西县人民法院作出（2017）皖0123民初4502号民事判决：（1）腾龙公司于判决生效之日起5日内向王某支付违约损害赔偿金1,109,957.97元及逾期付款违约金（逾期付款违约金以1,109,957.97元为本金，按照年利率6%的标准自2016年9月8日起计算至款清之日止）；（2）季某某、蒋某某于判决生效之日起5日内在其认缴而未实缴出资的本息范围内（未出资本金均为250万元，未出资利息按照中国人民银行同期贷款利率自本判决生效之日起计算至实际给付之日止），就腾龙公司的上述第一项还款义务承担连带清偿责任；（3）驳回王某的其他诉讼请求。

【案例评析】

根据当事人诉辩主张，结合查明事实，本案的一个争议焦点在于如何认定腾龙公司原股东季某某、蒋某某的责任。

公司独立人格和股东有限责任是现代公司制度的两大基石。公司享有独立人格，得以独立承担责任，股东在有限责任的庇护下，可以放心大胆地去投资和开拓市场业务，不需要担心就公司债务直接对公司债权人承担责任。公司作为现代商事组织的主要组织形式，使作为投资者的股东对公司债务承担有限责任，可以避免公司债权人的无限追索，将股东的可能损失限制在其所认缴或实缴的投资额范围内，把投资的亏损风险从股东身上转嫁到公司债权人身上。

股东有限责任作为现代商业社会最伟大的发明之一，对筹集社会零散资金、吸引个人投资者创业、发展社会经济起到了巨大的推动作用。但是，贯彻绝对的股东有限责任也容易走向反面，导致该制度在保护股东利益的同时，也可能被股东滥用而恶意损害无辜债权人或潜在债权人的利益。为了防止和制裁有限责任制度的滥用，维护社会公共利益和保障公平公正的市场交易秩序，综合平衡债权人、公司、股东三方主体的利益，法律在某些特定情况下就要否定股东有限责任，允许公司债权人直接向股东追偿，让股东承担无限责任。这种制度，在大陆法系国家称为“法人人格否认”，在英美法系国家称为“刺穿（揭开）公司面纱”。

我国《公司法》第 20 条第 3 款对法人人格否认作出了规定，这也是本案原告主张股东对公司债务承担责任的请求权基础。就本案来看，腾龙公司符合我国《公司法》规定的法人人格否认情形，原股东蒋某某、季某某依法应就案涉债务在未出资本息范围内向公司债权人承担责任，理由有以下三点。

一、腾龙公司的资本显著不足

首先，在判断是否构成公司法人人格否认时，公司资本是否相对充足是需要考量的一个重要因素。股东出资是公司资本确定、维持原则的基本要求，出资是股东最基本、最重要的义务。股东出资义务包括公司设立时股东的出资义务和公司增资时股东的出资义务。如果股东未履行或未全面履行出资义务，则违反了资本维持原则，给债权人利益带来威胁，要承担在未出资本息范围内的资本充实责任。

股东创业时，应当诚实地投入足以应付生意损失和风险的充足资本。如果股东只有名义资本或者没有注入任何资本，或者投入的资本与其从事的商业活动及活动包含的风险相比，只是象征性的和微不足道的，以致在资本不足以对债权人承担责任的基础上成立公司从事商业活动，这本身就构成对公司程式的滥用，可能构成否认公司独立主体资格的一个重要理由。

其次，资本是否充足中的“资本”应指实缴资本，而非注册资本或认缴资本。注册资本是公司最基本的资产，是确定和维持公司一定数额的资本，对于奠定公司基本的债务清偿能力，保障债权人利益和交易安全具有重要价值。从我国对公司注册资本的制度设计看，注册资本的基本功能包含两方面：对公司自身而言，注册资本是法人进行民事活动的基础和源泉；对公司民事交易活动的对象而言，注册资本是对企业法人行为能力和资信的担保和证明。基于商事外观主义原则，交易人（公司债权人）对于公司能在多大程度上偿还外债和公司责任能力的预期判断标准是公司的注册资本，即公司注册资本对于公司外债具有某种程度上的资信担保作用，此即注册资本的偿债担保理论。

2013 年，全国人大常委会对《公司法》作出修改，将有限公司的注册资本实缴制改为了较为彻底的认缴制，取消了注册资本的最低限额和缴足出资的期限规定，规定股东可以自主约定出资额、出资方式、出资期限，公司实收资本不再作为登记事项，设立登记时也无须提交验资报告。在注册资本认缴制下，虽然公司章程中仍需约定股东缴纳出资的期限，该约定在一定程度上也确实构成了债权人对公司资本充足的信赖，但股东的认缴只是其对公司的一种约定义务，这种义务有没有履行、何时履行，债权人是不得而知的。

因此，相对于实缴制而言，认缴制下的注册资本的偿债担保效用已经削弱，注册资本本质上已异化为发起人股东在工商部门登记的一个数字，并不能反映公司的真实偿债能力，对公司对外民事交易行为进行担保也只是表面现象。

最后，资本是否充足中的“资本”应以公司开始营业时为准，而非以债务产生或经营过程中的时间为准。毕竟，公司在经营中不断地产生利润或者亏损，公司资产在公司成立后开始经营的那一刻起就不断发生变化。显然，如果公司开始营业时资本充足，后来在正常经营过程中出现资本短期不足，那么，即使在债务产生时资本不足，也不得以资本不足作为认定股东对公司债务承担责任的理由。

事实上，判断资本是否充足，公司和股东利用公司人格经营事业的诚意如何，主观上是否过错明显，只能以公司开始营业时为准，而不是公司设立时，也不是经营过程中。《最高人民法院关于适用〈中华人民共和国公司法〉若干问题的规定（三）》（以下简称《公司法司法解释（三）》）第 15 条的规定也体现了这种精神。

具体到本案中，腾龙公司从事的是期货代理业务，用专业知识代理原告操作期货资金账户，系属从事较高风险业务的经营活动。而期货市场风云变幻，损益难测，高风险和高回报并存。从腾龙公司所从事的行业性质和该行业发生风险的程度来看，其应当具备一定数量的合理资本以应付资本市场的风险损失。但是，腾龙公司在成立后开始代理业务时，两原始股东的实缴出资却皆为0元，且在设立登记后的经营过程中直至对外转让全部股权之日，亦未缴纳一分钱出资。因此，腾龙公司资本显然不符合公司经营业务、规模和经营风险的最低要求，呈现公司资本显著不足的状态。

二、腾龙公司股东蒋某某、季某某滥用股东权利

公司股东按照其公示的承诺履行出资义务，是相对于社会的一种资本充实义务，股东应该正当行使认缴金额、认缴期限以及转让股权等股东权利，不能对公司资本充实造成妨害，从而损害公司债权人基于其公示的承诺和公司注册资本数额而产生的信赖利益，否则即可能构成股东权利的滥用。

季某某作为原告期货资金账户的实际操作者，未及时止损，造成原告投资失利，且其不但未按照承诺履行偿还公司债务的义务，反而于三个月后全部转移股权。蒋某某作为腾龙公司法定代表人，未能遵守公司程式和《托管协议书》约定，用个人账户收取12.6万元投资分红款，存在个人财产与公司财产混同的嫌疑，且其对腾龙公司代理原告王某从事期货账户的操作业务以及由季某某实际操作均是知情的。因此，蒋某某、季某某作为公司经营管理者，对本案所涉债务的形成都是明知的、积极的。

蒋某某、季某某未实际履行任何出资义务，却设立了一个经营风险较高的腾龙公司从事期货代理业务，并在公司出现严重亏损的3个月后，在明知腾龙公司无独立财产且欠王某较大外债未清偿的情况下，为逃避债务在认缴期届满前将腾龙公司全部股权低价对外转让。此时的腾龙公司，已不再是一个独立的市场实体，而已经沦为股东个体的集合和股东经营个人业务的一个空壳和工具。蒋某某、季某某利用公司面纱的

阻隔作用，将公司经营风险全部转嫁给外部债权人，违反了诚信原则和公平原则，属于滥用股东权利的行为。

根据《公司法司法解释（三）》第18条第1款，蒋某某、季某某作为腾龙公司原始股东，在将股权转让给牛某、王某某后，并不能免除法定出资义务，其对公司资本仍负有充实责任，对腾龙公司的债权人应在出资不实范围内承担责任。

此外，还有一种观点认为，合同案件与侵权案件不同，后者属被动债权，权利人不存在自愿交易，而前者的债权人可以通过企业信息公示机制掌握公司资本来规避交易风险，其在自由、自愿的状态下选择交易，说明其主动承担了风险。因此，在合同案件中，否认公司法人人格时要异常慎重。然而，这种观点并不妥当。合同案件中的市场主体作为主动债权人，固然有交易与否的选择权，但是，当公司股东存在滥权、欺诈等积极行为而产生公司债务时，其对此显然是难以预见且没有过错的，如果此时仍固守股东有限责任而让其完全自担风险，这并不符合公平正义的法律精神。

三、为逃避债务而在认缴期限届满前转让股权的原股东应适用加速到期规则对公司债权人承担责任

股东未缴纳的出资，是指股东已认缴而未实缴的出资，包括到期应缴而未缴和认缴期限未届至的出资。根据《企业破产法》第35条和《最高人民法院关于适用〈中华人民共和国公司法〉若干问题的规定（二）》第22条第1款相关规定，公司清算（包括自愿清算、强制清算和破产清算）时，公司因股东未缴纳出资而享有的对股东之债权应列为清算财产。据此，在我国现行法律体系下，公司处于清算状态时，股东的出资义务可以加速到期。但现行法并未构建起与无条件认缴制相配套的完善的债权人保护体系，以致在公司未进入清算状态时，股东的出资义务能否加速到期成为近年来公司法领域的一个重要热点问题。

2013年修订的《公司法》催生了这一争议，但却未给予明确回答。2019年《全国法院民商事审判工作会议纪要》第6条针对非破产状态

下的股东出资义务加速到期，规定了“准破产”和“恶意延长出资期限”这两种例外情形，但该条规定较为谨慎。应当认为，资本认缴制不是股东逃避出资的保护伞，也不是股东规避债务的避风港。处理类似案件时，要本着公平合理的原则，灵活运用法律解释方法，既要尊重发起人股东在2013年《公司法》修订后采取的认缴出资方式，也要结合案件具体情况，认真考量资本认缴制下股东的出资义务，平等维护债权人和股东的合法权益。具体到本案中，相对于“准破产”和“恶意延长出资期限”而言，对蒋某某、季某某适用出资义务加速到期规则的理由显然更为充分。

综上所述，本案中，蒋某某、季某某作为腾龙公司发起人和原始股东，未承担任何出资义务，在公司资本显著不足的状态下以公司名义与他人签订合法有效的合同从事较高风险的证券代理业务，并在导致委托人严重亏损后的短时间内通过外转全部股权的方式来变换出资责任人，试图悬空出资财产，逃避出资义务，规避公司债务。该行为属于恶意滥用股东权利，滥用股东有限责任和法人独立责任，已严重损害公司债权人利益。此时的腾龙公司，其法人人格应被否认，两个原始股东不应再享受股东有限责任的庇护，也不宜再享受认缴制下出资期限利益的保护，而应当在未出资本息范围内对案涉债务承担连带清偿责任。

在当前的公司法实务中，运用资本不足理论否认法人人格的案例较为少见。但是，裁判者不能因此而裹足不前，而应当根据查明的事实综合判断，既审慎运用，又当用则用，依法维护各市场主体的合法权益。

（本文仅代表作者个人观点。特约编辑：陈容明）

担保物权代持的规则评析

——《民法典担保制度解释》相关规定研究

吴娟萍*

2020年12月31日，《最高人民法院关于适用〈中华人民共和国民法典〉有关担保制度的解释》（以下简称《民法典担保制度解释》）正式颁布，解决了长期以来司法实践中对担保物权代持效力的争议。本文对《民法典担保制度解释》确立的担保物权代持制度进行研究，以求教于方家。

一、《民法典担保制度解释》规定的担保物权代持的三类情形

《民法典担保制度解释》第4条规定："有下列情形之一，当事人将担保物权登记在他人名下，债务人不履行到期债务或者发生当事人约定的实现担保物权的情形，债权人或者其受托人主张就该财产优先受偿的，人民法院依法予以支持：（一）为债券持有人提供的担保物权登记在债券受托管理人名下；（二）为委托贷款人提供的担保物权登记在受托人名下；（三）担保人知道债权人与他人之间存在委托关系的其他情形。"据此，《民法典担保制度解释》确认了两类担保物权代持的适用场景，并以兜底条款的形式进一步确认了担保物权代持的普遍适用。

其一，债券发行中，担保物权登记在受托管理人名下。2021年2

* 北京德恒律师事务所合伙人，中国人民大学法律硕士。

月 26 日中国证券监督管理委员会公布的《公司债券发行与交易管理办法》第 59 条规定："公开发行公司债券的受托管理人应当按规定或约定履行下列职责：……（七）发行人为债券设定担保的，债券受托管理人应在债券发行前或债券募集说明书约定的时间内取得担保的权利证明或其他有关文件，并在增信措施有效期内妥善保管……"2015 年 6 月 5 日中国证券业协会发布的《公司债券受托管理人执业行为准则》（已被修改）第 23 条亦作出了同样的规定。2020 年 7 月 15 日，最高人民法院印发的《全国法院审理债券纠纷案件座谈会纪要》（以下简称《纪要》）第 18 条确认了前述代持的法律效力，即担保物权可以登记于债券受托管理人名下，债券受托管理人可以主张担保物权。但《纪要》并未明确债券持有人的担保物权人地位，以及其是否有权直接向法院主张登记在受托管理人名下的担保物权。对此，《民法典担保制度解释》在《纪要》的基础上，肯定了债券持有人的债权人地位，赋予其选择以自身名义实现担保物权的权利，有效规避了因受托管理人怠于行使权利等可能阻碍其实现担保物权的不利影响。

其二，委托贷款中，担保物权登记在受托人名下。委托贷款的现实背景就在于担保物权的登记障碍。非金融机构债权人办理担保物权登记尤其是土地使用权和在建工程的抵押登记往往存在障碍，加上在《最高人民法院关于审理民间借贷案件适用法律若干问题的规定》出台前，企业之间借贷无效的司法惯例，使委托贷款成为银行中间业务的一个门类，沿袭至今，造成了从主债权到担保物权皆存在实体权利与名义权利不一致的现象。为解决这一问题，最高人民法院曾在 1996 年 5 月 16 日作出《最高人民法院关于如何确定委托贷款协议纠纷诉讼主体资格的批复》（已失效），确认在贷款人不起诉的情况下，委托人可以自行向贷款人、借款人提起诉讼主张权利。但对于登记在受托人名下的担保物权归属，司法实践中一直存在争议。四川省高级人民法院在（2016）川民终 1139 号民事判决书中指出，抵押权登记具有公示效力，各方当事人关于"实际抵押权人"的协议约定未经依法登记不产生法律效力；而最高人民法院则在（2015）民一终字第 107 号民事判决书中指出，因抵押登记制度不健全等原因导致债权人与登记的抵押权人不一致的，并不产生抵押权与债权实质上分离，债权人和抵押权人仍为同一。《民法典担保制度解释》与最高人民法院前述判决的立场保持了一致，确认了委托人作为真正担保物权人主张担保物权的司法实践，有效尊重和保护了当事人的商业自治安排。

其三，担保人知悉的其他代持情况。常见的担保人知道债权人委托他人持有担保物权的情形一般发生在债权转让中受让人未办理担保物权变更登记的场景。由于担保物权变更登记费时、费力，债权转让后担保物权仍登记在原债权人名下的情况并不少见。《全国法院民商事审判工作会议纪要》（以下简称《九民会纪要》）第62条明确规定，债权转让后抵押人以受让人不是抵押合同的当事人、未办理变更登记等为由提出抗辩的，人民法院不予支持，即是针对司法实践中在担保物权代持法律效力方面存在不同认知并因此导致不同裁判结果现象的纠偏。《民法典担保制度解释》在《九民会纪要》的基础上，更进一步地为担保物权代持的普遍适用设定兜底条款，即只要担保人知晓委托关系，就可以通过将担保物权登记在受托人名下的方式设定担保物权，且债权人及受托人均有权就担保财产主张优先受偿。

二、担保物权代持是《民法典》间接代理制度在物权领域的应用，并未违反物权法定原则

《民法典》第925条沿用了《合同法》（已失效）第402条、第403条有关间接代理制度的规定，具体到担保物权代持的三方法律关系中，即担保人在订立合同时知道受托人与委托人之间的代理关系的，该合同直接约束委托人和担保人。可见，担保物权代持中，担保物权的名义主体与实际主体在形式上的分离，并不影响民事法律行为的后果归属于实际权利人。从司法实践中的争议可知，对担保物权代持提出异议的观点认为这一代持违反了物权法定原则。笔者认为，这是对物权法定原则的误读。

其一，物权法定是指物权的内容和种类法定，担保物权代持并不涉

及。《民法典》第116条沿用了《物权法》（已失效）第5条的规定，明确物权的种类和内容由法律规定。据此来看，物权法定包括了种类的法定和内容的法定。所谓种类法定，即物权的种类必须由法律确认，当事人不得创设法律所不承认的新类型物权，也不得通过意思自治改变现有法律规定的物权类型。所谓内容法定，即物权的内容必须由法律确认，当事人不得创设与法定物权内容不符的物权，也不得通过意思自治作出与法定物权内容不符的约定。在担保物权代持的情境下，由于不涉及新类型物权的创设，亦不改变既有物权的内容，并不涉及物权法定。

其二，不动产担保物权登记生效，动产担保物权登记对抗，仅是指物上负担的生效或对抗，并不排除当事人就权利主体通过意思表示作出另外安排。《民法典》第234条规定，因物权的归属、内容发生争议的，利害关系人可以请求确认权利。《最高人民法院关于适用〈中华人民共和国民法典〉物权编的解释（一）》（以下简称《民法典物权编解释一》）第1条更是开宗明义，明确"因不动产物权的归属，以及作为不动产物权登记基础的买卖、赠与、抵押等产生争议，当事人提起民事诉讼的，应当依法受理"。由此，笔者认为，当作为登记基础的法律事实产生争议时，若合同名义主体与实际权利人之间有关担保物权代持的意思表示足以对抗登记内容的，可依据当事人间的意思表示确认真实权利。

其三，担保物权名义主体与实际主体的分离，并不会对第三人产生不利影响。由于担保物权作为从权利，自身不具有与主债权分离交易的可能性，因此，将担保物权登记在其他主体名下，并不会对交易第三人产生不利影响。在登记在前的担保物权所担保主债权确定的情况下，登记在前的担保物权人与债权人权利主体不一致并不会影响登记在后的担保物权人设定担保物权时的合理预期。

综上，物权法定是类型与内容的法定，并不涉及权利主体通过代理规则形成的其他安排。在担保人事先知晓前述安排的情况下，担保物权代持对担保人、第三人都不会产生不利影响。

三、《民法典担保制度解释》确认担保物权代持的现实意义

《民法典担保制度解释》确认担保物权代持的现实意义具体体现在如下两个方面：

其一，有利于金融业务形式的多样化。比如，集团公司或者银行总行可以同担保人一次性办理担保物权登记，约定体系内企业借款均以该担保物作为担保。又如，资管产品投资于债券业务或对接信托贷款模式下，由第三方或底层债务人提供更多的担保措施。由此，对整个金融业务而言，不仅减轻了各方工作量，也提供了更多形式可供选择，为金融产品提高增信和吸引投资人带来利好。

其二，有利于提升担保物的处置效率。《民法典担保制度解释》消除了受托持有的担保物权不被法院认可的风险，一旦债务人违约，无论是债权人还是受托人均可直接向担保人主张处置担保物，降低各方当事人独立行使担保物权的成本并减少冲突，在一定程度上更好地保障了投资人的利益。

需要注意的是，虽然债券发行和委托贷款这两类担保物权受托持有情形已无可非议，但是否应将这两种特殊交易习惯扩大到不确定的其他情形在理论界一直有重大分歧。在《民法典担保制度解释》的征求意见阶段，有学者主张不宜对担保物权受托持有进行随意扩大，否则即意味着当事人可以约定将担保物权登记在非债权人的民事主体名下，可能会导致诸如违背物权法定原则的情况出现。[①] 因此，为平衡担保物权受托持有的普遍适用条件，《民法典担保制度解释》将征求意见稿中“担保人知道担保物权未登记在债权人名下的其他情形”调整为“担保人知道债权人与他人之间存在委托关系的其他情形”。即将担保物权受托持有的普遍适用限定在债权人与他人之间存在委托关系的情形下，这也为未来具体业务的适用设置了法律关系的判断义务。

---

① 《民法典担保部分司法解释意见稿研讨会》，载 https：//mp. weixin. qq. com/s/b6JyGYWO0zYekLkEdWN2Yw，最后访问日期：2021 年 6 月 10 日。

四、结语

《民法典担保制度解释》开创性地规定了担保物权受托持有制度，不仅回应了实操层面的两种常见情形，也为普遍出现的委托情形提供了法律适用空间，给债权人维护权利带来全新变革。当然，《民法典担保制度解释》的重要条文亦不止于此，本文仅借担保物权受托持有抛砖引玉，期待更多有关《民法典担保制度解释》的务实讨论。

（本文仅代表作者个人观点。特约编辑：姜珊）

隐名代理制度下仲裁协议对被代理人和第三人有约束力

环中争端解决团队

一、导言

我国的外贸代理制度自建立至今已三十年,[①] 在这三十年间，外贸代理制度经历了我国加入世界贸易组织和从审批制到备案制的转变，也在我国国际贸易快速发展中发挥了重要作用。时至今日，我国以季度为单位的货物进出口贸易规模已经达到 8.47 万亿元（2021 年第一季度),[②] 在“北大法宝”案例数据库中检索到的“进出口代理合同纠纷”案由项下的案件也达到了 7920 件之多，可见外贸代理纠纷的解决目前且在可预见的未来会是我国民商事争议解决体系的重要组成部分。

仲裁有助于民商事纠纷的高效解决，更大程度地发挥仲裁在解决外贸代理纠纷中的作用也是我国秉持的支持仲裁理念的题中之义。外贸代理关系的特殊性在于尽管该法律关系中存在贸易代理人、被代理人和第三人这三个主体，但相关的合同常常仅由其中两方签署，导致合同相对性原则与当事人解决争议的需求可能会在一定程度上发生冲突，由此产生了仲裁协议效力能否扩张、在什么情况下能扩张的问题，即贸易代理

---

① 1991 年 8 月 29 日，原对外贸易与经济合作部发布《关于对外贸易代理制的暂行规定》（已失效），初步建立对外贸易代理制度。

② 《国务院新闻办就 2021 年一季度进出口情况举行发布会》，载中国政府网，http://www.gov.cn/xinwen/2021-04/14/content_5599704.htm，最后访问日期：2021 年 7 月 1 日。

人在授权范围内以自己的名义与第三人签署的仲裁协议能否对被代理人产生约束力的问题。我国法院的裁判对该问题给出了答案。

二、案例索引

审理法院：北京市第四中级人民法院

案号：（2020）京04民特570号

申请人：Ivatherm S. R. L（以下简称Ivatherm公司）

被申请人：夏诗（上海）国际贸易有限公司（以下简称夏诗公司）

三、案件概要

（一）申请人申请撤销案涉仲裁裁决的理由

申请人请求人民法院依法撤销中国国际经济贸易仲裁委员会（以下简称贸仲）于2020年5月29日作出的（2020）中国贸仲京（沪）裁字第0135号仲裁裁决，申请理由是申请人与被申请人之间不存在仲裁协议。申请人的具体主张如下：第一，从时间上看，《经销协议》签署时，夏诗公司与汇鸿公司尚未建立代理关系，汇鸿公司并非以受托人身份签署《经销协议》。第二，从《代理进口协议》项下汇鸿公司的代理权限来看，夏诗公司仅委托汇鸿公司订立“单笔国际货物买卖合同”，而并没有委托汇鸿公司订立《经销协议》。第三，夏诗公司的实际控制人程甲参与了订立《经销协议》的过程，但在该协议签署过程中，程甲并未披露其与尚在筹建中的夏诗公司存在控制关系，更未披露汇鸿公司将作为尚未成立的夏诗公司的受托人与申请人订立《经销协议》。第四，《经销协议》项下的合同条款表明，汇鸿公司并非以夏诗公司代理人的身份签署《经销协议》。第五，在长达四年的履行过程中，夏诗公司或汇鸿公司从未披露或主张二者之间是代理关系，申请人亦无从知晓该种关系。夏诗公司作为申请人的客户，有权就货物质量提出主张，申请人满足客户主张的行为并不表示同意或追认《经销协议》下合同相对方为夏诗公司。第六，2019年4月7日，申请人发出的《解约通知》

中的相对方仅为汇鸿公司。据此，仲裁庭未对申请人是否在订立合同时知道夏诗公司与汇鸿公司之间存在代理关系作出正确的认定，进而错误地适用了《合同法》第402条[①]“受托人以自己的名义，在委托人的授权范围内与第三人订立的合同，第三人在订立合同时知道受托人与委托人之间的代理关系的，该合同直接约束委托人和第三人，但有确切证据证明该合同只约束受托人和第三人的除外”之规定。《经销协议》的履行和解除亦不能证明申请人知晓并认可夏诗公司与汇鸿公司之间的代理关系。

（二）被申请人的答辩理由

被申请人夏诗公司称，本案焦点是《经销协议》的仲裁条款是否能够约束申请人与夏诗公司，围绕这个焦点，应当关注《合同法》第402条规定的适用问题。第一，申请人自始至终知晓汇鸿公司与夏诗公司之间的代理关系，并认可该代理关系。《经销协议》的仲裁条款能够约束申请人与夏诗公司。第二，夏诗公司获得名为“夏诗（上海）国际贸易有限公司”的企业名称预先核准通知书时间为2015年3月26日。可见，夏诗公司实际上早于签订《经销协议》设立。第三，夏诗公司的经营范围包括进口、经销、销售化妆品，符合《经销协议》交易的要求。第四，申请人与夏诗公司之间的关系属于典型的外贸代理关系。夏诗公司的实际控制人程甲意图将申请人的品牌引入国内，通过汇鸿公司开具信用证完成付款。在仲裁阶段，夏诗公司提交了大量证据证明在交易过程中，一直由夏诗公司与申请人直接对接。申请人自始至终知晓汇鸿公司与夏诗公司之间的代理关系，从2015年至2019年均没有对夏诗公司的身份提出异议。由此，夏诗公司认为，申请人撤销裁决的理由不充分，应当驳回。

四、申请人与程甲、夏诗公司签订和履行《经销协议》情况

2015年3月13日，申请人的负责人鲁克某发送邮件至程甲，就合

① 现为《民法典》第925条。

同的结算货币进行讨论。2015 年 3 月 19 日，程甲与鲁克某发送往来邮件三封，就产品价格及合同条件进行讨论。2015 年 3 月 26 日，夏诗公司获得名为“夏诗（上海）国际贸易有限公司”的企业名称预先核准通知书，备选企业字号为“俪泉”，发起人为孙某、程乙、吴某。孙某、程乙均确认其作为发起人设立夏诗公司时所持夏诗公司股权系代程甲持有。2015 年 3 月 31 日至 4 月 30 日，就《经销协议》的磋商和签订，汇鸿公司负责人汪某与鲁克某发送了一系列相关邮件，全部抄送了程甲。2015 年 4 月 1 日，程甲回复鲁克某邮件，并告知鲁克某其已为公司支付了费用，并在上海成立了公司。2015 年 4 月 28 日，申请人与汇鸿公司签订《经销协议》（合同编号：2015HHIV0428），其第 1.1 条“定义”约定：客户指的是已经或者可能签订合同购买经销商产品的客户；第三方指的是除经销商、申请人以及其各自附属公司之外的任何人或者实体。第 12.2 条约定：申请人将保护经销商、其附属公司以及其官员、董事和员工免承担任何责任、赔偿、损害、损失以及费用，包括因申请人的疏忽、不守信用或者故意渎职或者未履行本协议项下的义务而引起的受偿方所遭受的律师费。第 13.1 条“保证”约定：协议每一方保证并声明其拥有签订合同、履行本协议项下义务以及本协议项下其他所有必要的权利、所有权、利益。第 14.3 条约定：“对于涉及外方当事人的因本合同引起的或与本合同有关的任何争议，都应当提交中国国际经济贸易仲裁委员会上海分会按照该会的仲裁规则进行仲裁。仲裁裁决是终局的，对双方均具有约束力。本合同适用中华人民共和国法律。”第 14.10 条约定：“无第三方受益人权利。本协议的规定仅仅是为了双方、其各自继任者或者允许的受让人的利益而制定的，不得被解释为授予任何第三方任何权利（包括任何第三方受益人权利）。”第 14.13 条约定：“签订本协议的权利。协议各方特此同意并向对方声明：其有权签订本协议，而无须征得任何第三方的同意或批准。”2015 年 5 月 8 日，夏诗公司与汇鸿公司签署《代理进口协议》，约定汇鸿公司接受夏诗公司委托与外商签订编号为 2015HHIV0428 的协议，为夏诗公司代理进口化妆品。2017 年 9 月 22 日至 26 日，申请人与夏诗公司就产品质量问题及其解决方案发送一系列邮件，申请人确认产品发生了质量问题的事实，承诺给予赔偿并提供替代货物。2018 年汇鸿公司向申请人采购货物协议对应的 31 张《中华人民共和国海关进口货物报关单》载明的收货人均为汇鸿公司、消费使用单位均为夏诗公司。2019 年 3 月 21 日，鲁克某参加了夏诗公司在中国上海组织的经销商大会。

五、仲裁情况

贸仲根据 Ivatherm 公司与汇鸿公司签订的于 2015 年 4 月 28 日生效的《经销协议》中仲裁条款的约定以及夏诗公司提交的书面仲裁申请，受理了相应仲裁案，案件编号为 SHG20190123。仲裁期间，夏诗公司于 2019 年 7 月 11 日向仲裁庭提交了《主体资格异议申请书》，认为申请人并非该案合同主体，其与 Ivatherm 公司之间不存在仲裁协议。Ivatherm 公司于 2019 年 7 月 30 日提交《先行裁决申请书》。2019 年 8 月 2 日，仲裁庭通知双方当事人将在本案庭审时就本案主体资格异议和实体问题一并进行审理。2020 年 5 月 29 日，贸仲作出（2020）中国贸仲京（沪）裁字第 0135 号仲裁裁决：（1）Ivatherm 公司向夏诗公司支付广告费用 635, 146. 51 欧元。（2）Ivatherm 公司向夏诗公司支付样品和测试品补偿款 55, 594. 90 欧元。（3）Ivatherm 公司向夏诗公司支付律师费补偿款人民币 9 万元。（4）驳回夏诗公司的其他仲裁请求。（5）仲裁费为人民币 271, 524 元，由夏诗公司承担 80%，即人民币 217, 219. 2 元，Ivatherm 公司承担 20%，即人民币 54, 304. 8 元。夏诗公司已经全额支付了仲裁预付定金并冲抵，故 Ivatherm 公司应向夏诗公司支付人民币 54, 308. 8 元，以补偿夏诗公司为 Ivatherm 公司垫付的仲裁费。蔡鸿达仲裁员因参与本案仲裁而发生的实际费用为 696. 46 美元，全部由 Ivatherm 公司承担。该款项与 Ivatherm 公司预缴的仲裁员实际费用 2124. 91 美元相冲抵后，余款 1428. 45 美元退回 Ivatherm 公司。

六、法院审理情况

北京市第四中级人民法院认为：

本案申请人为注册地在罗马尼亚的法人，本案为涉外仲裁司法审查案件。根据《仲裁法》第70条的规定，人民法院对涉外仲裁案件进行司法审查，应当以《民事诉讼法》第274条[①]规定的事项作为撤销仲裁裁决的法定事由。

本案中，申请人的申请理由为其与被申请人之间不存在合法有效的仲裁条款。双方当事人对于仲裁裁决认定的汇鸿公司与Ivatherm公司签订的《经销协议》以及汇鸿公司与夏诗公司签订的《代理进口协议》合法有效不持异议，但对于《经销协议》中的仲裁条款是否能约束夏诗公司与Ivatherm公司存在争议，且夏诗公司在仲裁过程中即已提交《主体资格异议申请书》，认为夏诗公司与Ivatherm公司之间不存在合法有效的仲裁条款。对此，本院认为，双方实质的争议在于夏诗公司是否系《合同法》第402条规定的隐名代理委托人，能否介入受托人汇鸿公司与申请人签订的《经销协议》中。根据已经查明的事实，在申请人与汇鸿公司协商缔约过程中，程甲作为夏诗公司的实际控制人，介入了《经销协议》具体条款的协商，并在协议正式签订前（2015年4月1日）告知申请人其已在上海设立公司并为签订合同作了相应准备。结合夏诗公司一直作为实际经销商履行《经销协议》、Ivatherm公司与夏诗公司直接洽商产品质量问题的赔付事宜、鲁克某参加夏诗公司在上海举办的经销商大会以及《经销商协议》履行过程中申请人从未对程甲、夏诗公司提出身份异议等事实，可以合理确信Ivatherm公司自始知道汇鸿公司与夏诗公司之间的代理关系，并认可该代理关系。因此，根据《合同法》第402条的规定，《经销协议》对Ivatherm公司与夏诗公司具有约束力。

---

① 《民事诉讼法》第274条（2021年12月24日修正后为第281条）规定："对中华人民共和国涉外仲裁机构作出的裁决，被申请人提出证据证明仲裁裁决有下列情形之一的，经人民法院组成合议庭审查核实，裁定不予执行：（一）当事人在合同中没有订有仲裁条款或者事后没有达成书面仲裁协议的；（二）被申请人没有得到指定仲裁员或者进行仲裁程序的通知，或者由于其他不属于被申请人负责的原因未能陈述意见的；（三）仲裁庭的组成或者仲裁的程序与仲裁规则不符的；（四）裁决的事项不属于仲裁协议的范围或者仲裁机构无权仲裁的。人民法院认定执行该裁决违背社会公共利益的，裁定不予执行。"

对于Ivatherm公司主张其在与汇鸿公司签订《经销协议》时夏诗公司并未成立，程甲系以翻译、中介的身份介入《经销协议》缔约的意见，本院认为，发起人以设立公司名义对外签订合同，公司成立后由公司承继相关权利义务。虽然《经销协议》签订时夏诗公司尚未正式成立，但已取得企业名称预先核准；程甲在与Ivatherm公司的负责人洽商《经销协议》具体条款时，告知其已在上海成立公司，虽未有证据显示程甲明确披露上海成立的公司系夏诗公司，但《经销协议》履行过程中Ivatherm公司从未就夏诗公司身份提出过异议；且从鲁克某与程甲、汇鸿公司的往来邮件内容表述来看，程甲就协议条款的拟定有实质决定权，绝非仅是Ivatherm公司主张的翻译、中介身份。至于《经销协议》约定合同双方仅为Ivatherm公司与汇鸿公司，并无受益第三方约定，并不能排除隐名代理的情形。故Ivatherm公司提出的上述申请理由均不成立，本院不予采纳。

综上，依照《仲裁法》第70条、《民事诉讼法》第274条规定，裁定如下：驳回Ivatherm公司的申请。

七、评析

本案中，夏诗公司并非案涉仲裁条款的签署方，但法院认为，汇鸿公司与夏诗公司之间存在隐名代理关系，且Ivatherm公司知晓该代理关系的存在，因此，根据《合同法》第402条（《民法典》第925条）关于隐名代理的规定，案涉《经销协议》直接约束夏诗公司和Ivatherm公司，《经销协议》中的仲裁条款对夏诗公司和Ivatherm公司具有约束力。

本案中，汇鸿公司与夏诗公司的隐名代理关系从表面证据来看较难识别：第一，因为案涉《经销协议》以及《代理进口协议》签署时，被代理人夏诗公司仅取得企业名称预先核准，尚未正式成立；第二，夏诗公司的实际控制人程甲与夏诗公司的名义股东孙某、程乙、吴某存在股权代持关系，导致程甲与夏诗公司的关系难以通过公开渠道获知。因此，夏诗公司的实际控制人程甲介入Ivatherm公司与汇鸿公司的磋商、谈判，很难直接判断夏诗公司作为被代理人介入了案涉合同的协商、签署过程。

在隐名代理关系较难从表面证据中识别的情况下，我国法院主要基于两点判断 Ivatherm 公司知道或应当知道夏诗公司与汇鸿公司代理关系的存在以及《经销协议》应当约束 Ivatherm 公司和夏诗公司：（1）合同磋商过程中，汇鸿公司负责人与 Ivatherm 公司负责人鲁克某的系列邮件均抄送程甲，而 Ivatherm 公司并未对程甲的身份问题提出异议。在程甲邮件告知鲁克某其已经在上海成立公司的情况下，Ivatherm 公司也未提出任何疑问。（2）Ivatherm 公司直接与夏诗公司就《经销协议》项下的索赔事宜进行协商，双方就产品质量问题与解决方案发送了一系列邮件，Ivatherm 公司承诺给予赔偿并提供替代货物。此后，Ivatherm 公司负责人还参加了夏诗公司在中国上海组织的经销商大会。

通过认定仲裁协议直接约束隐名代理的被代理人和第三人，我国法院在本案中的裁判一定程度上突破了传统仲裁理论对于仲裁协议必须经过当事方签署且必须具有书面形式的要求，扩大了仲裁协议的适用范围，真正体现了支持仲裁的理念。

《联合国国际商事仲裁示范法》（以下简称《示范法》）2006 年修改的版本对于传统理论中仲裁协议的书面形式要求进行了一定程度的突破。《示范法》提供了两种备选方案。第一种方案仍然要求仲裁协议具有书面形式，但是对书面形式作出灵活解释，规定“仲裁协议的内容以任何形式记录下来的，即为书面形式，无论该仲裁协议或合同是以口头方式、行为方式还是其他方式订立的”①。该规定还将对书面形式的要

① 《示范法》第 7 条备选案文一规定：“……（1）‘仲裁协议’是指当事人同意将他们之间一项确定的契约性或非契约性的法律关系中已经发生或可能发生的一切争议或某些争议交付仲裁的协议。仲裁协议可以采取合同中的仲裁条款形式或单独的协议形式。（2）仲裁协议应为书面形式。（3）仲裁协议的内容以任何形式记录下来的，即为书面形式，无论该仲裁协议或合同是以口头方式、行为方式还是其他方式订立的。（4）电子通信所含信息可以调取以备日后查用的，即满足了仲裁协议的书面形式要求；‘电子通信’是指当事人以数据电文方式发出的任何通信；‘数据电文’是指经由电子手段、磁化手段、光学手段或类似手段生成、发送、接收或储存的信息，这些手段包括但不限于电子数据交换、电子邮件、电报、电传或传真。（5）另外，仲裁协议如载于相互往来的索赔声明和抗辩声明中，且一方当事人声称有协议而另一方当事人不予否认的，即为书面协议。（6）在合同中提及载有仲裁条款的任何文件的，只要此种提及可使该仲裁条款成为该合同一部分，即构成书面形式的仲裁协议。”

求放宽至“相互往来的索赔声明和抗辩声明”，前提是一方声称有协议而另一方不予否认。第二种方案未对仲裁协议的书面形式要件作出规定，《示范法》第7条备选案文二规定：“‘仲裁协议’是指当事人同意将其之间一项确定的契约性或非契约性的法律关系中已经发生或可能发生的一切争议或某些争议交付仲裁的协议。”两种备选案的共同点是对于当事人是否达成将争议交付仲裁的合意十分重视，而对仲裁协议的形式要件予以灵活处理。

《示范法》修订后，根据《联合国商事仲裁示范法案例摘要》（2012年版）记载的案例，各国法院在不同案件中针对仲裁协议的书面形式要求采取了不同做法。印度法院在一起案件中认为，法官对仲裁协议程序监督过程的作用应当最小化，不应当在对于仲裁协议效力的审查中增加《示范法》第7条第2款未规定的要求。也有法院坚持认为，当事人对于仲裁的合意应当以书面形式表达，不能以默示或其他形式表达。但大多数国家的法院对于当事人对仲裁协议的默示合意持认可态度，认为在国际商事交易多采用电子形式的今天，对于示范法第7（2）条应当进行灵活解释。进一步而言，各国法院的主流观点已经接受将与仲裁协议非同时签署的书面文件作为当事人达成仲裁合意的证据，只要该文件属于第7条第2款下对仲裁合意的记录。①

本案中，我国法院的做法与《示范法》的精神是一致的，即仲裁合意以任何形式记录下来的，即为书面形式，无论该仲裁协议或合同是以口头方式、行为方式还是其他方式订立。Ivatherm公司未对程甲的行为提出异议的行为实际上默认了夏诗公司的实际控制人加入案涉合同的谈判。此后，Ivatherm公司以邮件形式对夏诗公司提出的索赔问题予以回复，也证明Ivatherm公司承认夏诗公司是《经销协议》的实际相对方。

值得注意的是，从证据角度而言，我国法院对于《经销协议》签署前和签署后的证据予以采信，并用于判断双方当事人是否就将争议提

---

① 参见《联合国商事仲裁示范法案例摘要》（2012年版），第29～30页。

交仲裁达成合意，而并未僵化地认定仅有与仲裁协议同时产生的证据才可以作为当事人达成合意的证据，这也与多数采纳《示范法》国家的法院观点不谋而合。①

实际上，关于外贸代理中代理人以自己名义签署的合同中的仲裁协议能否约束被代理人，我国法学理论曾经存在争议。《北京市高级人民法院关于审理请求裁定仲裁协议效力、申请撤销仲裁裁决案件的若干问题的意见》第2条规定："……外贸代理制作为我国对外贸易活动中一项特定的法律制度，不属于《民法通则》中规定的委托代理。代理人以自己的名义对外签订合同中的仲裁协议，对被代理人没有约束力（合同法中规定的委托合同除外）。"而根据《合同法》第402条的规定，代理人以自己的名义对外签署合同，如第三人知道代理关系的存在，则该合同直接约束委托人和第三人。从目前的审判实践来看，为扩大仲裁的适用范围，我国法院倾向于认可外贸代理人在代理权限内对外签署的合同及仲裁协议在满足一定条件的情况下直接约束委托人和第三人。

在肖某星与区某华申请撤销仲裁裁决案②中，法院同样认可了仲裁协议对于未签字方的效力。该案中，尽管仲裁申请人并未签署案涉《合资协议》，但在《合资协议》签署前，仲裁申请人、仲裁被申请人共同签署《合资协议（修改草案）》，约定双方合资经营硝酸铅项目。后仲裁被申请人与案外人签署案涉《合资协议》，约定该案外人投资入股建阳荣鑫精细化工有限公司所属硝酸铅项目，案外人出资人民币86万元，占该项目40%的股份。建阳荣鑫精细化工有限公司成立后，2009年3月2日形成股东会《备忘录》一份，主要内容包括"为方便办理合资登记，甲乙双方同意区某华先生③委托第三人并以第三人的名义签署合资经营合同，但40%股权的实际持有人仍然是EddieAu"等，仲裁被申请人在该《备忘录》上签字确认。仲裁被申请人以双方不存在仲裁协议为由，申请撤销仲裁裁决。法院认为，仲裁申请人、被申请人共同签

① 参见《联合国商事仲裁示范法案例摘要（2012年版）》，第29～30页。
② 参见上海市第二中级人民法院（2014）沪二中民四（商）撤字第13号民事裁定书。
③ 仲裁申请人。——编者注

署《合资协议（修改草案）》，且仲裁被申请人签署《备忘录》的行为，足以证明被申请人知晓申请人与案外人之间代理关系的存在，因此，《合资协议》中仲裁条款真正约束的当事人是申请人和被申请人。

在支持仲裁成为全球趋势的背景下，相信在未来，法院作出与本案和上海市第二中级人民法院（2014）沪二中民四（商）撤字第13号类似裁决的情况将会增加。但实际上，仲裁协议效力的扩张对于仲裁在全球范围内的发展有所助益，对于国际商事活动的当事人来讲却并不完全是好消息。吸取本案Ivatherm公司的教训，各商事主体在参与商事活动的过程中，对于协商谈判的参与方，以及参与方对于合同或项目合作关键问题有决策权限应当保持一定的敏感度，该参与方的范围甚至应拓展至“翻译人员”，如发现相关人员在谈判中扮演超出其权限的角色，应当及时以邮件或其他书面形式询问、提出异议，并保留相关记录。参考《示范法》的相关规定，各方对于索赔声明、抗辩声明的往来也应当加以注意，如有任何与此前不符的条款或文件、邮件、传真内容，都应当及时提出异议或反对。国际商事活动参与方应当注意，发生争议时，当事方的行为（或不作为）也很有可能构成各方达成仲裁合意的证据。

（本文仅代表作者个人观点。特约编辑：江仕溢）

侵犯商业秘密案件若干问题研究

高　律*

侵犯商业秘密案件因其自身特点，如我国缺少单独的商业秘密法、案情复杂（尤其技术秘密案件）、可参考案例少（商业秘密案件属于依申请可不公开审理案件，也常存在法院认为不宜在互联网公布的情形），一直属于知识产权类案件中办案难度较高的类型之一。近期，随着我国全面保护知识产权政策的出台，商业秘密有关司法解释也相继颁布，为审理侵犯商业秘密案件提供了规范和指引。笔者结合经办案件，在本文中进行一定的研究梳理。

一、秘密性的认定

（一）产品的尺寸、结构、材料等信息的秘密性认定

根据《反不正当竞争法》相关规定，商业秘密构成要件包括秘密性（不为公众所知悉）、价值性、保密性（采取相应保密措施）。[①] 在侵犯商业秘密（民事）案件司法实践中，秘密性这一要件是绝对的审查重点和难点。《最高人民法院关于审理不正当竞争民事案件应用法律若干问题的解释》（以下简称《反不正当竞争法解释》，已失效）第9条规定，有关信息不为其所属领域的相关人员普遍知悉和容易获得，应当

* 国浩律师（上海）事务所律师，华东政法大学法律硕士。

① 《反不正当竞争法》第9条第4款规定：“本法所称的商业秘密，是指不为公众所知悉、具有商业价值并经权利人采取相应保密措施的技术信息、经营信息等商业信息。”

认定为“不为公众所知悉”（秘密性），并反向列举了六种可以认定为不构成“不为公众所知悉”的情形。[①] 在笔者经办的一起侵犯商业秘密案件中，原告就波峰焊惰性（氮气）气体保护系统的相关产品及工艺主张商业秘密保护，核心产品为波峰焊氮气保护罩。笔者作为被告律师认为，该氮气罩产品为开放式结构，而且整体并无精密的机械构造，用户在自行对该氮气罩产品进行报废、取出清洗、委托第三方供应商维修过程中，相关公众（第三方供应商等）通过简单观察（包括简单拆卸后的观察、简单测量）即可了解该产品的尺寸、结构、材料、部件的简单组合等，应属于《反不正当竞争法解释》规定的不构成“不为公众所知悉”的情形。但审理法院在判决中认为，“被告提交的有关原告产品的图片，均非氮气罩产品在正常使用状态下所拍摄而得，而是在经过专业拆解后所拍摄”，并进一步结合照片拍摄者身份、拍摄情况不清等情形，认定原告氮气罩产品的尺寸、结构等“不为公众所知悉”。

对产品尺寸、结构等信息秘密性的认定，笔者认为关键还应当落点在相关公众对产品的尺寸、结构等信息是否“容易获得”。在伊特克斯惰性气体系统（北京）有限公司、郭某周侵犯商业秘密案[②]中，上海市浦东新区人民法院认为：“如果要获得设备尺寸等技术信息必须拆卸该设备。该设备中含有大量数据，要掌握精确的数据，必须经过反复的测量、试验。因此，如果相关人员要获取涉案设备的尺寸等技术信息必须付出巨款购买设备，或拆卸他人购买的设备，而一般情况下，他人允许第三方拆卸其花巨款购买的大型设备的可能性很小。即使取得了设备，要取得精确的数据也必须反复试验、测量才能取得。因此涉案设备的相

---

① 《反不正当竞争法解释》第9条规定：“有关信息不为其所属领域的相关人员普遍知悉和容易获得，应当认定为反不正当竞争法第十条第三款规定的‘不为公众所知悉’。具有下列情形之一的，可以认定有关信息不构成不为公众所知悉：（一）该信息为其所属技术或者经济领域的人的一般常识或者行业惯例；（二）该信息仅涉及产品的尺寸、结构、材料、部件的简单组合等内容，进入市场后相关公众通过观察产品即可直接获得；（三）该信息已经在公开出版物或者其他媒体上公开披露；（四）该信息已通过公开的报告会、展览等方式公开；（五）该信息从其他公开渠道可以获得；（六）该信息无需付出一定的代价而容易获得。”

② 参见上海市浦东新区人民法院（2010）浦刑初字第2040号刑事判决书。

关技术信息并不是普遍知悉和容易获得的信息。”在上诉人金华市某开发区奥凯电器厂、李某、唐某与被上诉人杭州某电器有限公司侵害商业秘密纠纷案[①]中，浙江省高级人民法院认为“该信息仅涉及产品单一组件尺寸的简单内容，进入市场后相关公众通过对产品的拆卸、观察、测量和分析等常规手段即可获得该线径的尺寸规格”，并最终没有认定相关信息构成商业秘密。上述案例中，法院对相关信息是否“容易获得”的考量包括是否需要专门购买设备及设备的价格、是否需要反复多次测量、信息本身是否简单、信息是否只需常规手段获取等。

（二）技术信息组合的秘密性认定

在实际案件中，原告主张构成商业秘密的信息可能是某个技术点，也可能是某些技术点的组合。对于技术信息的组合，如何认定是否“不为公众所知悉”？如果每个信息点都已被现有公开文件（如专利文献）公开，是否不属于“不为公众所知悉”？根据《最高人民法院关于审理侵犯商业秘密民事案件适用法律若干问题的规定》（以下简称《商业秘密若干问题规定》）相关规定，即使是为公众知悉的信息，其组合在被诉侵权行为发生时不是普遍知悉和容易获得的，也能被认定为不为公众所知悉。[②] 在上述笔者经办的案件中，原告主张的十多项秘点基本都是多个技术信息的组合，而其中每个单独的技术信息都已被在先的专利文献所公开。审理法院根据上述规定，认为在原告主张秘点是各个技术信息组合的情况下，需审查各个单独的技术信息及其组合整体。即使各个单独的技术信息都已被公开，信息组合未公开的，该秘点整体还是被认为“不为公众所知悉”。法院最终基本全部认定原告十多项秘点整体属于“不为公众所知悉”。

---

① 参见浙江省高级人民法院（2011）浙知终字第207号民事判决书。

② 《商业秘密若干问题规定》第3条规定：“权利人请求保护的信息在被诉侵权行为发生时不为所属领域的相关人员普遍知悉和容易获得的，人民法院应当认定为反不正当竞争法第九条第四款所称的不为公众所知悉。”第4条第2款规定：“将为公众所知悉的信息进行整理、改进、加工后形成的新信息，符合本规定第三条规定的，应当认定该新信息不为公众所知悉。”

二、认定“不为公众所知悉”的时间点

关于侵犯商业秘密案件中如何确定商业秘密是否“不为公众所知悉”的时间点在司法实践中曾莫衷一是，有些法院采用被诉侵权行为发生时，有些采用原告起诉时，有些采用技术形成时。《商业秘密若干问题规定》第3条对该问题进行了明确，将该时间点确定为“被诉侵权行为发生时”。根据《反不正当竞争法》相关规定，商业秘密侵权行为一般包括非法获取、披露、使用、允许他人使用等方面，[①] 而在很多案件中，上述行为往往同时存在，且时间点不同。以哪个时间点作为“被诉侵权行为发生时”，相关法律法规并未明确，民事领域商业秘密侵权纠纷也少见相关案例，不妨参见刑事领域侵犯商业秘密罪案例。在吴某侵犯商业秘密罪案[②]中，被告人吴某被控犯罪行为包括：（1）2010年9月至10月，被告人吴某先后数次采用秘密拆换电脑硬盘的方式，窃取上海药明康德公司其他研究人员电脑中的相关研究材料，其中包括公诉机关指控的89个化合物结构式及合成过程信息。（2）2011年3月2日和11日，吴某将其窃取并编辑整理的化合物结构式，以尚未成立的上海艾娜科生物医药科技有限公司的名义，在SciFinder和ACDFIND数据库及该公司的网站上公开披露。针对涉案技术信息是否不为公众所知悉问题，公安机关委托鉴定机构鉴定，鉴定机构出具鉴定意见认为：“GCSW系统的89个结构式中，77个结构式在2011年3月2日（被控公开披露日）前、12个结构式在2011年3月11日（被控公开披露日）

---

① 《反不正当竞争法》第9条规定：“经营者不得实施下列侵犯商业秘密的行为：（一）以盗窃、贿赂、欺诈、胁迫、电子侵入或者其他不正当手段获取权利人的商业秘密；（二）披露、使用或者允许他人使用以前项手段获取的权利人的商业秘密；（三）违反保密义务或者违反权利人有关保守商业秘密的要求，披露、使用或者允许他人使用其所掌握的商业秘密；（四）教唆、引诱、帮助他人违反保密义务或者违反权利人有关保守商业秘密的要求，获取、披露、使用或者允许他人使用权利人的商业秘密。经营者以外的其他自然人、法人和非法人组织实施前款所列违法行为的，视为侵犯商业秘密。第三人明知或者应知商业秘密权利人的员工、前员工或者其他单位、个人实施本条第一款所列违法行为，仍获取、披露、使用或者允许他人使用该商业秘密的，视为侵犯商业秘密。……”

② 参见上海市浦东新区人民法院（2012）浦刑（知）初字第42号刑事判决书。

前，均属于不为公众所知悉的技术信息。”上海市浦东新区人民法院采纳了这一意见。在本案中，鉴定机构鉴定“不为公众所知悉”的时间点是商业秘密首次公开披露日。笔者认为有以下原因：（1）窃取一般都有后续披露、使用等行为，单独窃取较少见。（2）单独的窃取行为较难发现且危害较小，一般在此阶段不会发生诉讼。本案中被告人窃取时被发现，被害单位采取的措施也仅为要求其离职并签署不透露相关商业秘密的书面保证。（3）披露后，商业秘密自然不再具有秘密性，不再有审查的必要。从实践角度，认定“不为公众所知悉”的时间点越前，对原告越有利；认定“不为公众所知悉”的时间点越后，对被告越有利。因此，笔者认为实际案件中对于该时间点的确定双方当事人还有争辩的空间，也期待出台进一步细化的法律规定予以明确。

（本文仅代表作者个人观点。特约编辑：黄畅）

延迟退休政策对企业劳动用工的影响与相关思考建议

李华平*

近些年来，有关延迟退休的话题一直受到社会各界广泛关注。而2020年11月3日发布的《中共中央关于制定国民经济和社会发展第十四个五年规划和二〇三五年远景目标的建议》中明确“实施渐进式延迟法定退休年龄”。也就是说，延迟退休政策即将进入实施阶段，酝酿和研究多年的政策即将落地。本文从现行法定退休年龄规定及存在的问题谈起，从劳动法角度阐述延迟退休政策对企业劳动用工可能产生的影响并进行相应分析，进而提出对延迟退休政策的一点思考与建议。

一、现行退休政策的规定

四十多年来，我们国家对职工退休年龄的规定一直适用的是1978年5月24日通过的《国务院关于安置老弱病残干部的暂行办法》和1981年11月7日发布的《国务院关于严格执行工人退休、退职暂行办法的通知》(国发〔1981〕164号)。

《国务院关于安置老弱病残干部的暂行办法》第4条规定：“党政机关、群众团体、企业、事业单位的干部，符合下列条件之一的，都可以退休：(一) 男年满六十周岁，女年满五十五周岁，参加革命工作年

* 上海七方律师事务所主任，高级合伙人。

限满十年的；（二）男年满五十周岁，女年满四十五周岁，参加革命工作年限满十年，经过医院证明完全丧失工作能力的；（三）因公致残，经过医院证明完全丧失工作能力的。”

《国务院关于安置老弱病残干部的暂行办法》适用的对象是党政机关、群众团体、企业、事业单位的干部，全民所有制企业、事业单位和党政机关、群众团体的工人以及工作条件与工人相同的基层干部。改革开放以来，我们国家实行的是以公有制为主体、多种所有制经济共同发展的基本经济制度。因此，除了全民所有制企业、事业单位和党政机关、群众团体，还有个体经济组织、民营企业、民办非企业等其他混合所有制的经济组织，对于这些经济组织的劳动用工，并没有另行制定相应的法定退休年龄政策，实际上也是参照《国务院关于安置老弱病残干部的暂行办法》执行。因此，简单来讲，用人单位的职工执行的退休政策统一为：年满 60 周岁的男性干部或工人，年满 55 周岁的女性干部，年满 50 周岁的女性工人。

二、现行退休政策存在的问题

现行退休政策在退休年龄的规定上，既有性别的差异，又有身份的区别。长期以来，女性“干部”与“工人”的身份区别引发的劳动争议比较多。如何认定干部身份？是录用制干部还是聘用制干部？女性职工到底是 50 周岁还是 55 周岁退休？这些在认定中都比较模糊。

随着《劳动法》的实施，用人单位对劳动者的管理逐渐从“身份管理”转化为“岗位管理”，因此在执行退休政策时也相应地转化为：男性员工年满 60 周岁；女性普通岗位员工年满 50 周岁，管理岗位和专业技术岗位年满 55 周岁。那么，如何认定管理岗位和专业技术岗位？认定主体是谁？法律上并没有对哪些岗位属于管理岗位和专业技术岗位进行明确界定，实务中还是由用人单位说了算，由用人单位对员工是否属于管理岗位或专业技术岗位来进行认定，这极易产生争议。

无论是身份认定，还是岗位认定，相关争议都是由于政策规定不明确所导致的。在《国务院关于安置老弱病残干部的暂行办法》施行四十多年后，确实有必要出台新的退休年龄规定，也希望即将推行的延迟退休政策不要再留有模糊之处，否则可以预见争议将依然存在。

三、延迟退休政策对企业劳动用工的影响

《劳动合同法》自2008年1月1日起实施，要求用人单位和劳动者书面订立劳动合同，且在稳定劳动关系方面特别强调劳动关系的长期化。《劳动合同法》规定，对于在本单位连续工作满10年或与同一用人单位连续订立两次固定期限劳动合同后续订劳动合同等情形，劳动者提出续订或同意续订无固定期限劳动合同的，用人单位应当订立无固定期限劳动合同。用人单位和劳动者一旦订立无固定期限劳动合同后，如劳动者不存在《劳动合同法》第39条，第40条第1项、第2项规定的情形的，用人单位应当聘用该劳动者至出现劳动合同法定终止情形，即劳动者开始依法享受基本养老保险待遇，或达到法定退休年龄。

因此，当延迟退休政策实施后，对企业劳动用工产生的影响是显而易见的，主要表现在以下几方面：

一是会增加企业的社会保险缴纳成本。以女性员工为例，企业为年满50周岁的女性员工办理退休手续后继续返聘的，只需要向其支付劳动报酬，无须为其缴纳社会保险；但是法定退休年龄延迟后，企业聘用超过50周岁的女性，因其尚未达到法定退休年龄，企业仍需要为其继续缴纳社会保险，社会保险成本明显增加。

二是企业会增加支付医疗待遇、工伤待遇的隐形成本。在一定年龄后，随着年龄逐渐增长，职工健康状况会相应变差，患病或非因工负伤的可能性增大，发生工伤的概率也更大，企业为此需要支付病假工资、医疗补助金、停工留薪期待遇、一次性工伤就业补助金等。

三是招聘年轻人才的需求下降。由于年龄偏大的员工签订无固定期限劳动合同的情形较多，在企业岗位数量相对稳定的情况下，延迟退休政策会使企业职工的平均年龄相应增加，在一段时间内企业对于招聘年轻人才的需求会下降，企业的活力可能会受到一定的影响。无固定期限劳动合同与职工老龄化双重因素叠加，企业劳动用工在一定程度上会略

显僵化、活力不足，对企业人力资源的管理提出新的挑战。

四、对延迟退休政策实施的思考与建议

延迟退休是国际上应对人口老龄化的通行做法。我们国家的退休年龄与其他国家相比较而言偏低，而人均预期寿命逐年提高，为缓解养老保障压力，实施延迟退休政策是大势所趋、势在必行。“十四五”规划中提到“实施渐进式延迟法定退休年龄”，这样可避免造成新的社会矛盾，也更容易被大众接受。

关于新的退休政策，建议除了井下、高空、高温、特别繁重体力劳动或者其他有害身体健康等特殊工种的岗位，经过主管部门备案或认定的可以提前退休外，其他劳动者的退休年龄应当一致，不要再区分是否属于管理岗位或专业技术岗位；同时建议避免采用退休年龄区间的方式，减少用人单位单方选择权，因为一旦有退休年龄的区间设定，劳动者何时退休仍然会演变成用人单位说了算。

考虑到延迟退休会对企业的劳动用工产生影响，增加企业显性或隐形的用工成本，建议在推行该政策时出台一定的配套政策缓解企业用工成本压力。例如，在社会保险缴纳政策上对聘用年满 60 周岁员工的企业采取一定的减免政策，用人单位聘用年满 60 周岁员工的，单位缴纳养老保险比例减半，免交失业保险、生育保险之类；年满 60 周岁的员工可以从住房公积金管理中心一次性领取已缴纳的住房公积金，用人单位无须为年满 60 周岁的员工缴纳住房公积金等。如有这些配套政策，用人单位可能从抵触聘用年龄较大的员工转化为接受甚至积极聘用。

（本文仅代表作者个人观点。特约编辑：张艳）

《民法典担保制度解释》重要条款研究

赫少华*

《最高人民法院关于适用〈中华人民共和国民法典〉有关担保制度的解释》（以下简称《民法典担保制度解释》）于2021年1月1日起实施，为我们深入研习担保制度提供了不可或缺的途径。

一、关于公司对外担保

（一）越权担保的责任与效力

法定代表人以公司名义提供担保或加入债务问题的处理原则，仍在强调越权代表的问题，即使在“法定代表人+公章”的“人章合一”情形下，并不能必然代表公司的意思表示，依旧需要符合章程的决议或法定程序。

《公司法》第16条对法定代表人的代表权进行了限制，本身即为防止法定代表人随意代表公司为他人提供担保给公司造成损失，损害中小股东利益。根据该条规定，担保行为（或债务加入行为）不是法定代表人所能单独决定的事项，而必须以公司股东（大）会、董事会等机构的决议作为授权的基础和来源。

* 远闻（上海）律师事务所律师，合伙人。

《民法典担保制度解释》第7条①主要是解决“越权担保的效力与责任”问题，蕴含越权代表中表见代表的司法适用问题。在理解上需要区分其与《民法典》中关于无权代理和表见代理的规定。

在责任承担的用词上，与《最高人民法院关于适用〈中华人民共和国民法典〉担保部分的解释（征求意见稿）》（以下简称征求意见稿）中的“民事责任”相比，《民法典担保制度解释》中将相对人善意时，公司承担的“民事责任”调整为“担保责任”，理由之一在于民事责任是统摄担保责任和赔偿责任的，以免将相对人请求上市公司承担赔偿责任的救济途径堵死。②

需要特别注意的是，上市公司在担保合同对其不发生效力时，是不承担任何责任的。而一般公司在担保合同对公司不发生效力时，虽不承担担保责任，但可能要承担赔偿责任。结合《民法典担保制度解释》第17条③，担保合同无效时，担保责任不超过“债务人不能清偿的部分”，具体占比则需结合双方的过错，并区分是否是因主合同导致的担保合同无效。但无论如何，担保人无过错则不担责。

《民法典担保制度解释》第17条与《最高人民法院关于适用〈中

① 《民法典担保制度解释》第7条规定：“公司的法定代表人违反公司法关于公司对外担保决议程序的规定，超越权限代表公司与相对人订立担保合同，人民法院应当依照民法典第六十一条和第五百零四条等规定处理：（一）相对人善意的，担保合同对公司发生效力；相对人请求公司承担担保责任的，人民法院应予支持。（二）相对人非善意的，担保合同对公司不发生效力；相对人请求公司承担赔偿责任的，参照适用本解释第十七条的有关规定。法定代表人超越权限提供担保造成公司损失，公司请求法定代表人承担赔偿责任的，人民法院应予支持。第一款所称善意，是指相对人在订立担保合同时不知道且不应当知道法定代表人超越权限。相对人有证据证明已对公司决议进行了合理审查，人民法院应当认定其构成善意，但是公司有证据证明相对人知道或者应当知道决议系伪造、变造的除外。”

② 赫少华：《民法典担保解释（征求意见稿）的N个亮点》，载微信公众号“儒者如墨”2020年11月19日。

③ 《民法典担保制度解释》第17条规定：“主合同有效而第三人提供的担保合同无效，人民法院应当区分不同情形确定担保人的赔偿责任：（一）债权人与担保人均有过错的，担保人承担的赔偿责任不应超过债务人不能清偿部分的二分之一；（二）担保人有过错而债权人无过错的，担保人对债务人不能清偿的部分承担赔偿责任；（三）债权人有过错而担保人无过错的，担保人不承担赔偿责任。主合同无效导致第三人提供的担保合同无效，担保人无过错的，不承担赔偿责任；担保人有过错的，其承担的赔偿责任不应超过债务人不能清偿部分的三分之一。”

华人民共和国担保法〉若干问题的解释》（法释〔2000〕44号，已失效，以下简称《担保法司法解释》）相比，存在一个明显的变化，即在主合同有效而第三人提供的担保合同无效并且担保人有过错而债权人无过错的情形下，由原来的担保人与债务人共同承担连带责任，调整为担保人仅对债务人不能清偿的部分承担赔偿责任。

（二）无须决议的例外

相较于《全国法院民商事审判工作会议纪要》（以下简称《九民会纪要》）及征求意见稿，《民法典担保制度解释》第8条①对“无须决议的例外”情形进行了大幅度的调整，譬如将“公司为其直接或者间接控制的公司开展经营活动向债权人提供担保”调整为“公司为其全资子公司开展经营活动提供担保”，并且明确了例外情形中对于上市公司的例外，相对有利于公司的运营安全。

（三）上市公司对外提供担保

比较《九民会纪要》第22条②及征求意见稿第10条③关于上市公

① 《民法典担保制度解释》第8条规定：“有下列情形之一，公司以其未依照公司法关于公司对外担保的规定作出决议为由主张不承担担保责任的，人民法院不予支持：（一）金融机构开立保函或者担保公司提供担保；（二）公司为其全资子公司开展经营活动提供担保；（三）担保合同系由单独或者共同持有公司三分之二以上对担保事项有表决权的股东签字同意。上市公司对外提供担保，不适用前款第二项、第三项的规定。”

② 《九民会纪要》第22条规定：“债权人根据上市公司公开披露的关于担保事项已经董事会或者股东大会决议通过的信息订立的担保合同，人民法院应当认定有效。”

③ 征求意见稿第10条规定：“上市公司的法定代表人超越权限代表公司订立担保合同，相对人未审查上市公司公开披露的关于担保事项的董事会决议或者股东大会决议等信息，其请求上市公司承担民事责任的，人民法院不予支持。”

司对外担保的规定，《民法典担保制度解释》第 9 条[①]对上市公司对外担保在效力认定上更为严格和全面。上市公司的对外担保较为特殊，担保事项必须披露，相对人应根据公开披露的信息订立担保合同。否则，上市公司在担保对其不发生效力的情形下，不承担任何（担保、赔偿）责任。

（四）一人公司对外提供担保

相比征求意见稿第 11 条[②]，《民法典担保制度解释》第 10 条[③]与《公司法》第 63 条关于一人公司人格否认的特别规则相适应。

（五）延伸——股权让与担保之债权人不对出资义务承担连带责任

根据《九民会纪要》第 71 条的规定，债务人通过将股权转让至债权人名下为债务提供担保的，成立股权让与担保法律关系，担保合同有效。但具体到双方与公司外第三方关系上，需要根据第三方的具体请求指向，在债权人和债务人之间进行权利义务合理分配。[④]

---

① 《民法典担保制度解释》第 9 条规定："相对人根据上市公司公开披露的关于担保事项已经董事会或者股东大会决议通过的信息，与上市公司订立担保合同，相对人主张担保合同对上市公司发生效力，并由上市公司承担担保责任的，人民法院应予支持。相对人未根据上市公司公开披露的关于担保事项已经董事会或者股东大会决议通过的信息，与上市公司订立担保合同，上市公司主张担保合同对其不发生效力，且不承担担保责任或者赔偿责任的，人民法院应予支持。相对人与上市公司已公开披露的控股子公司订立的担保合同，或者相对人与股票在国务院批准的其他全国性证券交易场所交易的公司订立的担保合同，适用前两款规定。"

② 征求意见稿第 11 条规定："一人有限责任公司为其股东提供担保后，以违反法律关于公司对外担保的相关规定为由主张不承担担保责任的，人民法院不予支持。一人有限责任公司因承担担保责任导致无法清偿其他债务，其他债权人请求提供担保时的股东承担连带责任的，人民法院应予支持。该股东以一人有限公司具有法人独立地位或者股东仅承担有限责任为由提出抗辩的，人民法院不予支持。"

③ 《民法典担保制度解释》第 10 条规定："一人有限责任公司为其股东提供担保，公司以违反公司法关于公司对外担保决议程序的规定为由主张不承担担保责任的，人民法院不予支持。公司因承担担保责任导致无法清偿其他债务，提供担保时的股东不能证明公司财产独立于自己的财产，其他债权人请求该股东承担连带责任的，人民法院应予支持。"

④ 《民法典担保制度解释》第 69 条规定："股东以将其股权转移至债权人名下的方式为债务履行提供担保，公司或者公司的债权人以股东未履行或者未全面履行出资义务、抽逃出资等为由，请求作为名义股东的债权人与股东承担连带责任的，人民法院不予支持。"

二、关于抵押

（一）已经查封的财产能否抵押及效力如何

《最高人民法院关于人民法院民事执行中查封、扣押、冻结财产的规定》（法释〔2020〕21号）第24条规定：“被执行人就已经查封、扣押、冻结的财产所作的移转、设定权利负担或者其他有碍执行的行为，不得对抗申请执行人。……”该规定明确了就查封财产的处分行为，不得对抗申请执行人，但并没有否定该行为的效力。而《公安机关办理刑事案件适用查封、冻结措施有关规定》（公通字〔2013〕30号）第14条规定：“国土资源、房地产管理等有关部门对被公安机关依法查封的土地、房屋等涉案不动产，在查封期间不予办理变更、转让或者抵押权、地役权登记。”《民法典》第399条明确了“所有权、使用权不明或者有争议的财产”“依法被查封、扣押、监管的财产”不得抵押。立法者的解读则为，禁止以依法被查封、扣押、监管的财产抵押。[①] 最高人民法院民法典贯彻实施工作领导小组指出：“如仅在被查封、扣押的财产上张贴封条、公告，尚未进行查封、扣押登记，被查封、扣押人以该被查封扣押财产设定抵押，且已经完成抵押登记的，相对人可以基于善意取得的规定依法取得抵押权。”[②] 该规定说明在查封过程中，相对人可以善意取得不动产抵押权。但若是已经被查封登记，可否再设定抵押权？

《民法典担保制度解释》第37条[③]第2款明确规定，若以被查封财

---

① 参见黄薇主编：《中华人民共和国民法典物权编解读》，中国法制出版社2020年版，第657页。

② 最高人民法院民法典贯彻实施工作领导小组主编：《中华人民共和国民法典物权编理解与适用》，人民法院出版社2020年版，第1061页。

③ 《民法典担保制度解释》第37条规定：“当事人以所有权、使用权不明或者有争议的财产抵押，经审查构成无权处分的，人民法院应当依照民法典第三百一十一条的规定处理。当事人以依法被查封或者扣押的财产抵押，抵押权人请求行使抵押权，经审查查封或者扣押措施已经解除的，人民法院应予支持。抵押人以抵押权设立时财产被查封或者扣押为由主张抵押合同无效的，人民法院不予支持。以依法被监管的财产抵押的，适用前款规定。”

产设定抵押，抵押合同有效，若办理了抵押登记，抵押权设立，但该抵押不能对抗查封。允许被查封的财产设定抵押，一定程度上解决了司法实践中是否超标的查封的争议。

值得探讨的是，《民法典担保制度解释》第 37 条第 1 款中援引《民法典》第 311 条的规定，旨在解决无权处分下，善意取得抵押权的问题。若该查封系基于房屋买卖纠纷保全而产生，查封解除时，该房屋应过户至买受人，此时抵押权将如何处理?

（二）带抵押的财产转让

带抵押转让制度是《民法典》的一个亮点。涉及实践操作性的问题，即不动产登记部门对该“禁止或者限制转让的约定”可予以登记。

根据《民法典担保制度解释》第 43 条①的规定，当事人关于限制或者禁止抵押物转让的约定无论是否登记，都不影响抵押财产转让合同的效力。但明确禁止或限制转让的约定一旦经登记，将具有对抗效力，抵押权人主张转让不发生物权效力的，法院应予支持。

那么，当抵押权追及效力与商品房消费者的权利产生冲突时，应如何解决，值得探索。

（三）抵押预告登记人可否行使抵押权

基于抵押预告登记请求行使抵押权的情形，笔者在《最高法院公报：银行仅办理商品房抵押预告登记，并不必然享有优先受偿权》②

---

① 《民法典担保制度解释》第 43 条规定：“当事人约定禁止或者限制转让抵押财产但是未将约定登记，抵押人违反约定转让抵押财产，抵押权人请求确认转让合同无效的，人民法院不予支持；抵押财产已经交付或者登记，抵押权人请求确认转让不发生物权效力的，人民法院不予支持，但是抵押权人有证据证明受让人知道的除外；抵押权人请求抵押人承担违约责任的，人民法院依法予以支持。当事人约定禁止或者限制转让抵押财产且已经将约定登记，抵押人违反约定转让抵押财产，抵押权人请求确认转让合同无效的，人民法院不予支持；抵押财产已经交付或者登记，抵押权人主张转让不发生物权效力的，人民法院应予支持，但是因受让人代替债务人清偿债务导致抵押权消灭的除外。”

② 赫少华整理：《最高法院公报：银行仅办理商品房抵押预告登记，并不必然享有优先受偿权》，载微信公众号“儒者如墨”2015 年 1 月 5 日。

《江苏省高级人民法院关于执行疑难问题的解答》[①] 中已经陈述相关意见。司法实践中多持否定的态度，如在曲靖世纪天浩房地产开发有限公司、中国民生银行股份有限公司曲靖分行金融借款合同纠纷再审审查与审判监督案[②]中，最高人民法院认定，在案涉房屋仅办理预售商品房抵押预告登记、未办理抵押权登记的情况下，案涉房屋上的抵押权未有效设立，此时，银行作为抵押预告登记权利人，其享有的是对案涉房屋办理抵押权登记的请求权。一审法院判令银行有权行使优先受偿权明显错误。

《民法典担保制度解释》第 52 条[③]对“预告登记权利人可否行使抵押权”的问题进行了明确。即若具备办理抵押登记的条件，预告登记权利人便可主张已取得抵押权，而不需要再经判决认定其在办理抵押登记后才取得抵押权。

至于抵押人破产的情形，参照破产程序中债权加速到期的规定，抵押预告登记可具有抵押登记的效力。

笔者在《民法典解读：对房屋交易的影响》[④] 一文中虽然提到《民法典》第 221 条规定，“预告登记后，未经预告登记的权利人同意，处分该不动产的，不发生物权效力”，但基于《民法典》现已允许“带抵押转让”，故一般情况下，抵押权本身不能阻止抵押人转让抵押物或再次设定担保物权。故抵押预告登记本身也不能阻止抵押人处分标的物，

---

① 赫少华整理：《江苏省高级人民法院关于执行疑难问题的解答》，载微信公众号“儒者如墨”2018 年 6 月 14 日。

② 参见最高人民法院（2020）最高法民申 57 号民事裁定书。

③ 《民法典担保制度解释》第 52 条规定：“当事人办理抵押预告登记后，预告登记权利人请求就抵押财产优先受偿，经审查存在尚未办理建筑物所有权首次登记、预告登记的财产与办理建筑物所有权首次登记时的财产不一致、抵押预告登记已经失效等情形，导致不具备办理抵押登记条件的，人民法院不予支持；经审查已经办理建筑物所有权首次登记，且不存在预告登记失效等情形的，人民法院应予支持，并应当认定抵押权自预告登记之日起设立。当事人办理了抵押预告登记，抵押人破产，经审查抵押财产属于破产财产，预告登记权利人主张就抵押财产优先受偿的，人民法院应当在受理破产申请时抵押财产的价值范围内予以支持，但是在人民法院受理破产申请前一年内，债务人对没有财产担保的债务设立抵押预告登记的除外。”

④ 赫少华：《民法典解读：对房屋交易的影响》，载微信公众号“儒者如墨”2020 年 10 月 24 日。

何况预抵押目的是取得更加优先的抵押顺位。

（四）房地一体抵押及在建工程抵押权

房地一体抵押及在建工程抵押权的法律依据为原《担保法》第36条及原《物权法》第182条，后调整至《民法典》第397条。就该问题的司法实践观点，笔者已在《最高法院：房地分别抵押时，抵押权的效力范围和实现方式》[①] 和《最高法院：在建工程抵押权范围以何为准？含尚未建造的建筑物》[②] 两篇文章中予以整理并论述。《民法典担保制度解释》第51条[③]则明确，考虑到实务中，许多“烂尾”工程需要新融资才能继续等因素，仅以建设用地使用权设定的抵押权以不及于续建或新增建筑物为宜。以在建工程抵押的，范围限于已办理抵押登记部分，不及于续建、新增、尚未建造的建筑物。长期以来争议不休的实践问题得以解决。

（五）担保范围以登记为准

担保范围直接影响着优先受偿权范围，但实践中因各种因素，不动产登记簿上的记载范围与担保合同中约定的范围并不一致，导致司法实务中争议不断。就一般抵押担保范围，有观点认为，抵押权证上记载的数额仅为设定抵押时担保的债权本金数额，其他金额应以合同约定的抵押担保范围确定。至于最高额抵押登记担保范围，有观点认为，抵押权

---

① 赫少华：《最高法院：房地分别抵押时，抵押权的效力范围和实现方式》，载微信公众号“儒者如墨”2020年1月25日。

② 赫少华：《最高法院：在建工程抵押权范围以何为准？含尚未建造的建筑物》，载微信公众号“儒者如墨”2019年12月19日。

③ 《民法典担保制度解释》第51条规定：“当事人仅以建设用地使用权抵押，债权人主张抵押权的效力及于土地上已有的建筑物以及正在建造的建筑物已完成部分的，人民法院应予支持。债权人主张抵押权的效力及于正在建造的建筑物的续建部分以及新增建筑物的，人民法院不予支持。当事人以正在建造的建筑物抵押，抵押权的效力范围限于已办理抵押登记的部分。当事人按照担保合同的约定，主张抵押权的效力及于续建部分、新增建筑物以及规划中尚未建造的建筑物的，人民法院不予支持。抵押人将建设用地使用权、土地上的建筑物或者正在建造的建筑物分别抵押给不同债权人的，人民法院应当根据抵押登记的时间先后确定清偿顺序。”

证登记的最高债权限额即为最高额抵押担保范围（债权最高额说与本金最高额说之争）。换言之，一般抵押担保范围不小于登记债权金额，而最高额抵押担保范围不大于登记债权金额。

《九民会纪要》第58条采用了“一般＋例外”的模式，即不动产担保物权的担保范围以登记为准，但因不同地区的登记系统、登记规则不一致，又可以合同的约定确定担保范围。《民法典担保制度解释》第47条[①]现已明确以“登记簿”为准，不再规定例外情形。同时，《民法典担保制度解释》第48条[②]规定，若因登记机关过错导致不能办理登记的，当事人可向登记机关主张赔偿责任。

《民法典担保制度解释》第47条虽然解决了登记与合同约定不一致时的处理原则，但若确因客观原因等因素无法办理登记，譬如（抵押权人非银行时）在建工程抵押登记不予受理，或虽能办理登记但只记载合同约定的部分内容，是否均能适用《民法典担保制度解释》第48条的赔偿责任救济，需要进一步考察。

（六）抵押权行使与主债权诉讼时效届满

《九民会纪要》第59条规定，抵押权人应当在主债权的诉讼时效期间内行使抵押权。抵押权人在主债权诉讼时效届满前未行使抵押权，抵押人在主债权诉讼时效届满后请求涂销抵押权登记的，人民法院依法予以支持。以登记作为公示方法的权利质权，参照适用上述规定。

那么，主债权经判决后是否视为“主债权诉讼时效届满”？债权人能否提起另诉主张抵押权？

在中国民生银行股份有限公司上海分行与李某芳抵押权纠纷案[③]

---

① 《民法典担保制度解释》第47条规定：“不动产登记簿就抵押财产、被担保的债权范围等所作的记载与抵押合同约定不一致的，人民法院应当根据登记簿的记载确定抵押财产、被担保的债权范围等事项。”

② 《民法典担保制度解释》第48条规定：“当事人申请办理抵押登记手续时，因登记机构的过错致使其不能办理抵押登记，当事人请求登记机构承担赔偿责任的，人民法院依法予以支持。”

③ 参见上海市第一中级人民法院（2016）沪01民终6773号判决书。

中，法院认为，上诉人已就其主债权提起诉讼并已形成具有强制执行效力的生效判决，上诉人对主债权之诉讼时效不再继续存在，故与主债权相关的抵押权行使期限也随之届满，即上诉人的抵押权因未及时行使而消灭。被上诉人在一审时起诉要求上诉人撤销设定在涉案房屋上的抵押登记，具有合法依据，一审对此予以支持，当属正确。

但北京轻联富佳商贸有限公司等与刘某芝抵押权纠纷案[①]中，法院则认为，主债权经生效判决支持的法律效果不同于主债权诉讼时效期间届满，即不同于主债权丧失胜诉权和强制执行力，故不能认为主债权判决后另诉行使抵押权属“未在主债权诉讼时效期间行使抵押权”；在刘某芝等与北京轻联富佳商贸有限公司抵押权纠纷再审审查与审判监督案[②]中，法院认为，因轻联富佳公司已经通过胜诉判决对其债权进行了司法确认，本案并不存在诉讼时效是否届满的问题。

关于该问题，《民法典担保制度解释》第 44 条第 1 款[③]进行了反向释明，即主债权诉讼时效期间届满前，债权人仅对债务人提起诉讼，经人民法院判决或者调解后未在《民事诉讼法》规定的申请执行时效期间内对债务人申请强制执行，其向抵押人主张行使抵押权的，人民法院不予支持。

三、关于保证

（一）保证方式约定不明时推定为一般保证

关于保证制度，《民法典》中有多个亮点，笔者在《民法典解读：

① 参见北京市第二中级人民法院（2018）京 02 民终 1165 号判决书。

② 参见北京市高级人民法院（2018）京民申 4195 号裁定书。

③ 《民法典担保制度解释》第 44 条第 1 款规定：“主债权诉讼时效期间届满后，抵押权人主张行使抵押权的，人民法院不予支持；抵押人以主债权诉讼时效期间届满为由，主张不承担担保责任的，人民法院应予支持。主债权诉讼时效期间届满前，债权人仅对债务人提起诉讼，经人民法院判决或者调解后未在民事诉讼法规定的申请执行时效期间内对债务人申请强制执行，其向抵押人主张行使抵押权的，人民法院不予支持。”

保证规则的八个变化》[①] 一文中也只是梳理部分较为关注的常见问题。譬如，《担保法》（已失效）中规定，当事人对保证方式没有约定或者约定不明时推定为连带责任保证，而《民法典》将其修改为“推定为一般保证”。但推定保证方式时需要考虑意思表示解释规则的适用，譬如《民法典担保制度解释》第25条[②]的规定。

“不能履行”与“不履行”仅一字之差，却导致保证类型发生根本变化，如何从该角度辨明连带责任保证与一般保证，笔者在《法院判决中区分一般保证和连带责任保证的标准?》[③] 中进行过阐述。其中最高人民法院在判决中认为，该“不能”字样是与“按期”结合在一起使用，则不能将其理解为确实无力偿还借款的客观能力的约定，仅是表明到期不能偿还即产生保证责任。

在林某延、天津市九鼎实业发展有限公司债权转让合同纠纷案[④]中，法院认为，林某延承担保证责任以债务人未能按期偿付债务为前提，债务人未能按期偿付债务并不表明债务人不能以其财产清偿债务。因此，林某延并非承诺承担一般保证责任。

第三人在债务人“到期无法偿还”时承担偿还责任的承诺构成一般保证还是连带保证?

在陈某明、菏泽市中荣房地产开发有限公司民间借贷纠纷再审审查与审判监督案[⑤]中，《抵押借款互保声明书》上明确载明：在债务人华府公司对陈某明的借款“到期无法偿还”的情况下，中荣公司承担为

---

① 赫少华：《民法典解读：保证规则的八个变化》，载微信公众号“儒者如墨”2020年10月12日。

② 《民法典担保制度解释》第25条规定：“当事人在保证合同中约定了保证人在债务人不能履行债务或者无力偿还债务时才承担保证责任等类似内容，具有债务人应当先承担责任的意思表示的，人民法院应当将其认定为一般保证。当事人在保证合同中约定了保证人在债务人不履行债务或者未偿还债务时即承担保证责任、无条件承担保证责任等类似内容，不具有债务人应当先承担责任的意思表示的，人民法院应当将其认定为连带责任保证。”

③ 赫少华：《法院判决中区分一般保证和连带责任保证的标准?》，载微信公众号“儒者如墨”2017年5月25日。

④ 参见最高人民法院（2018）最高法民终1189号判决书。

⑤ 参见最高人民法院（2018）最高法民申2968号裁定书。

华府公司偿还所有款项的责任。法院认为，该表述表明了中荣公司保证责任承担的顺序性，中荣公司仅在借款到期且华府公司无法偿还时，即客观不能偿还借款的情况下方才承担保证责任，而非债务到期、华府公司未偿还债务时，中荣公司即无条件承担偿还借款的责任。

（二）第三人的增信措施属于保证还是债务加入

关于第三人的增信措施是属于保证还是债务加入的问题存在不同观点。其中，在《一审中未以保证期间作抗辩，二审能否以此改判?》[①]一文讨论“保证责任与债务加入”的适用时，笔者提出“保证人侥幸取得保证期间的抗辩权，却又落入债务加入的承诺中，一样得共同清偿”的疑虑。

根据《民法典担保制度解释》第36条[②]的规定，第三人的意思难以解释为债务加入还是保证时，从《民法典》平衡保护债权人与担保人的立场出发，应当推定为保证。

在此需要注意及讨论的是，认定第三人公司作出债务加入的行为之效力时，参考公司为他人提供保证的规则处理，即要审核是否有公司决议，相对人是否善意等要素。符合要素+债务加入的意思，则适用债务加入的规定。[③]

在华融国际信托有限责任公司、凯迪生态环境科技股份有限公司金

---

① 赫少华：《一审中未以保证期间作抗辩，二审能否以此改判?》，载微信公众号“儒者如墨”2017年7月12日。

② 《民法典担保制度解释》第36条规定：“第三人向债权人提供差额补足、流动性支持等类似承诺文件作为增信措施，具有提供担保的意思表示，债权人请求第三人承担保证责任的，人民法院应当依照保证的有关规定处理。第三人向债权人提供的承诺文件，具有加入债务或者与债务人共同承担债务等意思表示的，人民法院应当认定为民法典第五百五十二条规定的债务加入。前两款中第三人提供的承诺文件难以确定是保证还是债务加入的，人民法院应当将其认定为保证。第三人向债权人提供的承诺文件不符合前三款规定的情形，债权人请求第三人承担保证责任或者连带责任的，人民法院不予支持，但是不影响其依据承诺文件请求第三人履行约定的义务或者承担相应的民事责任。”

③ 《民法典担保制度解释》第12条规定：“法定代表人依照民法典第五百五十二条的规定以公司名义加入债务的，人民法院在认定该行为的效力时，可以参照本解释关于公司为他人提供担保的有关规则处理。”

融借款合同纠纷案[①]中，法院认为“差额补足合同”名称并非我国法律规定的有名合同，故判断《差额补足合同》的性质应根据合同主要内容确定，尤其是要对差额补足责任的界定予以综合分析认定。无论是从《差额补足合同》的核心条款进行文义解释，还是从合同体系解释来看，该合同的性质均符合保证合同的法律特征。

（三）一般保证人的先诉抗辩权在诉讼和保全顺序中的优势

在保证的范畴中，若被认定为一般保证，则享有了先诉抗辩权。但如何理解先诉抗辩权？从起诉角度而言，是只能先起诉债务人，然后再起诉保证人，还是作为共同被告一并诉讼，同时在判决主文中明确“保证人仅对债务人财产依法强制执行后仍不能履行的部分承担保证责任”？若能一并诉讼，那涉及财产保全时可否保全一般保证人财产？

《民法典担保制度解释》第26条[②]对此进行了释明。但对于诉讼时能否保全一般保证人财产，《民法典担保制度解释》仅列举出了“不能保全”的情形，对何种条件下可以进行保全目前没有给出指引。

（四）保证期间

在《民法典解读：保证规则的八个变化》一文中，笔者已经提出，没有规定或约定不明的保证期间，均为主债务履行期限届满之日起6个月。[③]

《民法典》第692条第2款规定，没有约定或者约定不明确的，保

---

① 参见最高人民法院（2019）最高法民终560号判决书。

② 《民法典担保制度解释》第26条规定：“一般保证中，债权人以债务人为被告提起诉讼的，人民法院应予受理。债权人未就主合同纠纷提起诉讼或者申请仲裁，仅起诉一般保证人的，人民法院应当驳回起诉。一般保证中，债权人一并起诉债务人和保证人的，人民法院可以受理，但是在作出判决时，除有民法典第六百八十七条第二款但书规定的情形外，应当在判决书主文中明确，保证人仅对债务人财产依法强制执行后仍不能履行的部分承担保证责任。债权人未对债务人的财产申请保全，或者保全的债务人的财产足以清偿债务，债权人申请对一般保证人的财产进行保全的，人民法院不予准许。”

③ 赫少华：《民法典解读：保证规则的八个变化》，载微信公众号“儒者如墨”2020年10月12日。

证期间为主债务履行期限届满之日起 6 个月。至于如何界定“约定不明确”，《民法典》没有作出如《担保法司法解释》（已失效）第 32 条第 2 款关于“保证合同约定保证人承担保证责任直至主债务本息还清时为止等类似内容的，视为约定不明”的列举性规定，留待司法实践进一步补充。

而《民法典担保制度解释》第 32 条[①]对该问题进行了明确规定。

至于最高额保证的保证期间、共同保证的保证期间问题，本文不再详细展开。

1. 撤诉是否影响保证期间

在保证期间内起诉后又撤诉，能否启动保证合同诉讼时效的起算？换个角度，若撤诉后在原保证期间内未再起诉，是否还能主张保证责任？

在吴某灵与福建顺合经贸有限公司民间借贷纠纷案[②]中，法院认为：虽然被上诉人吴某灵于 2013 年 10 月 8 日起诉缪某敏与顺合公司，但又撤回对顺合公司的起诉，且该案件相关材料未送达顺合公司，故不发生《担保法司法解释》第 34 条第 2 款规定的保证合同诉讼时效重新计算的法律效果。被上诉人吴某灵于 2014 年 6 月 20 日再次提起本案诉讼，已经超过 6 个月保证期限。

根据《民法典担保制度解释》再回顾该问题，即在连带责任保证中，需要确定“起诉状副本或者仲裁申请书副本是否已送达保证人”；而在一般保证中，只要债权人在保证期间内没有再次对债务人提起诉讼

① 《民法典担保制度解释》第 32 条规定：“保证合同约定保证人承担保证责任直至主债务本息还清时为止等类似内容的，视为约定不明，保证期间为主债务履行期限届满之日起六个月。”

② 参见福建省高级人民法院（2015）闽民终字第 114 号民事判决书。

或者申请仲裁，保证人就不应再承担保证责任。[①]

此外，即便在保证合同无效的案件（结合上文，担保合同无效，担保人不承担担保责任，但可能一定程度还是要承担赔偿责任的）中，债权人依然有义务在保证期间内行使权利，否则保证人可能无须承担赔偿责任。[②]

2. 法院是否会主动审查保证期间事宜

笔者在《一审中未以保证期间作抗辩，二审能否以此改判?》一文中提到该问题，并列举出“保证期间内未经债权人通知已提前履行保证义务，可否再以保证期间做抗辩”的案例解读。[③]

《民法典担保制度解释》第34条规定人民法院在审理保证合同纠纷案件时，应当查明保证期间是否届满、债权人是否在保证期间内依法行使权利等事实问题。债权人在保证期间内未依法行使权利的，保证责任消灭。

实务中，常存在诉讼时效届满，债务人在催款通知书上签章，可能导致诉讼时效重新起算的现象。[④] 但此现象若发生在保证期间届满后，对保证人约束力如何？鉴于保证期间届满后实体权利消灭，保证人仅仅在催款通知书上签字、盖章或者按指印，不足以认定保证人有重新为债务提供担保的意思表示。《民法典担保制度解释》第34条第2款中已明确该问题，除非构成新的保证合同，才具有重新为债务提供担保的意思表示。

---

① 《民法典担保制度解释》第31条规定：“一般保证的债权人在保证期间内对债务人提起诉讼或者申请仲裁后，又撤回起诉或者仲裁申请，债权人在保证期间届满前未再行提起诉讼或者申请仲裁，保证人主张不再承担保证责任的，人民法院应予支持。连带责任保证的债权人在保证期间内对保证人提起诉讼或者申请仲裁后，又撤回起诉或者仲裁申请，起诉状副本或者仲裁申请书副本已经送达保证人的，人民法院应当认定债权人已经在保证期间内向保证人行使了权利。”

② 《民法典担保制度解释》第33条规定：“保证合同无效，债权人未在约定或者法定的保证期间内依法行使权利，保证人主张不承担赔偿责任的，人民法院应予支持。”

③ 赫少华：《一审中未以保证期间作抗辩，二审能否以此改判?》，载微信公众号“儒者如墨”2017年7月12日。

④ 参见赫少华：《最高法院：关于诉讼时效届满后能否重新确认债权的六项规定》，载微信公众号“儒者如墨”2014年12月12日。

四、借新还旧的担保责任

《九民会纪要》第57条规定："贷款到期后，借款人与贷款人订立新的借款合同，将新贷用于归还旧贷，旧贷因清偿而消灭，为旧贷设立的担保物权也随之消灭。贷款人以旧贷上的担保物权尚未进行涂销登记为由，主张对新贷行使担保物权的，人民法院不予支持，但当事人约定继续为新贷提供担保的除外。"

《民法典担保制度解释》第16条①对借新还旧的担保作出进一步的细化，并明确了在新贷与旧贷担保人不同，或旧贷无担保新贷有担保的情形中，新贷的担保人应承担担保责任的情形。第16条第1项的规定，适用于人的担保和物的担保。第2项的基础是《民法典》第154条"行为人与相对人恶意串通，损害他人合法权益的民事法律行为无效"的规定。

担保消灭上的从属性，集中体现在借新还旧的担保责任条款上。

五、最高额担保中如何认定最高债权额

在上述"担保以登记为准"部分，笔者已经阐述约定与登记簿的问题。这一部分主要是讨论优先受偿范围中债权额的认定。

涉及"登记"的最高额担保，是针对最高额抵押和质押而言的。换言之，《民法典担保制度解释》第15条②第2款主要是解决最高额抵

① 《民法典担保制度解释》第16条规定："主合同当事人协议以新贷偿还旧贷，债权人请求旧贷的担保人承担担保责任的，人民法院不予支持；债权人请求新贷的担保人承担担保责任的，按照下列情形处理：（一）新贷与旧贷的担保人相同的，人民法院应予支持；（二）新贷与旧贷的担保人不同，或者旧贷无担保新贷有担保的，人民法院不予支持，但是债权人有证据证明新贷的担保人提供担保时对以新贷偿还旧贷的事实知道或者应当知道的除外。主合同当事人协议以新贷偿还旧贷，旧贷的物的担保人在登记尚未注销的情形下同意继续为新贷提供担保，在订立新的贷款合同前又以该担保财产为其他债权人设立担保物权，其他债权人主张其担保物权顺位优先于新贷债权人的，人民法院不予支持。"

② 《民法典担保制度解释》第15条规定："最高额担保中的最高债权额，是指包括主债权及其利息、违约金、损害赔偿金、保管担保财产的费用、实现债权或者实现担保物权的费用等在内的全部债权，但是当事人另有约定的除外。登记的最高债权额与当事人约定的最高债权额不一致的，人民法院应当依据登记的最高债权额确定债权人优先受偿的范围。"

押和质押中最高债权额的认定标准问题，最高债权额以登记为准。当事人之间的本金最高限额约定和债权最高限额的约定，无法对抗登记公示。

但在最高额保证中，“本金与债权”之争中最高限额的采纳，以约定为先。若约定最高限额仅指本金，且未约定将利息、约定金等排除在担保范围之外，则保证人的担保范围较宽。关于最高额保证期间的问题，可另见《民法典担保制度解释》第30条。

六、主合同及担保合同管辖约定不一致的处理

司法实践中，对主合同、担保合同就管辖约定不一致问题的处理方式，观点并不一致。在《最高法院：主合同与从合同管辖冲突的处理》中，通过检索案例可知，实践中存在“主合同的诉讼管辖并不能有效牵制从合同的仲裁约定”“主合同仲裁条款的效力不及于从合同中的保证人”等观点。[①]

该观点与《民法典担保制度解释》第21条[②]的精神应和。根据该条规定，主合同和担保合同管辖权条款可以进行区分。在债权人一并起诉债务人和担保人，且不存在仲裁条款的情况下才根据主合同确定管辖法院。

通过对比可知，《民法典担保制度解释》将征求意见稿第21条[③]中一并起诉主债务人和担保人的，主合同吸收从合同的主管和管辖调整为“一并起诉债务人和担保人的，应当根据主合同确定管辖法院”。应如方正东亚信托有限责任公司与北京政泉控股有限公司、盘古氏国际大酒

① 参见赫少华：《最高法院：主合同与从合同管辖冲突的处理》，载微信公众号“儒者如墨”2020年2月9日。

② 《民法典担保制度解释》第21条规定：“主合同或者担保合同约定了仲裁条款的，人民法院对约定仲裁条款的合同当事人之间的纠纷无管辖权。债权人一并起诉债务人和担保人的，应当根据主合同确定管辖法院。债权人依法可以单独起诉担保人且仅起诉担保人的，应当根据担保合同确定管辖法院。”

③ 征求意见稿第21条规定：“债权人一并起诉债务人和担保人，主债权债务合同和担保合同均约定了争议解决方式或者管辖法院，约定不一致的，应当根据主债权债务合同的约定确定主管或者管辖事项；未约定争议解决方式或者管辖法院或者仅担保合同作出约定的，根据主债权债务关系确定管辖法院。……”

店有限责任公司金融借款合同纠纷案[①]的裁判观点，适用该条规定的前提是主合同和担保合同发生的纠纷均属人民法院主管。

（本文仅代表作者个人观点。特约编辑：杨斌成）

① 参见最高人民法院（2016）最高法民辖终122号民事裁定书。